UNIVERSO DA DEPRESSÃO

Dados Internacionais de Catalogação na Publicação (CIP)
(Câmara Brasileira do Livro, SP, Brasil)

Sene-Costa, Elisabeth
　　Universo da depressão : histórias e tratamentos pela psiquiatria e pelo psicodrama / Elisabeth Sene-Costa. – São Paulo : Ágora, 2006.

　　Bibliografia.
　　ISBN 85-7183-007-X

　　1. Depressão mental – Tratamento 2. Psicodrama 3. Psiquiatria I. Título.

06-4373　　　　　　　　　　　　　　　　　　CDD-616.895
　　　　　　　　　　　　　　　　　　　　　　NLM-WM 011

Índice para catálogo sistemático:
1. Depressão : Psiquiatria : Medicina 616.895

Compre em lugar de fotocopiar.
Cada real que você dá por um livro recompensa seus autores
e os convida a produzir mais sobre o tema;
incentiva seus editores a encomendar, traduzir e publicar
outras obras sobre o assunto;
e paga aos livreiros por estocar e levar até você livros
para a sua informação e o seu entretenimento.
Cada real que você dá pela fotocópia não autorizada de um livro
financia o crime
e ajuda a matar a produção intelectual de seu país.

ERRATA

Na página 17, linha 28, leia-se: desprevenidos...

Na página 22, linha 21, leia-se: defrontei-me...

Na página 24, linhas 20 e 21, leia-se: análise transacional, terapia cognitiva...

Na página 24, linha 26, leia-se: mas que optavam...

Na página 49, linha 19, leia-se: humor deprimido ou perda de interesse ou prazer...

Na página 55, linha 16, leia-se: perda de interesse ou prazer ou falta de reação...

Na página 65, linha 7, leia-se: diferença entre esta depressão e a depressão unipolar é a história...

Na página 65, linhas 17 e 18, leia-se: espectro bipolar. Ele é caracterizado por...

Na página 66, linha 23, leia-se: durante meses...

Na página 72, quadro 21, item 2 da segunda coluna, leia-se: 50% de melhora.

Na página 111, quadro 23, Procedimento 3, segunda coluna, leia-se: Tabela da expansividade socioemocional II...

Na página 119, linha 13, leia-se: seus sentimentos, tanto de prazer, familiaridade, amor, proximidade, como...

Na página 222, nota 6, leia-se: expansividade socioemocional positiva...

ELISABETH SENE-COSTA

UNIVERSO DA DEPRESSÃO

Histórias e tratamentos pela psiquiatria e pelo psicodrama

Editora
ÁGORA

UNIVERSO DA DEPRESSÃO
Histórias e tratamentos pela psiquiatria e pelo psicodrama
Copyright © 2006 by Elisabeth Sene-Costa
Direitos desta edição reservados por Summus Editorial.

Editora executiva: **Soraia Bini Cury**
Assistente de produção: **Claudia Agnelli**
Capa: **Madalena Elek**
Coordenação editorial: **Miró Editorial**
Tradução do prefácio: **Ruth Rejtman**
Preparação: **Cláudia Levy**
Revisão: **Cid Camargo, Renata Nakano**
Projeto gráfico e diagramação: **Crayon Editorial**
Fotolitos: **Casa de Tipos**

Editora Ágora
Departamento editorial:
Rua Itapicuru, 613 – 7º andar
05006-000 – São Paulo – SP
Fone: (11) 3872-3322
Fax: (11) 3872-7476
http://www.editoraagora.com.br
e-mail: agora@editoraagora.com.br

Atendimento ao consumidor:
Summus Editorial
Fone: (11) 3865-9890

Vendas por atacado:
Fone: (11) 3873-8638
Fax: (11) 3873-7085
e-mail: vendas@summus.com.br

Impresso no Brasil

DEDICATÓRIA

Àqueles queridos familiares e pacientes
que escolhem estar comigo e
me querem sempre por perto.
Lá longe, ou talvez por aqui,
em algum lugar, *in memoriam*,
aos meus amados pais,
de quem sinto saudades.

AGRADECIMENTOS

Sempre é bom agradecer a quem me auxiliou a alçar
mais um vôo, mesmo que não tenha feito parte,
diretamente, da construção das asas...
Dentre tantos estão (Dalmiro) Bustos, Ricardo (Moreno),
Luiz Henrique (Borges), Arthur (Kaufman), (José) Fonseca,
Hélio (Elkis), Rosilda (Antonio), Márcia (Britto),
Edith (Elek), amigos, colegas e funcionários
dos grupos GAD, SPONTE, GRUDA e SOPSP.

Sumário

Apresentação 11

Prefácio 13

Introdução *15*

CAPÍTULO 1 As histórias *21*
A (minha) matriz de identidade profissional *22*
A doença mental e sua evolução *26*
A história da depressão *28*
A história científica de Moreno *32*

CAPÍTULO 2 Sobre os transtornos do humor *39*
Transtornos do humor *40*
F30-F39 – Transtornos do humor (afetivos) *44*
Transtornos depressivos (depressão unipolar) *46*
Transtornos bipolares *64*

CAPÍTULO 3 Os tratamentos *69*
Tratamento dos transtornos depressivos *70*
Tratamento biológico *71*
Tratamento psicoterápico *78*
Tratamento dos transtornos bipolares *82*
Tratamento biológico *82*
Tratamento psicoterápico *82*

CAPÍTULO 4 A psicoterapia psicodramática como uma abordagem psicossocial para a depressão *85*
Fundamentos psicodramáticos *86*
Teoria da espontaneidade – criatividade e conserva cultural *89*
Teoria sociométrica *92*
Teoria de papéis *95*
Psicoterapia psicodramática focal *98*
Esboço de uma leitura psicodramática sobre a depressão *100*

CAPÍTULO 5 Inventário socionômico *109*
Análise sociométrica dos pacientes em conjunto *113*
Relacionamento sociofamiliar e profissional *113*
Desempenho de papéis *126*
Inventário socionômico da paciente Diva *140*
Análise sociométrica *140*
Auto-relato da expressão emocional *152*

Descrição e comentários da sessão psicoterápica   *156*
Inventário socionômico do paciente Caio   *162*
Análise sociométrica   *162*
Auto-relato da expressão emocional   *171*
Descrição e comentários da sessão psicoterápica   *174*

CAPÍTULO 6   **Considerações gerais sobre ciência**   *181*
Interrogações científicas   *182*
Métodos quantitativos e qualitativos de pesquisa   *184*
Ciência e sensibilidade   *188*

CAPÍTULO 7   **A pesquisa científica em psicoterapia psicodramática**   *197*
Revisão de publicações em psicodrama   *199*
Objetivos   *202*
Hipóteses   *202*
Casuística   *203*
Instrumentos de avaliação   *204*
Metodologia   *206*
Análise de dados   *210*
Resultados   *211*
Fluxograma das intervenções   *218*
Limitações do estudo   *219*

CAPÍTULO 8   **Convite a um ensaio**   *223*
O resgate da espontaneidade na terceira idade é possível?   *224*
Diálogo entre divã e palco: incursões sobre a terceira palestra de Moreno   *231*

Conclusões   *241*
O alcance da psicoterapia psicodramática no tratamento do TDM   *242*
Análise quantitativa   *242*
Análise qualitativa   *243*
Mensagem ao leitor   *245*
Breve reflexão sobre o fazer ciência   *246*

Anexos   *249*
Anexo A: Modelo da tabela do tratamento farmacológico dos pacientes   *250*
Anexo B: 1º Questionário do inventário socionômico   *251*
Anexo C: 2º Questionário do inventário socionômico   *251*
Anexo D: Escala de Hamilton para avaliação de depressão (HAM-D) 17 itens   *252*
Anexo E: Escala de auto-avaliação de adequação social – EAS   *255*
Anexo F: Faça um auto-exame   *268*
Anexo G: Convite a um encontro   *270*
Anexo H: Fluxograma das intervenções   *271*

Referências bibliográficas   *273*

Apresentação

Os transtornos depressivos constituem um grande desafio para os profissionais da área da saúde mental em função de seu elevado risco de morbidade e mortalidade, dos prejuízos funcionais, do sofrimento psíquico, moral e físico dos portadores e de suas famílias, e de sua alta prevalência na população. Geralmente apresentam curso episódico, com risco cumulativo de recorrência a cada episódio e em mais de 60% dos casos constituem uma doença para a vida toda. Representam um grupo heterogêneo em relação às diversas formas de expressão clínica, nas quais múltiplos fatores genéticos interagem com diversas variáveis ambientais, sociais e psicológicas. Podem acometer indivíduos em qualquer fase do ciclo da vida, da infância à velhice, apresentando diferentes características clínicas de acordo com a idade de aparecimento. Daí a necessidade de entender tais transtornos, longitudinalmente, para uma melhor apreensão das diversas manifestações clínicas dos subtipos depressivos descritos e das formas de abordagem terapêutica necessárias. Embora, nas últimas décadas, os avanços na farmacologia dos transtornos do humor tenham tornado a depressão um problema médico, as intervenções psicossociais ainda representam um importante instrumento na abordagem dos pacientes.

A Organização Mundial da Saúde (oms) incluiu a depressão entre as principais causas de incapacitação no mundo. Os custos sociais e econômicos, aliados à falta de preparo dos profissionais de saúde na detecção e no tratamento da depressão, tornam fundamental a divulgação de trabalhos científicos sobre os diversos aspectos relacionados à doença.

É com grande satisfação que tomo conhecimento da publicação do livro "Universo da depressão: histórias e tratamentos pela psiquiatria e pelo psicodrama", editado pela Dra. Elisabeth Sene-Costa, obra que teve uma antecessora, a dissertação de mestrado "Psicoterapia psicodramática focal: análise qualitativa e quantitativa no transtorno depressivo maior", orientada por mim e apresentada e defendida junto à Faculdade de Medicina da Universidade de São Paulo, em 2005.

Esta obra, que agora você tem em suas mãos, revisa conceitos históricos, diagnósticos e terapêuticos das depressões, enfoca aspectos psicossociais e dá ênfase ao psicodrama como técnica psicoterapêutica. A autora descreve sua pesquisa, o racional das hipóteses testadas e discorre sobre a metodologia utilizada. Cabe ressaltar que são apontados os métodos e instrumentos de avaliação que tornam viáveis a apreensão das variáveis qualitativas e quantitativas obtidas por meio da intervenção psicológica utilizada, resultando em dados consistentes sobre a eficácia do psicodrama na abordagem terapêutica da depressão. A autora tem ainda o cuidado de não estabelecer generalizações, limitando suas conclusões à população de deprimidos estudada.

Sinto-me muito honrado em ter colaborado com este trabalho e ser convidado a escrever a apresentação do livro. Espero que esta obra sirva de estímulo para futuras gerações de investigadores que se interessem na pesquisa da interface psicologia–psiquiatria e psicoterapia–farmacoterapia.

Prof. Dr. Ricardo Alberto Moreno
Professor do Departamento de Psiquiatria e
coordenador do Grupo de Estudos de Doenças
Afetivas do Instituto de Psiquiatria da Faculdade
de Medicina da Universidade de São Paulo.

Prefácio

É sempre difícil escrever o prefácio para o livro de uma pessoa querida. Sinto-me tentado pelo desejo fervoroso de exaltar seus méritos em virtude da minha afeição pelo autor ou autora. Apesar de este ser o caso, não me confrontei com nenhum dilema, simplesmente porque, ao iniciar a leitura do livro, senti-me atraído por seu conteúdo.

Escrito com a paixão à vida que caracteriza a autora, somos levados a mergulhar no conhecimento da temática proposta: a abordagem da depressão, o problema mais inquietante deste século. Ela o enfrenta com a seriedade e a meticulosidade de sempre, expondo suas características. O psicodrama impregna todos os conteúdos, mesmo aqueles aparentemente mais distantes de sua formulação. É um gênero, um estilo de relato profundamente psicodramático.

Moreno não pôde passar da etapa reativa diante dos enfoques clássicos. Não poderia tê-lo feito. Se houvesse se afastado da confrontação com os clássicos, não poderia ter formulado seus pensamentos inovadores. Lembro-me de que, no final do dia, íamos à casa dele para um encontro, o qual denominávamos processamento. Zerka lhe contava o que havia acontecido durante o dia, já que não era comum que ele assistisse às sessões ou às dirigisse. A partir de meados dos anos 1960, Zerka passou a conduzir o treinamento. Mas, depois do jantar, os alunos em formação iam à sua casa para ter papos deliciosos, que na realidade eram monólogos. Tínhamos de saber como falar com ele. Se o confrontávamos diretamente, ele se aborrecia e dava o encontro por encerrado. No entanto, quando sugeríamos um assunto de forma inteligente, seu sorriso de grande debatedor surgia e nos iluminava com seus ensinamentos. Em certa ocasião, um dos diretores cometeu um deslize com a palavra *neurose*. Zerka já lhe havia contado sobre a sessão quando aparecemos para nosso encontro diário. Percebemos que o clima estava tenso. Ele estava visivelmente chateado. Lembrou-nos de que estávamos ali para encontrar um modo diferente de olhar o ser humano, sem apelar para as classificações que provinham de preconceitos e que não só nomeavam o conflito, como também o condenavam a uma categoria médica, rotulando-o e determinando-o. "É para a *alma* que temos de olhar!", dizia com voz grave e potente. E a alma se esconde quando a querem enganar – isso já é por minha conta.

Entretanto, embora me aferre cada vez mais a essa idéia, é fundamental conhecer as descrições mais clássicas, sem maniqueísmo, criando pontes integradoras de compreensão. A química cerebral está revelando seus segredos. As neurociências comprovam com clareza os fatos, o que nos abre caminho para que a confluência de recursos nos aproxime de uma compreensão integrada do ser humano e para que possamos dispor de múltiplos recursos para aliviar o sofrimento.

Elizabeth Sene-Costa nos avizinha de um valioso elemento para chegar a essa meta, a única que justifica o trabalho médico-psicológico. Vamos desfrutar sua esclarecedora leitura.

Dalmiro Bustos
Médico psiquiatra e psicodramatista

Introdução

> Nós vivemos em mundos diferentes que apenas
> circunstancialmente entram em contato, e mesmo, então,
> de forma incompleta. O psiquismo não é transparente.[1]

Este livro é fruto de uma árvore que foi nascendo aos poucos, num campo denominado *científico*, um tanto desconhecido, ainda que existissem muitas outras árvores em torno. A princípio, o contato com esse terreno intimidou a semente que, algumas vezes, pelos obstáculos e reveses ali encontrados, pensou em interromper esta nova vida, cujos ares pareciam sem sentido. Lentamente, a contínua rega foi lhe refrescando a alma e a árvore brotou, cresceu, desvelou-se e deixou nascer seu fruto: uma dissertação de mestrado sobre depressão que ora se transforma em livro.

Modificar uma dissertação, concedendo-lhe estrutura de livro, parece ser simples, mas não é, ainda mais quando se pretende torná-lo mais didático e acessível ao público. É um trabalho árduo de *reconstrução*, porque, como costuma ser dito, reformar uma casa é muito mais complicado do que construir uma.

A edificação deste livro foi realizada num tempo limitado, partindo-se do pressuposto de que resolvi acrescentar outros temas (não incluídos na dissertação), fundamentalmente relacionados com algumas reflexões sobre a doença mental, a ciência, *o ser médico e pesquisador*.

É importante assinalar que não me propus a fazer um livro clássico, cientificamente robusto, que pudesse ser utilizado apenas pelos colegas médicos. Sei também que o estilo da redação científica é o mais objetivo, claro, lógico e pontual possível, primando pelo distanciamento afetivo, característico da visão epistemológica das ciências naturais. No entanto, por força das minhas características pessoais, já pude dar uma amostra de que o feitio da minha escrita é muito mais coloquial.

Portanto, como este livro tem a pretensão de satisfazer *alguns gregos e outros troianos*, o conteúdo e a linguagem foram compostos de uma mescla dos dois estilos, e, talvez assim, a leitura torne-se mais leve e atraente.

Confesso ainda que o título do livro me trouxe incertezas: acho maravilhoso ler, ouvir e falar sobre o universo, um mundo mágico, enigmático, porém, introduzir esta palavra na designação do livro pareceu-me pretensioso demais. Perdoem-me os leitores, mas a idéia foi iluminada pela metáfora que aí se vislumbrava, ou seja, o universo da depressão também é simbolizado pelo mistério e pelo magnetismo que a envolvem. Por mais que a neurociência tenha evoluído e nos presenteado com uma série de novas descobertas no campo das doenças mentais, inclusive da depressão, ela ainda, em muitas circunstâncias, é sombria, indecifrável e apresenta várias facetas: pode ocorrer como episódio único (ou ser recorrente, ou crônica), em qualquer fase da vida; pode ser unipolar ou bipolar, "maior", melancólica, atípica, e com várias outras características; pode ser de grau leve, moderado ou grave; ser influenciada pelas condições psicossociais e herança genética; pode melhorar com o tratamento ou ser resistente a ele.

De fato, nossa mente e cérebro não são transparentes... Não são para os outros e nem sempre para nós mesmos. Por mais que tomemos conhecimento do processo depressivo e tentemos evitá-lo, qualquer um de nós está vulnerável à doença.

Partirei de uma tese interrogativa, a princípio, tomada como exemplo.

Um indivíduo, a quem chamarei Alberto, vive sua vida aparentemente bem, enfrentando as agruras consideradas naturais da existência com ânimo, destemor e coragem. Filho mais velho de pais idosos, descobriu sua profissão logo cedo quando olhava para o céu e via os pássaros e os aviões lá em cima. Queria ser um deles...

Em casa, ainda criança e depois adolescente, tem lembrança de ver sua mãe algumas vezes "chateada, triste, chorando pelos cantos, queixando-se da vida, sem forças para o trabalho doméstico e, muitas vezes, deitada na cama". Desconhece que recebeu uma herança genética dela (suponhamos que esta mãe foi ou é uma deprimida), nem tem noção exata do que isso representa. Pode até fazer algumas fantasias: "será que um dia ficarei como minha mãe, serei triste?" O seu ser se abala com a possibilidade de ver repetido em si mesmo uma doença (quando há o conhecimento de que é uma doença), mas segue em frente. Deixa de lado pensamentos pessimistas, estuda e vence os obstáculos que o levam ao seu sonho (voar, voar, voar...) e inicia sua vida profissional, pela qual tem paixão.

Com aproximadamente 30 anos, é abandonado pela noiva; a tristeza e, por conseqüência, a queda de seu desempenho profissional fazem-no perder o emprego e, logo em seguida, contrair uma grave doença cardíaca. Submetendo-se a uma série de cirurgias num processo longo e aflitivo, Alberto sobrevive a todos os sofrimentos e tratamentos. Quando, finalmente, recebe alta, lhe é declarado pelos médicos que não poderá mais exercer sua profissão, pois correrá sério risco de vida.

O que lhe resta? Sem noiva, namorada ou profissão. A fonte de alimentação do seu ser é simplesmente banida; todas as esperanças que nutria em relação a tornar-se alguém caem por terra. O profissional que crescia e tinha robustas esperanças de atingir cargos mais altos, em razão de sua dedicação e competência, abate-se, debilita-se, desespera-se. Como lidar com tudo isso? Como lidar com essa surpresa tão castradora? Tudo agora é obscuro, difícil de entender e aceitar, pois só sabe trabalhar nessa profissão.

Como reagiriam outras pessoas com história semelhante? Talvez enfrentassem a situação de maneira menos sombria, mas Alberto carrega a herança da mãe e surge a depressão.

Embora quisesse continuar com os velhos hábitos e manter sua rotina diária, a crise chega mostrando seu semblante. E é assim, deprimido, que sai em busca de tratamento para seu estado emocional tão abalado.

Assim como Alberto, muitos outros são pegos desprevinidos pela depressão, misteriosa como o universo.

O deprimido procura algo que afugente o mal-estar, os fantasmas, as sombras, busca aquilo que clareie a caverna na qual se encontra perdido, quase morto. Em primeiro lugar, quando tem, procura um amigo ou familiar. Em segundo, o médico, no qual deposita total confiança. A expectativa nas medicações movimenta uma réstia no fundo do poço, e quando descobre a psicoterapia a iluminação deste vazio se amplia.

Foi esse o processo em que Alberto, sozinho, sem amigos, com pais idosos e difíceis de lidar, irmãos distantes e pouco afetivos, procurou, inicialmente, a medicação e, depois, a psicoterapia. Chegou dizendo que "não tinha mais jeito; achava difícil se modificar", mas aproveitou muito da psicoterapia. Veio para reconstruir seu universo de perdas e encontrou várias estrelas pelo caminho que o iluminaram com novas esperanças. Mas até quando?

> ## Algumas respostas dadas por Alberto aos questionários:
>
> NO INÍCIO
> TERAPIA É... um último recurso antes de atitudes mais sérias.
>
> DURANTE O PROCESSO
> OS MOMENTOS MAIS SIGNIFICATIVOS DA TERAPIA PARECEM SER PARA MIM...
> como uma lição; às vezes um tratamento de choque que faz a gente realmente se
> encontrar.
>
> NO TÉRMINO
> SE QUISER ESCREVER LIVREMENTE ALGUMA COISA, FAÇA-O AQUI.
> Não tenho muito o que dizer; os fatos dizem por si só, a não ser agradecer (e muito)
> essa oportunidade rara de fazer uma terapia que só me trouxe benefícios.

O que se pode responder à interrogação apresentada como exemplo? Talvez existam várias respostas, porém, algumas delas, provavelmente, devam apontar para os inúmeros enigmas a serem ainda respondidos no universo da depressão. E quantas outras perguntas podem ser feitas sobre este mundo oculto, seus portadores e as causas ou circunstâncias que desencadeiam o episódio depressivo?

Mesmo que eu tenha me esforçado para apresentar vários dados sobre a doença depressiva, ao reescrever esta introdução vejo que muita coisa ainda ficará por dizer.

Para que o leitor compreenda a montagem do livro, destaco que o arcabouço da dissertação foi diluído em capítulos. Já no primeiro, relato algumas histórias, a começar pela minha, na qual menciono os caminhos por que passei para chegar até aqui; a história da doença mental, a história da depressão, a história de Jacob Levy Moreno, o criador do psicodrama, além de histórias de outros pacientes (distribuídas em alguns capítulos). Apresento noções sobre os transtornos do humor, em cuja classificação se inclui a depressão, e sobre os tratamentos específicos. Faço reflexões sobre a doença mental, a ciência, a academia médica e os psiquiatras. Dedico um espaço maior à psicoterapia psicodramática (PP) e a uma produção nova, o inventário socionômico, que esmiúça toda a pesquisa e, com base nela, ofereço uma modesta contribuição sobre temas como: escolhas, qualidade emocional, estresse, mudança psíquica, auto-imagem, desenvolvimento e transformação de papéis. Transcrevo, como exemplo, alguns aspectos metodológicos da minha pesquisa, na área da saúde mental, com o emprego do método psicodramático. No último capítulo, introduzo dois textos, não publicados, que apresentei em congressos e não fazem parte da dissertação, mas são temas psicodramáticos que podem ser úteis.

Embora apresentem uma seqüência lógica, cada um dos capítulos pode ser lido separadamente, conforme o particular interesse do leitor, porém, ele perderá a noção e o valor da construção e da dimensão do estudo.

Convém salientar que o exemplar da dissertação, denominada "Psicoterapia psicodramática focal: análise qualitativa e quantitativa no transtorno depressivo maior", está disponível no site www.teses.usp.br

As conclusões enfatizam três aspectos:

1 o alcance da PP neste estudo com deprimidos (sugerindo que novos profissionais realizem novas pesquisas ligadas ao psicodrama);

2 uma mensagem ao leitor (sem ou com depressão, familiar ou conhecido de deprimidos);

3 uma breve leitura do que seja *fazer ciência*.

Espero que esta obra possa irrigar todas aquelas árvores que, um dia, se viram solitárias no labirinto representado pela ciência ou pela doença mental, particularmente a depressão.

Dentro da academia médica, nenhuma psicoterapia é aceita se não for lapidada cientificamente por estudos controlados, randomizados. Se o psicodrama permanecer do lado de fora das universidades, continuará existindo, mas perderá o espaço do qual é merecedor como método de investigação e tratamento. Devemos lutar para que a PP seja respeitada e admirada aos olhos, não só da sociedade, mas de toda comunidade científica. E, para isso, há que contar com todos os psicodramatistas que, seduzidos pela metodologia psicodramática, a aplicam, com afinco e paixão, aos seus pacientes.

---

* Faça seu teste de depressão – Anexo, página 268.

Notas

1 J. L. Moreno, *Psicoterapia de grupo e psicodrama*, p. 261.

Capítulo **1**

As histórias

> A história, evidentemente, como já tem sido reiteradamente formulado, é o reino do inexato, pois, além de ter uma seleção direcionada dos fatos, admite, também, interpretações as mais variadas, dependendo da orientação e das peculiaridades de cada comentador.[1]

O propósito deste capítulo é contar algumas histórias que permeiem ou perpassem o amplo universo da depressão. Como o mundo dos deprimidos está contido dentro do que popularmente se denomina *loucura*, é importante relatar a história e a evolução da doença mental (em termos psiquiátricos), a da própria depressão, bem como a história científica de Jacob Levy Moreno, criador do psicodrama. Mas, primeiramente, quero mostrar a minha história de amor com a psiquiatria, com o psicodrama e com os pacientes que exercem, e sempre exerceram, forte influência na minha vida pessoal e profissional.

Saliento ainda que estes quatro relatos representam apenas uma síntese de toda dimensão histórica existente em cada um deles.

A (minha) matriz de identidade profissional

Conheci um hospital psiquiátrico quando tinha cinco ou seis anos. O prédio estava sendo construído por um grupo de pessoas espíritas, na cidade do interior onde nasci e meus pais sempre me levavam até as obras para que eu pudesse correr e brincar. Num domingo pela manhã, defrontei com um bode que invadira os terrenos da construção e morri de medo. Minha mãe, percebendo meu sobressalto, tentou me tranqüilizar, dizendo que o animal era apenas um carneirinho.

Ainda com muito medo, fui me aproximando do suposto carneiro, até que ele raspou uma das patas no chão (como os touros fazem) e disparou em minha direção. Minha mãe não pôde impedir o ataque e nem pôde chamar pelo meu pai que, naquele instante, se encontrava em outro compartimento. O animal golpeou meu abdômen e me lançou no ar. Apesar de ter desmaiado com a queda, não sofri nada mais que arranhões. Meus pais ficaram traumatizados durante algum tempo, mas eu continuei voltando ao hospital em construção e não fiquei com nenhum trauma.

A partir dos doze anos, comecei a freqüentar o hospital, já inaugurado, cuja capacidade era de aproximadamente duzentos leitos. Meus pais aposentaram-se cedo, passando a ser voluntários do hospital. Meu pai tornou-se o administrador, permanecendo neste cargo por vinte anos, até falecer, e minha mãe orientava os enfermeiros em suas atividades. Por conta disso, eu adorava ir ao hospital, mesmo sob os comentários da cidade que achava estranho meus pais levarem uma adolescente a um lugar como aquele. A ala que eu mais freqüentava era a feminina, onde costumava jogar peteca com as pacientes, alimentá-las quando estavam muito impregnadas de medicação, segurar suas mãos enquanto faziam sessões de eletroconvulsoterapia (ECT) e até ajudar no banho. Também acompanhava as enfermeiras na organização e no ato de ministrar as medicações. Muitas vezes assustava-me quando algumas pacientes gritavam demais ou agiam com violência, mas, quando necessário, criava coragem e as segurava tentando acalmá-las. Em diversas ocasiões, tornava-me ouvinte das pacientes (e até das enfermeiras) e passava horas conhecendo suas histórias conflitantes, pelo menos até o momento de voltar ao convívio com minhas amiguinhas e meus estudos.

Meu pai sempre foi muito carismático. Nas inúmeras vezes em que o acompanhei na visita diária que fazia aos pátios, vi-o sempre cumprimentar os pacientes com um gesto de carinho e uma palavra de conforto.

Essas duas experiências, tão marcantes em minha vida, poderiam significar uma série de interpretações para qualquer psicoterapeuta ou psicanalista, mas apenas posso afirmar que desde muito cedo tive, dentro de mim, a certeza de que queria ser psiquiatra. A convivência tão próxima com as pacientes fez-me olhar para o doente mental com respeito, compreensão, responsabilidade, complacência, paixão e compaixão. Tocaram-me fundo as dores dessas mulheres, suas depressões, choros, falta de vontade de sair da cama e de alimentar-se. Por um lado, ver todo aquele sofrimento não era fácil, mas por outro, era gratificante perceber a evolução positiva de cada estado, principalmente quando eu sabia que minha presença ou pequena ajuda tinha importância para aquelas pacientes, causando certa influência em sua melhora.

A sensação de algo soturno e complexo (o bode) e ao mesmo tempo divertido, alegre, solidário (o carneirinho) aparentemente nunca representou conflito para mim, porém não tenho dúvida de que o meu amor pela medicina, psiquiatria e psicoterapia nasceu naquele lugar.

Mesmo durante a faculdade, muitas vezes voltei àquele hospital e, depois de formada e especializada em psiquiatria, trabalhei nele por dois anos, nos finais de semana.

Após a residência em psiquiatria, na Unifesp[2], recebi um convite para permanecer na instituição como professora e seguir a carreira universitária, mas na mesma ocasião fui aprovada no concurso do HSPE[3] como médica assistente do setor de psiquiatria. Preferi este último, pois não tinha disponibilidade interna, naquele momento, de seguir a carreira acadêmica. Se eu tivesse me encaminhado para esse lado, provavelmente, hoje, sem falsa modéstia, seria uma "professora doutora", "chefe de departamento" "etc.".

Paralelamente ao papel de médica, desenvolvi-me como psicoterapeuta, passando por várias abordagens (musicoterapia, análise transacional e cognitiva, psicanálise) até chegar ao psicodrama. Durante minhas andanças profissionais de psiquiatra e psicodramatista, escrevi um livro sobre a terceira idade, redigi artigos, dei conferências e realizei outras atividades, e, em 1987, me desliguei do Hospital do Servidor.

Sempre atendi, em meu consultório, muitos pacientes deprimidos em busca de tratamento, mas optando, na maioria das vezes, pela psicoterapia. Em alguns casos, diagnosticados com um quadro leve de depressão, a medicação pôde ser dispensada e a psicoterapia foi suficiente. No entanto, nas situações moderadas ou graves, em que havia sofrimento maior do paciente, tornou-se imprescindível o uso de medicação específica. Alguns deles concordavam com a conduta medicamentosa, até porque as repercussões midiáticas sobre as novas drogas psicotrópicas têm contribuído para sua maior aceitação[4]; outros pacientes, porém, se negavam terminantemente a usá-las, mesmo com o apoio de várias explicações científicas.

Essa demanda foi um dos motivos que me fizeram retornar, após tantos anos de afastamento, à academia médica, na esperança de me aprofundar nos estudos ligados aos transtornos depressivos e bipolares. Em razão de minha formação como médica psiquiatra e psicoterapeuta psicodramatista, voltei com uma convicção ideológica ousada e insólita: a de utilizar a psicoterapia psicodramática no tratamento de pacientes com esses diagnósticos e mostrar (ou melhor, validar) que o método psicodramático é uma das intervenções psicoterápicas capazes de melhorar (ou remitir) os sintomas depressivos.

O desafio foi grande, convencer a academia de: 1) que apesar de utilizar a metodologia psicodramática, minha pretensão era fazer ciência; 2) que a psicoterapia também trata pacientes; 3) que a psicoterapia psicodramática poderia ajudar os pacientes nos aspectos funcionais, sintomáticos e nas relações interpessoais; 4) que minha intenção não era apenas enquadrar os pacientes em um diagnóstico do DSM-IV-TR[5] e olhá-los como fruto exclusivo de uma pesquisa quantitativa, mas também estar com cada um deles, escutar suas histórias e auxiliá-los a buscar saídas transformando o seu "eu" perdido, enclausurado, sofrido.

Conquistei o espaço que buscava e criei grupos psicodramáticos, incluindo pacientes bipolares e deprimidos unipolares. Os resultados dos trabalhos, extremamente ricos e frutíferos, infelizmente não foram publicados. Em seguida, iniciei uma pesquisa científica com pacientes deprimidos, também tratados por meio da abordagem psicodramática, associada ao uso de medicação antidepressiva. Criei um projeto, para avaliar o impacto da psicoterapia psicodramática focal individual e de grupo em uma amostra de pacientes com transtorno depressivo maior, que foi executado seguindo à risca todos os passos da metodologia científica. Observei-os pela análise qualitativa e quantitativa.

Minha intenção foi desenvolver instrumentos teórico-práticos que capturassem algumas das qualidades essenciais do método psicodramático e que pudessem ser utilizados, mais tarde, por outros profissionais, de maneira fácil e objetiva. A dissertação foi denominada "Psicoterapia psicodramática focal: análise qualitativa e quantitativa no transtorno depressivo maior".

O grupo de dez pacientes apresentou uma evolução salutar desde o início do processo psicoterápico. Todos eles puderam trabalhar suas questões ligadas à depressão, e os resultados, comprovados estatisticamente, apresentaram impactos favoráveis.

Terminada essa etapa de produção e execução, passei a refletir sobre algumas questões, como: onde poderia colocar a experiência vivida e as emoções sentidas? Aonde encaminharia significados tão comoventes e vivências transformadoras? Como transportaria as medidas apresentadas para o âmbito da compreensão humana?

A idéia de um livro, que já me acompanhava há algum tempo, possibilitou a comunicação de muitas coisas que não foram possíveis apresentar na dissertação. As experiências vividas no decorrer da pesquisa fazem parte da vivência de cada uma das pessoas do grupo e cabe a elas apreender e guardar, à sua maneira, o calor, as emoções, as vivências, enfim, as singularidades de cada momento.

A doença mental e sua evolução

Os dados a respeito da história das doenças mentais são amplos e só a história da psiquiatria mereceria um tratado. Para o conhecimento do leitor não familiarizado com eles, localizo no tempo o início dos primeiros sinais de doença psiquiátrica, as repercussões anacrônicas da sociedade como um todo e a evolução positiva com o passar dos anos.

As doenças mentais existem há milhares de anos, mas não se sabe, exatamente, quando nem por que elas surgiram (Andreasen, 2005).

As primeiras patologias psiquiátricas parecem datar de cerca de 2000 a.C., cujas referências foram encontradas em papiros egípcios que mencionam relatos semelhantes ao que foi posteriormente nomeado de *hysteria* (do grego *hystera* que significa matriz, útero).

Por volta de 400 a.C., Hipócrates, considerado o pai da medicina, deu os primeiros passos nas descrições das doenças, sendo o primeiro a formular uma classificação das doenças mentais, criando os quadros denominados de melancolia, mania e paranóia.

Posteriormente, Platão, Aristóteles, Capadócia, Galeno e outros grandes estudiosos deram continuidade às idéias de Hipócrates, aperfeiçoando os quadros já existentes e criando outros.

No período da Idade Média, o preconceito aos indivíduos de comportamentos bizarros considerou-os como possuidores de demônios, e muitos livros foram lançados pela Igreja Católica e Protestante, identificando essas pessoas como bruxas. O primeiro foi escrito em 1486, por dois monges dominicanos, e denominado *Malleus maleficarum* (o martelo das feiticeiras), e o segundo, em 1611, pelo protestante James I (rei da Inglaterra e da Escócia), intitulado *Demonologia*.

Em 1520, Paracelso afirmou que aquelas pessoas não estavam possuídas por espíritos ou demônios, mas eram doentes mentais e que mereciam tratamento por meio de substâncias químicas.

No início do século XIX, o francês Philippe Pinel estabeleceu um tratamento mais humanitário para os doentes mentais internados. A psiquiatria ganhou *status* como ciência, passando a ser reconhecida como tal, e muitas descrições foram realizadas, assim como a cunhagem de muitos termos.

A primeira tentativa de colher dados estatísticos sobre a doença mental, nos Estados Unidos, ocorreu em 1840, tendo sido criada a categoria idiotismo/insanidade. Quarenta anos depois, surgiu uma classificação abrangendo sete categorias: mania, melancolia, monomania, paresia, demência, dipsomania e epilepsia.

Em 1899, o psiquiatra alemão Emil Kraepelin revolucionou o diagnóstico das doenças mentais com seu tratado sobre psiquiatria e, dez anos depois, Eugen Bleuler descreveu os sintomas de uma doença que denominou esquizofrenia.

Por volta de 1920, foi criada a primeira nomenclatura psiquiátrica pela Associação Psiquiátrica Americana em conjunto com a Comissão Nacional de Higiene Mental.

Logo depois da Segunda Guerra Mundial, a Organização Mundial de Saúde incluiu, pela primeira vez, na sexta edição da Classificação

Internacional das Doenças[6], uma seção para os transtornos mentais. Posteriormente, a OMS criou o manual psiquiátrico (um dos mais importantes utilizados no meio médico) *Classificação de transtornos mentais e de comportamento – Descrições clínicas e diretrizes diagnósticas.*

Em 1952, a Associação Psiquiátrica Americana desenvolveu novos conceitos na nomenclatura, publicando a primeira edição do *Manual diagnóstico e estatístico de transtornos mentais* (DSM-I), no qual incluía vasto material de todos os transtornos mentais.

Nos anos seguintes, várias modificações foram feitas nesses manuais da OMS e da APA com a intenção de elucidar os critérios diagnósticos que sempre serviram de referência para estudantes de Medicina, médicos psiquiatras, psicólogos, neurologistas, entre outros.

Nos dias atuais a CID está na sua 10ª edição (CID-10) e o DSM na sua 4ª edição revisada (DSM-IV-TR).

A importância dos manuais psiquiátricos em termos diagnósticos e de pesquisa dos transtornos mentais é, sem dúvida, inegável. Todavia, sua sistematização já está um tanto quanto defasada (pelo menos em relação aos recentes estudos ligados aos transtornos do humor), merecendo uma nova revisão.

A história da depressão

Uma das versões mais antigas sobre a depressão é uma lenda japonesa que conta a história de Amaterasu Oomi Kami, a deusa do Sol. Linda e alegre, ela é filha do deus Izanagi e da deusa Izanami (senhora da terra da tristeza), criados pelo deus Xintó para formar as ilhas do Japão. Amaterasu tem dois irmãos: o deus da Lua, Tsuki Yomi No Mikoto, e o deus do trovão, Suzano o No Mikoto. Este último possui o hábito de chorar e lamentar-se, além de ser muito impetuoso, ter crises constantes de cólera. Inveja a irmã, não aceitando que ela, como primeira filha, seja encarregada de cuidar dos arrozais japoneses. Certo dia, Suzano trama uma vingança e manda seus homens destruírem os campos de arroz da irmã. Ao vê-los totalmente danificados, Amaterasu se entristece e decide não viver mais em convivência com os homens e deuses. Encontra uma gruta nas montanhas e isola-se completamente, fechando a entrada da caverna com uma pedra. Com seu desaparecimento, o mundo escurece, e desaparecem também as almas das pessoas e dos animais. Os deuses descobrem seu esconderijo e tentam convencê-la a voltar à vida para que ilumine novamente o mundo, mas Amaterasu não responde aos seus chamados. Resolvem fazer uma festa para chamar sua atenção e convidam a deusa da chuva – Ame No Uzume (também deusa da juventude) – para dançar à entrada da caverna, acompanhada do canto das aves e de instrumentos musicais. Amaterasu, encantada com a música e os tambores retira a pedra da entrada da gruta. A luz volta aos corações dos homens e todo o universo resplandece.[7]

Na Bíblia, várias histórias apresentam idéias pessimistas, depressivas e melancólicas. Citaremos algumas.

Apesar de ter levado uma vida luxuosa e ser considerado um sábio de Israel, a biografia de Salomão fala de seu humor, quase sempre triste na sua decepção com a vida. No Antigo Testamento, conta-se que ele teria supostamente escrito alguns livros, dentre os quais, *Sabedoria*. Num trecho do cântico dois, ele escreveu os seguintes versos:

Breve e triste é nossa vida,
o remédio não está no fim do homem,
não se conhece quem tenha voltado do Hades.
Nós nascemos do acaso
e logo passaremos como quem não existiu;
....
Com o tempo, nosso nome cairá no esquecimento
e ninguém se lembrará de nossas obras;
nossa vida passará como uma nuvem – sem traços –,
se dissipará como a neblina
expulsa pelos raios do sol
e, por seu calor, abatida.

Nossa vida é a passagem de uma sombra,
e nosso fim, irreversível;
....

Outra famosa história bíblica é a de Jó (herói íntegro e digno servo de Deus), que, após passar por uma tragédia financeira e física, é acometido de tristeza, desolação e martírio. Os trechos de alguns versos, transcritos a seguir, comprovam seu estado depressivo:

Pereça o dia em que nasci,
a noite em que se disse: "Um menino foi concebido!"
Esse dia, que se torne trevas,
que Deus do alto não se ocupe dele,
que sobre ele não brilhe a luz!
....
Ah, se pudessem pesar minha aflição
e por na balança meu infortúnio,
seriam mais pesados que a areia do mar,
por isso as minhas palavras são desvairadas.
....
Que forças me sobram para resistir?
Que destino espero para ter paciência?
É minha força a força das pedras,
ou é de bronze minha carne?
....
Por isso, não refrearei minha língua,
falarei com o espírito angustiado
e queixar-me-ei com a alma amargurada.

....

Mais duas histórias bíblicas podem ser relatadas, ambas do livro *Primeiro Samuel*. Uma delas é a de Ana, mulher estéril que, por esse motivo, sofre, chora, não se alimenta e sente profunda tristeza. Após muitas orações, consegue engravidar e ter o seu primeiro filho, que chamou Samuel e, espontaneamente, seu estado depressivo remite. A outra história é a do Rei Saul, cuja bipolaridade é insinuada e culmina com seu suicídio.

Os séculos passam e as poesias, romances, textos teatrais e biografias continuam a falar dos estados depressivos de seus personagens. Shakespeare contou sobre a melancolia de Hamlet, e Homero escreveu sobre a tristeza de Ulisses e o suicídio de Ájax. Vários autores citaram a depressão de diversos artistas plásticos – como Van Gogh e Miró – ou de filósofos – como Kierkegaard.

Enfim, os relatos neste domínio são inúmeros, mas convém salientar as descrições científicas existentes sobre a doença depressiva, as quais serão apresentadas de forma concisa.

Elas tiveram início com Hipócrates de Cós (450 a.C.–355 a.C.), que descreveu quatro humores como causas do desequilíbrio humano: sangue, fleuma, bile negra e bile amarela. Eles regulariam as emoções, os afetos e o caráter do indivíduo, sendo que o excesso de bile negra levaria as pessoas à melancolia. Esta idéia perpassa por outros autores tais como Aristóteles (384 a.C.–322 a.C.) e Galeno (130 d.C.–200 d.C.).

Por volta do ano 150 d.C., Areteus de Capadócia teceu algumas observações acerca da mania e da melancolia também compartilhadas por Celso e Sorano de Éfeso, 100 d.C.

Na Idade Média, considerada Idade das Trevas, a teoria dos humores, incluindo a da bile negra, continuou a preponderar entre os estudiosos.

Em 1621, Robert Burton publicou o livro mais famoso do século XVII sobre psiquiatria, intitulado *Anatomia da melancolia*, no qual descreve a psicodinâmica da melancolia que, segundo ele, o afetava profundamente – "disposições tristonhas e pessimistas" (Tórfoli, 2004, p. 13).

Somente no século XIX, como diz Cordás, "há uma depuração do conceito de melancolia e o surgimento do termo depressão com o sentido atual" (2002, p. 69).

Em 1854, dois franceses, Jean-Pierre Falret (1794–1870) e Jules Baillarger (1809–1890), lançaram, quase ao mesmo tempo, os respectivos trabalhos conhecidos como *La folie circulaire* e *Folie à doble forme*, nos quais descrevem sintomas maníacos e depressivos em um mesmo paciente. Mas quem realmente reuniu esses quadros em uma entidade nosológica, em 1899, dando-lhe o nome de psicose maníaco-depressiva, foi o famoso psiquiatra alemão Emil Kraepelin (1856–1926).

No ano de 1957, o psiquiatra alemão Karl Leonhard (1904–1988) promoveu a disjunção da doença maníaco-depressiva, propondo que ela se dividisse em bipolar (episódios de mania e depressão) e monopolar (apenas depressão).

A história científica de Moreno

> Toda ciência reporta-se à constelação de fatos e de como medi-los.
> Sem meios adequados de descobrir fatos e sem formas
> apropriadas de avaliá-los, a ciência não existe.[8]

Moreno recebeu, na sua formação pessoal e profissional, influências religiosas, sociológicas e científicas[9]. Quando fez psiquiatria, decepcionou-se com os maus cuidados ao doente e, embora utilizasse, às vezes, alguns diagnósticos psiquiátricos clássicos para seus pacientes, nunca se ocupou deles como faziam os colegas médicos. Para ele, o mais importante era o que acontecia com o indivíduo no "aqui-agora" das relações humanas. Do meu ponto de vista, parece que buscava algo que completasse sua existência e pudesse ser transmitido ao mundo, como forma de auxiliar as pessoas. Foi então que descobriu a "teoria das relações interpessoais", oriunda da religião.

Em alguns círculos, a opinião sobre a teoria das relações interpessoais prevalece como sendo um produto do pensamento psiquiátrico. Na verdade, a psiquiatria chegou em terceiro lugar nessa corrida. Primeiro chegou o pensamento religioso e ético que proporcionou a definição operacional mais rigorosa das relações interpessoais. [...] Em segundo lugar, veio o pensamento sociológico, [...] culminando na sociometria; a psiquiatria chegou por último. *A teoria das relações interpessoais nasceu da religião* (Moreno, 1992, I, p. 37).

De espírito ousado e determinado, questionava os experimentos científicos da atualidade. Dizia que era muito fácil trabalhar com fatos físicos e biológicos; o difícil era, justamente, o trabalho com organismos humanos, pois o investigador social ou pesquisador (nomeado de "coator ou ator participante") é um ser humano, assim como aquele que participa como objeto de pesquisa (denominado de "ator pesquisador"). Além disso, considerava que todo experimento sociométrico não se restringia à aplicação de questionários ou entrevistas; muito pelo contrário, para ele a sociometria era um método de ação onde os atores do experimento deveriam atuar como se vivessem situações reais.

Entre 1915 e 1918, Moreno deu seus primeiros passos na ciência, criando o primeiro plano sociométrico para uma população austríaca de aproximadamente dez mil pessoas, durante a Primeira Guerra Mundial. Por ordem do governo, essa população foi enviada a um campo de refugiados, próximo a Mitterndorf. A comunidade possuía casas, igreja, escola, hospital, delegacia e uma fábrica de sapatos, mas ninguém podia sair daquela região, e inúmeros problemas de fome, doença, corrupção e abuso sexual começaram a ocorrer. Moreno considerou que esses elementos funcionavam como sintomas de desajustamento e teve a idéia de estudar as correntes psicológicas que envolviam esta população. Solicitou, então, permissão ao ministro do Interior austro-húngaro, escrevendo-lhe a seguinte carta:

> Os sentimentos positivos e negativos que emergem de cada casa, entre as casas, de cada fábrica, e de cada grupo político e nacional na comunidade podem ser explorados por meio da análise sociométrica. Uma nova ordem, por meio de métodos sociométricos, é aqui recomendada.[10]

Obtida a autorização, iniciou o uso dos métodos sociométricos baseando-se em alguns critérios: nacionalidade, filosofia, política, sexo e função comunitária (supervisor ou pertencente à comunidade). Os efeitos do trabalho comunitário foram bastante positivos. As pessoas desenvolveram entre elas o sentimento de cooperação e harmonia, e, com isso, o desajustamento diminuiu.

Em 1931, Moreno deu início a uma pesquisa com bebês tendo como objetivo estudar o desenvolvimento social dos três primeiros anos da criança. No mesmo ano, realizou outra pesquisa, com aproximadamente 1800 alunas (entre 4 e 14 anos) de uma escola pública de Nova York e, pela primeira vez, utilizou o teste sociométrico, ainda rudimentar (e o critério de escolha), como forma de atingir uma organização mais aceita pelas alunas. Posteriormente, empregou o teste sociométrico em uma outra escola, particular, conhecida como Escola Riverdale, composta de 150 rapazes entre 14 e 18 anos.

Na mesma ocasião foi convidado pela Associação Psiquiátrica Americana (APA) a desenvolver um projeto de pesquisa na prisão de Sing Sing, Nova York. Sua proposta era investigar aspectos psicológicos, culturais e sociais entre os prisioneiros, por intermédio de um estudo qualitativo e quantitativo de suas inter-relações. Segundo Zerka (2000), esse trabalho teve início com o que Moreno denominou de "técnica de escolha", representada pelo agrupamento terapêutico dos prisioneiros que aprendiam o que é "ser gente" e como trocar coisas uns com os outros; em outras palavras, Moreno implantou a "reeducação moral" entre eles. O método utilizado (entrevistas e questionários específicos) buscava melhor convivência entre os presidiários. Por meio de quocientes sociais, conseguiu-se uma "análise sociométrica" (Moreno, 1994) dos resultados e, com base nela, Moreno propôs uma reorganização diferenciada, promovendo uma transformação social naquele grupo. Os produtos finais da pesquisa, apresentados em maio de 1932 à APA, e aos demais profissionais presentes ao evento, foram muito bem aceitos. Naquele instante Moreno estava apresentando à comunidade médico-científica um novo método de pesquisa, a sociometria.

Ainda é importante relatar uma outra experiência que teve muito a ver com o método, porque, desta vez, foram introduzidos novos elementos sociométricos que se aproximam mais legitimamente da forma como há pouco tempo se via e se aplicava a sociometria.

Moreno foi convidado a ser Diretor de Pesquisa na Escola para Educação de Moças, em Nova York. Tratava-se de uma comunidade fechada, perto de Hudson, composta de cerca de 505 meninas com comportamento social desajustado que moravam em dezesseis cabanas e tinham acesso às demais propriedades da considerada fazenda (com capela, escola, loja, administração, hospital, lavanderia etc.). Elas permaneciam lá por muitos anos e eram reeducadas por um grupo administrativo, o qual também participou do estudo. A pesquisa completa demorou dois anos (de 1932 a 1934) e, no início do trabalho, sua equipe recebeu muitos ataques advindos dos participantes (tanto alunas como funcionárias), que se opunham ao projeto. Porém, aos poucos, os obstáculos foram vencidos. Como sociologista experimental (assim Moreno se autodenominava), ele criou uma técnica sociométrica, designada posteriormente de auto-avaliação sociométrica, na qual foi desmitificando o seu papel de líder científico[11], passando assim a ser aceito pela comunidade em questão. Um dos seus pontos principais foi a criação do chamado "teste sociométrico" (Moreno, 1994), que tratava de captar a distribuição das emoções na comunidade. Todo teste sociométrico demanda um critério sociométrico (uma questão específica). No caso desta experiência de Hudson, o critério estipulado para as meninas foi: "com quem você quer morar?" (referindo-se à cabana). Cada menina tinha a possibilidade de fornecer cinco respostas que eram levadas para um diagrama, o átomo social. Depois que montava as estruturas atômicas ele solicitava as explicações das motivações das escolhas, vindo a descobrir que elas derivavam, em geral, de um "complexo de emoções"(Moreno, 1994).

Esta experiência lhe mostrou que correntes emocionais se irradiavam de diversas maneiras entre todos os participantes da pesquisa, independentemente de seu papel, função e moradia na comunidade, e que isso promovia preferências entre eles (atrações e rejeições). Observou, ainda, que cada cabana apresentava uma estrutura social compreendida por uma organização grupal social, uma organização grupal psicológica, uma função individual social e uma função individual psicológica, as quais levavam a uma rica e complexa dinâmica.

Segundo Marineau (1992), além dos métodos sociométricos utilizados nesta pesquisa, Moreno também passou a usar o desempenho de papéis (*role-playing*), o psicodrama e a psicoterapia grupal para modificar o comportamento das meninas de Hudson, sendo este momento um dos mais importantes na história da psicoterapia de grupo. Chegou a realizar vários filmes de 16 mm para mostrar o método psicoterápico e o reaprendizado de papéis, que causaram forte repercussão mundial, como uma inovação na aprendizagem. O autor comenta ainda que, em razão desta pesquisa em Hudson, Moreno passou a ser comentado e reconhecido nos meios acadêmicos, passando a ter o apoio de Gardner Murphy, um dos maiores psicólogos da época e professor da Universidade de Colúmbia. Recebeu o convite para ministrar aulas de sociometria nessa universidade e passou a publicar diversos artigos sobre a matéria. Para ele, a sociometria era uma ciência e, durante anos requereu à comunidade científica esse *status*. Acreditava que ela deveria ser o relevo de todas as ciências sociais e que poderia ser aplicada a qualquer evento dinâmico, independentemente do tamanho do grupo social.

Sem sombra de dúvida, todos esses métodos e trabalhos desenvolvidos por Moreno tiveram um valor bastante significativo para as comunidades estudadas e para as científicas e, em todas elas, o número de pessoas envolvidas foi muito grande. Apesar de todas as repercussões em relação ao seu nome e a sociometria, após a experiência de Hudson, ele abandonou esse tipo de projeto.

Em 1936, Moreno abriu um hospital perto de Nova York, que denominou Beacon Hill Sanatorium, e conduziu seus estudos no encalço de um novo método psicoterápico, o psicodrama, passando a se interessar mais por experimentos com os pacientes.

Nesse mesmo ano criou um novo método, que chamou de "método de objetivação" de sessões psicodramáticas, do qual, mais uma vez, foi o pioneiro. Tratava-se de registrar, palavra por palavra, num gravador, o diálogo dos pacientes.

Moreno foi também partidário da idéia de que qualquer modalidade psicoterápica deveria ir em busca de uma metodologia científica. Neste sentido, suas palavras, nos idos de 1950, já se mostravam bem categóricas: "Numa cultura dominada pela ciência, nenhuma forma de psicoterapia pode florescer se não procurar se ajustar às exigências de um método científico" (1974, p. 143).

A vontade de legitimar cientificamente seus trabalhos levou-o a criticar as escolas behavioristas que, segundo ele, efetuavam experimentos apenas com o comportamento externo dos indivíduos, não valorizando sua subjetividade intrínseca.

> Como não podemos penetrar na mente e ver o que o indivíduo percebe e sente, o psicodrama procura, com a colaboração do paciente, transferir a mente "para fora" do indivíduo e objetivá-la dentro de um universo tangível e controlável. [...] A sua finalidade é tornar diretamente visível, observável e mensurável o comportamento total. O protagonista está sendo preparado para um encontro consigo mesmo. Depois de completada essa fase de objetivação, começa a segunda fase, que consiste em re-subjetivar, reorganizar e reintegrar o que foi objetivado. (Na prática, porém, ambas as fases são concomitantes.) (Moreno, 1975, p. 47).

Castello de Almeida (1982; 1994) é um dos estudiosos do psicodrama que não hesita em enfatizar que a PP, com sua base fenomenológico-existencial, responde explicitamente aos preceitos paradigmáticos básicos do fazer ciência.

Acredito que Moreno, embora tenha conquistado seu reconhecimento na década de 1930, perante as academias científicas mundiais (incluindo a médica), não sustentou, juntamente com seus correligionários, esse *status* de cientista, independentemente de qual tenha sido o motivo.

Nos dias atuais vemos o psicodrama se ampliar nos mais diversos domínios de atuação, da educação ao campo da saúde, passando pelas variada organizações, confirmando, assim, a previsão moreniana de que o psicodrama seria o método do século XXI. No campo da psicoterapia, pode-se afirmar que se a aplicação da PP não tivesse trazido resultados significativos aos indivíduos (e aos grupos em geral) desde seu início com Moreno, provavelmente seu método teria sucumbido. No entanto, essa afirmação, simplesmente constatada, não valida o método no meio médico. Os estudos psicodramáticos controlados na área da saúde (particularmente da medicina e da psiquiatria) ainda são incipientes, e isso dificulta a outorga do certificado de eficácia e efetividade[12] ao método, exigindo, cada vez mais, amplos estudos na área.

Notas

1 M. A. De Marco (org.)., *A face humana da medicina. Do modelo biomédico ao modelo biopsicossocial*, p. 35.

2 Universidade Federal do Estado de São Paulo (Departamento de Psiquiatria) – São Paulo.

3 Hospital do Servidor Público Estadual "Francisco Morato de Oliveira" – São Paulo.

4 Deixando de lado os excessos jornalísticos que, muitas vezes, apontam as novas medicações como milagrosas, é preciso valorizar o aspecto educacional dessas reportagens, quando cientificamente embasadas.

5 Trata-se da sigla de um dos principais manuais psiquiátricos utilizados na prática clínica, elaborado pela Associação Psiquiátrica Americana, denominado *Manual diagnóstico e estatístico de transtornos mentais*, 4. ed., Porto Alegre: Artmed, 2003.

6 Manual classificatório de todas as doenças físicas existentes até aquela época e mais comumente conhecido como CID-6.

7 Apenas como remate mitológico, costuma-se dizer que esta lenda, para os japoneses, dá origem ao nascimento do teatro, e que o primeiro filho de Amaterasu foi o primeiro imperador do Japão, Jin Mu Tennou (660 a.C. até 585 a.C.).

8 J. L. Moreno, *Quem sobreviverá? Fundamentos da sociometria, psicoterapia de grupo e sociodrama*, I, p. 64.

9 Ressalto que o objetivo aqui não é apresentar os detalhes das técnicas e procedimentos sociométricos utilizados nas pesquisas, mas apenas trazer o contexto histórico que envolve as tentativas de Moreno de mostrar ao mundo as suas descobertas e, com isso, obter um espaço dentro da academia médico-científica.

10 Citação de Moreno no livro *J. L. Moreno – Autobiografia*, organizado por Luiz Cuschnir, p. 81.

11 "Quando idéias e métodos estão no estágio de produtividade 'primária', os membros da equipe têm de aceitar determinado indivíduo como líder científico e suas inspirações e hipóteses como guias para seus processos de pensamento" (Moreno, 1994, II, p. 99).

12 Há uma diferença entre eficácia e efetividade (conceitos utilizados para avaliar o efeito das ações em saúde definidos pela Office of Technology Assessment): a eficácia é o resultado de uma intervenção realizada sob condições ideais, bem controladas, como nos ensaios clínicos randomizados ou em "centros de excelência"; a efetividade é o resultado da intervenção realizada sob as condições habituais da prática médica, nas quais se incluem as imperfeições de implementação do mundo cotidiano.

Capítulo **2**

Sobre os transtornos do humor

Transstornos do humor

Tenho dentro de mim
a sensação
das coisas não ditas,
das coisas não feitas.
O vazio da espera
me domina,
E apenas espero.

Tento sentir,
alcançar,
tocar,
amar,
mas nada vibra
dentro de mim.

Não foi sempre assim.
Talvez isso não dure
para sempre,
mas enquanto for assim
eu espero.
Tenho esta sensação dentro de mim.[1]

Antes de dar início às considerações sobre os transtornos do humor, considero imprescindível definir alguns conceitos para que o leitor se familiarize com eles.

HUMOR: tônus emocional, global e persistente, que colore a vida psíquica do indivíduo e o envolve numa tendência afetiva, impossibilitando a neutralidade. A avaliação do humor inclui profundidade, intensidade, duração e flutuações.[2]

AFETO: manifestação subjetiva do tônus emocional que acompanha uma idéia ou representação mental. A palavra é, muitas vezes, utilizada como um termo genérico para sentimento, emoção ou humor (daí ser, o seu conceito, confundido). Afeto e emoção são, portanto, utilizados de maneira intercambiável.

EMOÇÃO: padrão complexo de transformações, incluindo excitação psicológica, sentimentos, processos cognitivos e reações comportamentais, desencadeado em resposta a uma situação percebida como significativa em termos pessoais (Gerrig e Zimbardo, 2005).[3]

Os transtornos do humor (TH), também denominados transtornos afetivos, são caracterizados por uma perturbação no humor e estão entre os mais freqüentes transtornos mentais. Estima-se que 8% da população americana apresenta, em algum momento da existência, um dos transtornos do humor (Holmes, 2001).

A tentativa de classificar os transtornos do humor advém desde o tempo de Hipócrates (como relatado no capítulo 1). Com a evolução da classificação diagnóstica dos transtornos mentais, os do humor foram sendo classificados em unipolares e bipolares, e a depressão dividida em subtipos depressivos que, ao longo da vida, sofreram modificações (Moreno; Moreno, 1995).

O meu objetivo nesta seção é apresentar algumas noções a respeito dos TH e discorrer sobre as suas principais divisões. Os transtornos depressivos terão um destaque a mais, já que, com base na minha pesquisa com portadores do transtorno depressivo maior, senti-me estimulada a falar do universo da depressão. Todos os transtornos citados serão respectivamente acompanhados de quadros especificadores do DSM-IV-TR[4]. Inicialmente, tomando como base a classificação do mesmo manual, os TH serão divididos em três partes.

QUADRO 1 │ PARTE 1

> ### Episódios do humor
> (Considerados blocos de construção para facilitar o diagnóstico dos TH; não têm códigos e nem existência independente.)
>
> **1** Episódio depressivo maior   **3** Episódio misto
> **2** Episódio maníaco   **4** Episódio hipomaníaco

QUADRO 2 | PARTE 2

Transtornos do humor
(Dois grandes grupos e suas respectivas divisões.)

Trastornos depressivos
(depressão unipolar)

Transtornos bipolares
(mania ou hipomania e depressão bipolar)

| Transtorno depressivo maior (TDM) | Distimia | Bipolar I Bipolar II | Ciclotimia |

O quadro 3 é compreendido pelos especificadores (veja próximo quadro) que têm como função promover:

A) aumento na especificidade diagnóstica;
B) criação de grupos mais homogêneos;
C) ajuda na seleção de tratamento;
D) melhora na previsão prognóstica.

QUADRO 3 | PARTE 3

Especificadores
(Do episódio de humor atual ou mais recente)

CONDIÇÃO CLÍNICA
Gravidade (leve, moderada, grave)
Psicótico
Em remissão (parcial ou completa)

CARACTERÍSTICAS SINTOMATOLÓGICAS (CS)
Crônicas
Com CS catatônicas
Com CS melancólicas
Com CS atípicas
Com início no pós-parto

CARACTERÍSTICAS DO CURSO DO EPISÓDIO (DO HUMOR) ATUAL OU MAIS RECENTE
Com recuperação entre os episódios
Sem recuperação entre os episódios
Padrão sazonal
Ciclagem rápida

A organização dos TH segundo o DSM-IV-TR é, portanto, a seguinte:

QUADRO 4

- **EPISÓDIOS DO HUMOR**
  Episódio depressivo maior
  Episódio maníaco
  Episódio misto
  Episódio hipomaníaco

- **TRANSTORNOS DEPRESSIVOS**
  296.xx Transtorno depressivo maior
  300. 4 Transtorno distímico
  311 Transtorno depressivo sem outra especificação

- **TRANSTORNOS BIPOLARES**
  296.xx Transtorno bipolar I
  296.89 Transtorno bipolar II
  301.13 Transtorno ciclotímico
  296.80 Transtorno bipolar sem outra especificação

- **OUTROS TRANSTORNOS DO HUMOR**
  293.83 Transtorno do humor devido a... (uma condição médica geral)
  29x.xx Transtorno do humor induzido por substância
  296.90 Transtorno do humor sem outra especificação

- **ESPECIFICADORES**
  (veja quadro a respeito)

A Classificação Internacional de Doenças (CID-10), formulada pela Organização Mundial de Saúde, define e classifica os TH da seguinte maneira (os transtornos em negrito foram realçados para o leitor identificar melhor os quadros depressivos):

F30 - F39 – Transtornos do humor (afetivos)

[...] a perturbação fundamental é uma alteração do humor ou do afeto, usualmente para depressão (com ou sem ansiedade associada) ou elação[5]. Essa alteração de humor é normalmente acompanhada por uma alteração no nível global de atividade e a maioria dos outros sintomas é secundária ou facilmente compreendida no contexto de tais alterações. A maioria desses transtornos tende a ser recorrente e o início dos episódios individuais é freqüentemente relacionado com eventos ou situações estressantes.

Este agrupamento contém as seguintes categorias:

QUADRO 5

F30 Episódio maníaco (EM)
    F30.0 Hipomania
    F30.1 Mania sem sintomas psicóticos
    F30.2 Mania com sintomas psicóticos
    F30.8 Outros episódios maníacos
    F30.9 EM não especificado
F31 Transtorno afetivo bipolar (TAB)
    F31.0 TAB, episódio atual hipomaníaco
    F31.1 TAB, episódio atual maníaco sem sintomas psicóticos
    F31.2 TAB, episódio atual maníaco com sintomas psicóticos
    F31.3 TAB, episódio atual depressivo leve ou moderado
        .30 Sem sintomas psicóticos (SSP)
        .31 Com sintomas psicóticos (CSP)
    F31.4 TAB, episódio atual depressivo grave SSP
    F31.5 TAB, episódio atual depressivo grave CSP
    F31.6 TAB, episódio atual misto
    F31.7 TAB, atualmente em remissão
    F31.8 Outros TAB
    F31.9 TAB, não especificado
F32 Episódio Depressivo (ED)
    F32.0 ED leve
        .00 SSP

.01 CSP

F32.1 ED moderado

.10 SSP

.11 CSP

F32.2 ED grave SSP

F32.3 ED grave CSP

F32.8 Outros ED

F32.9 ED, não especificado

F33 Transtorno Depressivo Recorrente (TDR)

F33.0 TDR, episódio atual leve

.00 SSP

.01 CSP

F33.1 TDR, episódio atual moderado

.00 SSP

.01 CSP

F33.2 TDR, episódio atual grave SSP

F33.3 TDR, episódio atual grave CSP

F33.4 TDR, atualmente em remissão

F33.8 Outros TDR

F33.9 TDR, não especificado

F34 Transtornos persistentes de humor [afetivos] (TPH)

F34.0 Ciclotimia

F34.1 Distimia

F34.8 Outros TPH [afetivos]

F34.9 TPH [afetivo], não especificado

F38 Outros transtornos do humor [afetivos]

F38.0 Outros transtornos únicos do humor [afetivos]

.00 Episódio afetivo misto

F38.1 Outros transtornos recorrentes do humor [afetivos]

.10 Transtorno depressivo breve recorrente

F38.8 Outros transtornos especificados do humor [afetivos]

F39 Transtorno do humor [afetivo] não especificado

Os TH também podem se manifestar por meio da visão dimensional, bem retratada pelo quadro a seguir, segundo Dubovsky e Dubovsky (2004).

FIGURA 1

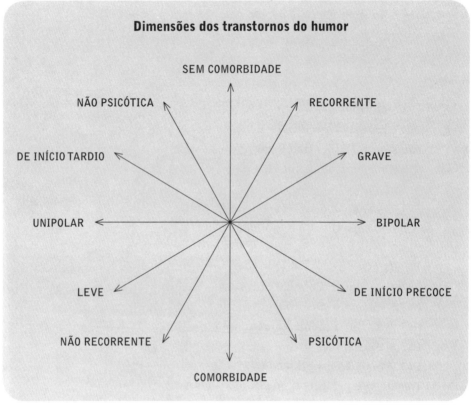

EXTRAÍDO DE DUBOVSKY, 2004

Transtornos depressivos (depressão unipolar)

O homem (da história) [...] tem no seu bilhete de identidade um nome nada comum, [...] nada menos que Tertuliano Máximo Afonso. [...] o Tertuliano pesa-lhe como uma lousa desde o primeiro dia em que percebeu que o malfadado nome dava para ser pronunciado com uma ironia que podia ser ofensiva. [...] Na verdade, Tertuliano Máximo Afonso anda muito necessitado de estímulos que o distraiam, vive só e aborrece-se, ou, para falar com a exactidão clínica que a actualidade clínica requer, rendeu-se à temporal fraqueza de ânimo ordinariamente conhecida como depressão.[6]

A • TRANSTORNO DEPRESSIVO MAIOR (DEPRESSÃO MAIOR)

No mundo atual, com todos os progressos neurocientíficos ocorridos nos últimos tempos, ainda existem perguntas que costumam angustiar e se repetir no meio das pessoas: O que é realmente a depressão? Será que estou deprimido(a)? Como é seu tratamento?

O termo depressão é empregado por especialistas da área médica, psicanalistas, filósofos, literatos, cada um deles buscando desenvolver conceitos ou interpretações que definam e expliquem sintomas pessoais tão opressores e sombrios.

Para o campo da psiquiatria, a depressão é uma doença mental crônica que desafia a ciência a buscar formas mais efetivas de tratamento, conduzindo os pacientes deprimidos a uma remissão sintomática e a um desaparecimento do processo fisiopatológico e mórbido (Moreno; Cordás, 2001).

O termo depressão pode ser utilizado tanto para sintomas isolados (situações normais de vida) ou associados à manifestações clínicas, como em síndromes clínicas com vários sinais e sintomas depressivos ou, ainda, como uma perturbação primária do humor (Moreno e Moreno, 2000).

QUADRO 6

Utilização do termo depressão

1 Como um estado afetivo normal.
   Ex.: no caso de perdas de pessoas queridas (luto).
2 Como um sintoma:
   2.1 nos quadros clínicos. Ex.: demência, alcoolismo, estresse pós-traumático, doenças clínicas etc.
   2.2 resposta a situações estressoras ou condições socioeconômicas desfavoráveis. Ex.: desemprego, seqüestro etc.
3 Como uma síndrome, na qual se incluem:
   3.1 perturbações de humor. Ex.: tristeza, desânimo, irritabilidade.
   3.2 alterações cognitivas. Ex.: pensamento lento, falta de concentração.
   3.2 alterações psicomotoras. Ex.: retardo psicomotor, lentificação generalizada.
   3.3 alterações vegetativas. Ex.: insônia, perda do apetite.
4 Como doença. Ex.: transtornos depressivos e bipolares.

Segundo a estimativa atual da Organização Mundial de Saúde, aproximadamente 340 milhões de pessoas apresentam pelo menos um episódio depressivo ao longo da vida. Como exemplo, os Estados Unidos, com 18 milhões de pessoas (Greden, 2001) e a população paulista com, aproximadamente, 16% dos habitantes (Lafer *et al.*, 2000).

A depressão é a quarta doença médica de mais alto custo. Estima-se que, em 1993, os Estados Unidos apresentaram um gasto total de 44 bilhões de dólares (Dubovsky; Dubovsky, 2004).

O transtorno depressivo maior (TDM) pode surgir de forma mais leve, ser moderado ou muito grave. Cerca de 30% de jovens com depressão leve apresentarão (dentro de 15 anos) uma depressão grave e 50% daqueles que sofreram de depressão grave não se recuperarão, permanecendo com uma depressão leve para o resto da vida.

O transtorno depressivo pode afetar pessoas em qualquer fase da vida, inclusive na infância e adolescência, e evolui de forma crônica para, aproximadamente, 20% dos indivíduos. A taxa de recorrência é mais alta nas pessoas que possuem mais de 45 anos de idade (OMS, 2001). No entanto, há uma estimativa de que a prevalência de depressão diminui nos indivíduos com mais de 75 anos que não apresentaram história de depressão no decorrer da vida.

A duração média de um episódio depressivo é de vinte semanas. Segundo Dubovsky e Dubovsky (2004), o risco de um segundo episódio é de 50% e, após o terceiro episódio, este risco se amplia para 90%. O intervalo entre cada novo episódio tende a ser menor, mais abrupto, e os sintomas depressivos podem se repetir, como também podem surgir outros novos e mais graves.

A taxa de prevalência para a depressão é aproximadamente duas vezes maior nas mulheres do que nos homens. Estima-se que 9% das mulheres americanas apresentem alguma forma de depressão (Thase e Lang, 2005). O grupo de maior risco parece ser o de mulheres jovens, solteiras ou descasadas, com filhos pequenos, e as possíveis explicações para esta predominância do sexo feminino variam desde a situação socioeconômica até fatores hormonais, genéticos e biológicos.

Alguns especialistas admitem que parte dos homossexuais apresenta vulnerabilidade maior de contrair depressão em razão do estresse de viver (e conviver) com pessoas heterossexuais (amigos, colegas de trabalho, familiares, que, nem sempre, aceitam a sua opção afetivo-sexual), com a homofobia, o fantasma da Aids e o dilema de assumir ou não sua condição (Thase e Lang, 2005).

Um estudo de morbidade psiquiátrica realizado no Brasil, por volta de 1990, mostrou que a prevalência da depressão em três capitais variou entre 1,9% em São Paulo, 2,8% em Brasília e 10,2% em Porto Alegre (Almeida Filho *et al.*, 1992).

A doença depressiva é, portanto, um sério problema mundial de saúde pública e, nos dias atuais, o quadro grave é a principal causa de incapacitação em todo o mundo, situando-se em quarto lugar entre as dez principais causas da carga geral de doenças (OMS, 2001). Em 2010, se não houver significativas melhoras na prevenção, diagnóstico e tratamento da doença, ela alcançará o segundo lugar no *ranking* mundial (Greden, 2001).

O TDM é caracterizado por um ou mais episódios depressivos maiores, cuja característica principal é a apresentação de um período mínimo de duas semanas de humor deprimido, perda de interesse ou prazer, associada a pelo menos outros cinco sintomas adicionais, segundo uma lista que inclui diversas alterações (veja a seguir os critérios segundo o DSM-IV-TR e a CID-10).

Em suma, o humor deprimido é mencionado como uma sensação forte de tristeza ou total desesperança, falta de coragem ou ainda uma angústia indescritível. Nas depressões leves ou moderadas, o humor, pela manhã, pode apresentar-se pior e, no decorrer do dia, melhorar. Mas quando a depressão é grave, ele tende a permanecer inalterado. Às vezes, a tristeza vem mascarada de sintomas somáticos e, em muitos casos, a irritabilidade e a sensação desproporcional de frustração tomam conta do indivíduo. A diminuição ou falta de energia em 97% dos deprimidos (Kaplan e Sadock, 1993) ou falta de motivação, cansaço, fadiga ou preguiça exagerada dificultam, e muitas vezes impossibilitam, o andamento das atividades (domésticas, laborativas ou sociais). A falta de prazer para qualquer coisa, inclusive na esfera

> **QUADRO 7**

Critérios para episódio depressivo maior (EDM) – DSM-IV-TR

A Cinco (ou mais) dos seguintes sintomas estiveram presentes durante o mesmo período de duas semanas e representam uma alteração com base no funcionamento anterior. Pelo menos um dos sintomas é humor deprimido (1) ou perda do interesse ou prazer (2).

NOTA: Não incluir sintomas nitidamente devidos a uma condição médica geral ou alucinações ou delírios incongruentes com o humor.

(1) Humor deprimido na maior parte do dia, quase todos os dias, indicado por relato subjetivo (sente-se triste ou vazio) ou observação feita por outros (chora muito).

NOTA: Em crianças e adolescentes, pode ser humor irritável.

(2) Interesse ou prazer acentuadamente diminuídos por todas ou quase todas as atividades na maior parte do dia, quase todos os dias (indicado por relato subjetivo ou observação feita por outros).

(3) Perda ou ganho significativo de peso sem estar em dieta (mais de 5% do peso corporal em 1 mês), ou diminuição ou aumento do apetite quase todos os dias.

NOTA: Em crianças, considerar falha em apresentar os ganhos de peso esperados.

(4) Insônia ou hipersonia quase todos os dias.

(5) Agitação ou retardo psicomotor quase todos os dias (observáveis por outros, não meramente sensações subjetivas de inquietação ou de estar mais lento).

(6) Fadiga ou perda de energia quase todos os dias.

(7) Sentimento de inutilidade ou culpa excessiva ou inadequada (que pode ser delirante), quase todos os dias (não meramente auto-recriminação ou culpa por estar doente).

(8) Capacidade diminuída de pensar ou concentrar-se, indecisão, quase todos os dias (por relato subjetivo ou observação feita por outros).

(9) Pensamentos de morte recorrentes (não apenas medo de morrer), ideação suicida recorrente sem um plano específico, tentativa de suicídio ou plano específico para cometer suicídio.

B Os sintomas não satisfazem os critérios para um episódio misto.

C Os sintomas causam sofrimento clinicamente significativo ou prejuízo no funcionamento social ou ocupacional ou em outras áreas importantes da vida do indivíduo.

D Os sintomas não se devem aos efeitos fisiológicos diretos de uma substância (droga de abuso ou medicamento) ou de uma condição médica geral (hipotiroidismo).

E Os sintomas não são mais bem explicados por luto, ou seja, após a perda de um ente querido, os sintomas persistem por mais de dois meses ou são caracterizados por acentuado prejuízo funcional, preocupação mórbida com desvalia, ideação suicida, sintomas psicóticos ou retardo psicomotor.

QUADRO 8

Critérios do episódio depressivo (ED) (F32) – CID 10

Independente do grau leve (F32.0), moderado (F32.1) ou grave (F32.2 e F32.3), "o indivíduo usualmente sofre de humor deprimido, perda de interesse e prazer e energia reduzida levando a uma fatigabilidade aumentada e atividade diminuída. Cansaço marcante após esforços apenas leves é comum. Outros sintomas comuns são:

A concentração e atenção reduzidas;
B auto-estima e autoconfiança reduzidas;
C idéias de culpa e inutilidade (mesmo no episódio leve);
D visões desoladas e pessimistas do futuro;
E idéias ou atos autolesivos ou suicídio;
F sono perturbado;
G apetite diminuído.

sexual, recrudesce; o apetite, o sono e as atividades psicomotoras apresentam-se perturbados, para mais ou para menos; a motivação, a atenção e a concentração diminuem; a auto-estima e a autoconfiança diminuem para alguns; aumenta o sentimento de culpa pela sua incapacidade; os pensamentos negativos (perda, desamparo, morte, privação, inferioridade, desvalia etc.) e o pessimismo predominam, levando os deprimidos, muitas vezes, a idéias recorrentes de morte e suicídio. Cerca de um milhão de pessoas no mundo cometem suicídio por ano, e 10 a 20 milhões tentam suicidar-se (OMS, 2001). Embora a freqüência e a gravidade da sintomatologia depressiva seja variável de um indivíduo para outro, a depressão expressa a falta de alguma coisa, um vazio, que dificilmente se apaga no decorrer da doença.

O funcionamento global do paciente deprimido está integralmente comprometido, interferindo não somente no seu cotidiano como, fundamentalmente, nas suas relações sociais, merecendo, por isso, urgência de rigoroso tratamento.

B • DISTIMIA OU TRANSTORNO DISTÍMICO (TD)
A distimia é considerada, para alguns especialistas, como um subtipo depressivo, porém ela foi incluída, separadamente, para reforçar sua categoria de TH (veja quadro 2), e como uma forma menos grave de depressão maior.

A palavra distimia tem origem grega e significa, etimologicamente, mal-humorado, e sua prevalência durante a vida é de aproximadamente 6%. Ela é caracterizada por um estado depressivo crônico (não tão intenso quanto o transtorno depressivo maior) e se faz presente na maior parte do dia, na maioria dos dias, dentro de um período de, no mínimo, dois anos. Seu início pode ser precoce (antes dos 21 anos) ou tardio (após esta idade), e o quadro pode persistir por muitos anos, ou indefinidamente. Os indivíduos comentam que estão tristes ou "na fossa" e, em geral, se apresentam fechados em si mesmos, sem interesse ou prazer para programas sociais, com baixa auto-estima, sentimentos de culpa, desesperança, irritabilidade, dificuldade em tomar decisões e sintomas vegetativos (alterações do sono, apetite, libido etc). Todas essas manifestações fazem com que o indivíduo ou as pessoas mais próximas pensem que este comportamento é característico de sua personalidade ("ele é assim mesmo; não tem jeito") e que não há necessidade de tratamento. A distimia foi, anteriormente, considerada um traço de personalidade, mas, nos dias atuais, trata-se de um TH. Pessoas portadoras desse quadro não "são" deprimidas, mas "estão", podendo, se bem tratadas, melhorar o humor.

QUADRO 9

Critérios para transtorno distímico (300.4) – DSM-IV-TR

A Humor deprimido na maior parte do dia, na maioria dos dias, indicado por relato subjetivo, ou observação feita por terceiros, pelo período mínimo de dois anos.

NOTA: Em crianças e adolescentes o humor pode ser irritável, com duração mínima de um ano.

B Presença de duas (ou mais) das seguintes características:

(1) apetite diminuído ou hiperfagia;
(2) insônia ou hipersônia;
(3) baixa energia ou fadiga;
(4) baixa auto-estima;
(5) fraca concentração ou dificuldade em tomar decisões;
(6) sentimentos de desesperança.

C Durante o período de dois anos (um ano para crianças ou adolescentes) de perturbação, o indivíduo jamais esteve sem os sintomas dos critérios A e B por mais de dois meses de cada vez.

D Ausência de EDM durante os primeiros dois anos de perturbação (um ano para crianças e adolescentes); isto é, a perturbação não é mais bem explicada por um TDM crônico ou TDM em remissão parcial.

> NOTA: Pode haver ocorrido um EDM anterior, desde que tenha havido remissão completa antes do desenvolvimento do TD. Além disso, após os dois anos iniciais (um ano para crianças e adolescentes) de TD, pode haver episódios sobrepostos de TDM e, neste caso, ambos os diagnósticos podem ser dados quando são satisfeitos os critérios para um EDM.

E Jamais houve um episódio maníaco, um episódio misto ou um episódio hipomaníaco e jamais foram satisfeitos os critérios para transtorno ciclotímico.

F A perturbação não ocorre exclusivamente durante o curso de transtorno psicótico crônico, como esquizofrenia ou transtorno delirante.

G Os sintomas não se devem aos efeitos fisiológicos diretos de uma substância (droga de abuso, medicamento) ou de uma condição médica geral (hipotireoidismo).

H Os sintomas causam sofrimento clinicamente significativo ou prejuízo no funcionamento social ou ocupacional ou em outras áreas importantes da vida do indivíduo.

QUADRO 10

Critérios para Distimia (F34.1) – CID-10

1 Depressão crônica de humor, a qual não preenche atualmente os critérios para transtorno depressivo recorrente, gravidade leve ou moderada (F33.0 ou F33.1), em termos tanto de gravidade quanto de duração dos episódios individuais.

2 O equilíbrio entre as fases individuais de depressão leve e os períodos intermediários de comparativa normalidade é muito variável.

3 Depressão muito duradoura (nunca, ou apenas muito raramente, é grave).

4 Início precoce (final da adolescência ou terceira década) ou mesmo tardio.

5 Duração de pelo menos vários anos, às vezes indefinidamente.

6 Estado de bem-estar por períodos (dias ou semanas), mas na maior parte do tempo (com freqüência por meses) sensação de cansaço, depressão; "tudo é um esforço e nada é desfrutável".

7 Preocupações e queixumes.

8 Sono não satisfeito.

9 Sensação de inadequação, "mas são usualmente capazes de lidar com as exigências básicas do dia-a-dia".

Na tentativa de clarificar as principais diferenças entre o TDM e o TD apresento a seguir um quadro, tomando como referência os critérios do DSM-IV-TR, da CID-10 e dos autores Dubovsky e Dubovsky (2004).

A freqüência e a gravidade da sintomatologia depressiva nos dois transtornos varia para cada indivíduo, porém em ambos há um comprometimento geral na lida com seu cotidiano e com suas relações sociais, merecendo por isso urgência de rigoroso tratamento.

QUADRO 11

Diferenças principais entre transtorno depressivo maior e transtorno distímico	
TRANSTORNO DEPRESSIVO MAIOR	**TRANSTORNO DISTÍMICO**
A. Presença de sintomas – duas semanas.	A. Presença de sintomas – dois anos.
B. Humor deprimido na maior parte do dia, quase todos os dias (em crianças e adolescentes o humor pode ser irritável).	B. Humor deprimido na maior parte do dia, quase todos os dias (em crianças e adolescentes o humor pode ser irritável).
C. Presença de cinco sintomas adicionais: 1. Acentuada diminuição do interesse ou prazer. 2. Perda ou ganho significativo de peso. 3. Insônia ou hipersônia. 4. Agitação ou retardo psicomotor. 5. Fadiga ou perda de energia. 6. Sentimento de inutilidade ou culpa excessiva ou inadequada. 7. Capacidade diminuída de pensar ou concentrar-se, indecisão. 8. Pensamentos de morte recorrentes, ideação suicida recorrente, tentativa de suicídio.	C. Presença de dois sintomas adicionais: 1. Apetite diminuído ou hiperfagia. 2. Insônia ou hipersônia. 3. Baixa energia ou fadiga ou cansaço crônico e redução da atividade. 4. Baixa auto-estima e sentimentos de desesperança. 5. Fraca concentração ou dificuldade em tomar decisões. 6. Sensação de inadequação. 7. Pessimismo, preocupações e queixumes. 8. Culpa, ruminação sobre o passado.
D. Mais sintomas vegetativos.	D. Mais sintomas cognitivos e sociomotivacionais.
E. O início pode ser acompanhado por sintomas mais graves.	E. O início leve pode ser seguido por depressão maior após dois anos.
F. Incapacidade de cuidados pessoais mínimos ou de higiene (casos graves).	F. Gravidade leve ou moderada (nunca ou apenas raramente é grave).
G. Especificadores principais: leve, moderado e grave.	—

C • SUBTIPOS DEPRESSIVOS

Depressão melancólica (antiga depressão endógena ou vital)

A depressão melancólica é um subtipo depressivo grave de TDM que se caracteriza por uma gama maior de sintomas (somáticos, biológicos, vitais e endógenos), maior número de episódios e de comorbidades (com transtornos de ansiedade e dependência de nicotina). O comprometimento é maior e o indivíduo necessita de mais auxílio. Em termos qualitativos não há grandes diferenças do TDM não-melancólico.

Durante muito tempo a terminologia depressão endógena (aparentemente relacionada a causas internas, não influenciadas pelo ambiente ou que não possuem fator preditivo identificável) foi utilizada para distinguir de depressão reativa (forma mais branda de reagir diante de estresses psicossociais), porém ambas foram deixadas de lado e o termo depressão melancólica foi o que se estabeleceu.

Segundo o DSM-IV-TR, os atributos de um EDM com características melancólicas são a perda de interesse ou prazer, falta de reação diante de quase todas as atividades ou estímulos agradáveis. O humor depressivo é pior pela manhã, o indivíduo não melhora com o passar das horas (mesmo que lhe aconteça alguma coisa benigna) e costuma despertar muito cedo. Pode apresentar ainda retardo ou agitação psicomotora, perda de apetite e de peso significativas, além de culpa exagerada ou sem sentido (veja quadro).

Na CID-10 ela está caracterizada como ED leve ou moderado com sintomas somáticos.

Depressão psicótica

A depressão psicótica é considerada grave, com sintomas caracterizados por delírios e alucinações ou estupor[7], atingindo de 16% a 54% dos pacientes com ED.

O quadro tem início por volta dos 30 anos, porém, se surgir em idade menor, a probabilidade de o indivíduo ser bipolar é grande. É mais comum em mulheres; a ideação suicida é freqüente e o risco de suicídio é maior, principalmente em pacientes internados.

QUADRO 12

Critérios para especificadores com características melancólicas DSM-IV-TR
Especificar se:
Com características melancólicas: pode ser aplicado ao EDM atual ou mais recente no TDM, ou a um EDM no transtorno bipolar I ou II, apenas se este é o tipo mais recente de episódio do humor.

A Qualquer um dos seguintes quesitos, ocorrendo durante o período mais grave do episódio atual:
   (1) perda de prazer por todas ou quase todas as atividades;
   (2) falta de reatividade a estímulos habitualmente agradáveis (não se sente muito melhor, mesmo temporariamente, quando acontece alguma coisa boa).

B Três (ou mais) dos seguintes quesitos:
   (1) qualidade distinta de humor depressivo (o humor depressivo é vivenciado como nitidamente diferente do tipo de sentimento experimentado após a morte de um ente querido);
   (2) depressão regularmente pior pela manhã;
   (3) despertar muito cedo (pelo menos duas horas antes do horário habitual);
   (4) acentuado retardo ou agitação psicomotora;
   (5) anorexia ou perda de peso significativa;
   (6) culpa excessiva ou inadequada.

Os delírios apresentam um perfil congruente com o humor, cuja característica é o conteúdo depressivo, com idéias, em geral, de culpa, pecado, ciúmes, ruína, ausência de futuro, hipocondria, além de sintomas de falência ou negação corporal representadas pela crença de que os órgãos (intestino, coração etc.) estão realmente parados ou, então, que ele (paciente) está morto (Síndrome de Cotard).

Os delírios também podem ser incongruentes com o humor, isto é, não apresentam relação com o humor deprimido, dos quais o mais comum é o persecutório.

As alucinações não são muito freqüentes e podem ser auditivas (depreciativas ou acusatórias), visuais, olfativas (odores putrefatos como se fossem do próprio corpo) e cenestésicas[8].

O estupor, denominado melancólico, é extremamente raro nos dias atuais (geralmente evitado pela facilidade diagnóstica e tratamento incisivo), sendo mais comum o surgimento de sintomas negativistas[9] e catalepsia[10].

A depressão psicótica é bastante comum em idosos, e os sintomas podem surgir com dores, mal-estar indefinido, sensação de estar com alguma doença ou representar a manifestação de uma neoplasia, um processo infeccioso etc.

O quadro 13 apresenta a evolução adversa e recaídas e recorrências.

QUADRO 13

Critérios para especificadores de gravidade/psicótico para EDM atual (ou mais recente)

ED GRAVE COM CARACTERÍSTICAS PSICÓTICAS: delírios ou alucinações. Se possível, especificar se as características psicóticas são congruentes ou incongruentes com o humor.

CARACTERÍSTICAS PSICÓTICAS CONGRUENTES COM O HUMOR: delírios ou alucinações cujo conteúdo é inteiramente coerente com os temas depressivos típicos de inadequação pessoal, culpa, doença, morte, niilismo ou punição merecida.

CARACTERÍSTICAS PSICÓTICAS INCONGRUENTES COM O HUMOR: delírios ou alucinações cujo conteúdo não envolve os temas depressivos típicos de inadequação pessoal, culpa, doença, morte, niilismo ou punição merecida. Estão incluídos sintomas tais como delírios persecutórios (não diretamente relacionados aos temas depressivos), inserção de pensamentos, irradiação de pensamentos e delírios de controle.

Depressão atípica

A depressão atípica ocorre em aproximadamente 15% dos ED e é caracterizada por reatividade do humor (ou seja, a capacidade do indivíduo de se alegrar por um determinado tempo em razão de acontecimentos positivos), sensação de intensa fadiga, peso nos membros (paralisia de chumbo) e sintomas vegetativos reversos, como: aumento do apetite, do peso e do sono. Apresenta ainda uma extrema sensibilidade à rejeição, autopiedade e piora do estado depressivo durante o dia.

Os sintomas desse tipo de depressão tendem a evoluir, comumente, para os transtornos bipolares (I e II) e depressão com padrão sazonal.

Depressão sazonal ou transtorno afetivo sazonal (TAS)

Este tipo de depressão está diretamente relacionado com os padrões das estações do ano e, em geral, é mais comum no hemisfério norte, cujas características climáticas são bem definidas.

QUADRO 14

Critérios para especificador com características atípicas
Especificar se:
Com características atípicas: pode ser aplicado quando estas características predominam durante as duas semanas mais recentes de um EDM no TDM ou no transtorno bipolar I ou II, quando o EDM é o tipo mais recente de episódio do humor ou quando estas características predominam durante os dois anos mais recentes de transtorno distímico; se o EDM não é atual, aplica-se caso as características predominem durante um período de duas semanas.

A Reatividade do humor (o humor melhora em resposta a eventos positivos ou reais ou potenciais).

B Duas (ou mais) das seguintes características:
(1) ganho de peso ou aumento de apetite significativos;
(2) hipersônia;
(3) paralisia de chumbo (sensação de peso nos braços ou pernas);
(4) padrão persistente de sensibilidade à rejeição interpessoal (não limitado aos episódios de perturbação do humor) que resulta em prejuízo social ou ocupacional significativo.

C Não são satisfeitos os critérios para com características melancólicas ou catatônicas durante o mesmo episódio.

O TAS é uma depressão recorrente que se estabelece durante o período do outono e inverno, remite na primavera e é menos comum no verão. Aproximadamente 75% dos pacientes apresentam pelo menos uma recorrência nos dez anos que se seguem; a prevalência é de 1% nos Estados Unidos e Ásia, 3% no Canadá e Europa, e maior entre jovens adultos e em mulheres.

Os sintomas são caracterizados por desesperança, tristeza, falta de energia, cansaço, desejo ("fissura") por carboidratos, aumento do apetite e peso, letargia, retraimento social, hipersônia, diminuição da libido, idéias suicidas e prejuízo funcional.

A depressão sazonal termina no final do verão. Em razão da melhora do quadro, com aumento de energia, de atividades, da libido, maior socialização e menor necessidade de sono, costuma-se pensar que esses pacientes estariam apresentando episódio de hipomania, o que sugere o quadro de transtorno bipolar II (veja conceituação mais adiante).

QUADRO 15

Critérios para especificador com padrão sazonal
Especificar se:
Com padrão sazonal: pode ser aplicado ao padrão de EDM no transtorno bipolar I, II ou TDM, recorrente.

A Há uma relação temporal regular entre o início dos EDM no transtorno bipolar I, II ou TDM recorrente, e uma determinada estação do ano (aparecimento regular do EDM no outono ou no inverno).
NOTA: Não incluir os casos nos quais existe um óbvio efeito de estressores psicossociais relacionados à estação (por exemplo, estar regularmente desempregado a cada inverno).
B Remissões completas (ou uma mudança de depressão para mania ou hipomania) também ocorrem em uma época característica do ano (a depressão, por exemplo, desaparece na primavera).
C Nos últimos dois anos ocorreram dois EDM, demonstrando as relações temporais sazonais definidas nos critérios A e B, e nenhum EDM não-sazonal ocorreu durante o mesmo período.
D Os EDM sazonais (como recém-descritos) superam substancialmente em número os EDM não-sazonais que podem ter ocorrido durante a vida do indivíduo.

Depressão pós-parto

Grande parte das mulheres após o parto (de 70 a 85%) apresentam, nos dez dias seguintes, certa tristeza, ansiedade, crises de choro, irritabilidade, cansaço e outros sintomas depressivos, em função das inúmeras oscilações hormonais e ajustamentos psicossociais que ocorrem nesse período. Essa reação é considerada leve, transitória e não requer assistência médica especial; o importante é que a família possa fornecer o apoio emocional necessário, tanto para a mãe como para o bebê, a fim de que não sofram conseqüências maiores. Essa fase é denominada de tristeza pós-parto, *baby blues, blues puerperal* ou ainda disforia do pós-parto. Os sintomas (ou mesmo alterações de humor e ansiedade durante a gestação) podem promover o desenvolvimento do EDM, que ocorre em 10 a 15% das mães e, geralmente, após duas ou quatro semanas do parto, sendo mais difícil de remitir sem um adequado tratamento. Quando o primeiro EDM acontecer no período pós-parto há grande probabilidade da depressão evoluir para bipolar.

Os sintomas da depressão pós-parto são: ansiedade acentuada, ataques de pânico, desinteresse pelo bebê, medo de ficar a sós com ele ou, ainda, sentimento de posse. As mães deprimidas adolescentes correm o risco de fazer uso abusivo de álcool e demais drogas (ilícitas).

A psicose puerperal é o quadro menos freqüente (de 0,1 a 0,2%) do pós-parto, porém, o mais grave. Ela acomete algumas mães, em geral, após as duas ou quatro semanas do parto, mas pode também surgir de forma abrupta dentro de 48 a 72 horas após o parto. Seus sintomas são: intensa agitação psicomotora, alterações do sono, despersonalização, grande irritabilidade, delírios e alucinações. Muitas vezes ela é a manifestação de transtorno bipolar, e as pacientes bipolares tem 50% de chance de apresentarem recorrência do quadro.

QUADRO 16

Critérios para especificador com início no pós-parto
Especificar se:
Com início no pós-parto: pode ser aplicado ao EDM, maníaco ou misto atual ou mais recente no TDM, transtorno bipolar I, II ou a um transtorno psicótico breve. O início do episódio ocorre dentro de quatro semanas do período pós-parto.

Depressão catatônica

Esta depressão é caracterizada por acentuada perturbação psicomotora, tais como: imobilidade motora, atividade motora excessiva, intenso negativismo, mutismo[11], estereotipias, maneirismos[12], ecolalia[13] ou ecopraxia[14].

A imobilidade motora pode se manifestar por catalepsia (ou então flexibilidade cérea[15]), e estupor (melancólico), e o aumento da atividade motora acontece sem razão aparente e não recebe influência externa.

Os estados catatônicos acontecem em 5 a 9% dos pacientes internados, e, dentre esses, são 25 a 50% dos casos associados com TH.

Depressão em idosos ou depressão involutiva

O TDM em idosos apresenta uma prevalência variável, ou seja, a estimativa nas amostras da comunidade é de 2 a 4%, nos hospitais é de 12% (pacientes hospitalizados sem problemas psiquiátricos) e em instituições assistenciais é de 16% (Dubovsky e Dubovsky, 2004).

A causa da depressão é multifatorial e deve-se dar grande valor aos fatores biológicos e psicossociais como preditores do quadro.

QUADRO 17

Critérios para especificador com características catatônicas

Especificar se:

Com características catatônicas: pode ser aplicado ao EDM, episódio maníaco ou episódio misto atual ou mais recente no TDM, no transtorno bipolar I ou II. Predomínio de, no mínimo, dois dos seguintes aspectos:

(1) imobilidade evidenciada por catalepsia (incluindo flexibilidade cérea) ou estupor;

(2) atividade motora excessiva (aparentemente sem propósito e não influenciada por estímulos externos);

(3) negativismo extremo (resistência aparentemente imotivada a todas as instruções, ou manutenção de uma postura rígida, contrariando tentativas de mobilização) ou mutismo;

(4) peculiaridades dos movimentos voluntários, evidenciados por posturas (adoção voluntária de posturas inadequadas ou bizarras), movimentos estereotipados, maneirismos ou trejeitos faciais proeminentes;

(5) ecolalia ou ecopraxia.

Às vezes os sintomas depressivos têm início na fase adulta e acompanham a pessoa no decorrer do seu processo de envelhecimento. Parece que nesses casos a depressão é menos difícil de tratar do que quando ela acontece pela primeira vez na velhice. Em geral, quando ocorre tardiamente, vem associada a anormalidades cerebrais (tanto estruturais como funcionais).

Holmes (2001) considera que o transtorno depressivo aumenta substancialmente após os 65 anos e é, grande parte das vezes, acompanhado de comorbidades, como doenças físicas (diabetes, hipertensão arterial, hipo ou hipertireoidismo, carcinomas, infecções crônicas, anemias, má nutrição etc.) e neurológicas (demência, acidente vascular cerebral, mal de Parkinson, tumores, esclerose múltipla, lupus eritematoso sistêmico etc.).

Os fatores psicossociais estão relacionados aos eventos vitais, condições de saúde e suporte social ocorridos durante o período de envelhecimento. Dentre tantos, podem ser citados alguns, como: aposentadoria, morte do cônjuge ou outro familiar próximo, dificuldades locomotoras, dores físicas, limitações funcionais, solidão, maus-tratos etc.

Muitas vezes o suicídio é decorrente de um desses fatores, sendo que a taxa entre os idosos é geralmente alta. Segundo Holmes (2001), os indivíduos com mais de 65 anos respondem por uma taxa aproximada de 25% de todos os suicídios. Geralmente as mulheres idosas tentam cometer o suicídio numa proporção três vezes maior que os homens, porém, são estes que conseguem consumar o ato.

D • OUTROS TIPOS DE DEPRESSÃO

Nesta parte introduzirei a categoria denominada pelo DSM-IV-TR de transtorno depressivo sem outra especificação (311) que inclui "transtorno com características depressivas que não satisfazem os critérios para TDM, TD, transtorno da adaptação com humor depressivo ou transtorno da adaptação misto de ansiedade e depressão. Às vezes, os sintomas depressivos podem apresentar-se como parte de um transtorno de ansiedade sem outra especificação". Veja exemplos no quadro a seguir:

QUADRO 18

1 Transtorno disfórico pré-menstrual: na maioria dos ciclos menstruais durante o ano anterior, sintomas como humor deprimido, ansiedade, instabilidade afetiva e menor interesse por atividades ocorreram regularmente durante a última semana da fase lútea, apresentando remissão alguns dias após o início da menstruação. Estas manifestações são suficientemente graves a ponto de interferir no trabalho, escola ou atividades habituais e devem desaparecer pelo menos uma semana após a menstruação.
2 Transtorno depressivo menor: episódios com pelo menos duas semanas de sintomas depressivos, porém com menos do que os cinco itens exigidos para TDM.
3 Transtorno depressivo breve recorrente: episódios depressivos com duração de dois dias a duas semanas, ocorrendo pelo menos uma vez por mês, durante doze meses (não associados com o ciclo menstrual).
4 Transtorno depressivo pós-psicótico da esquizofrenia: um EDM que ocorre durante a fase residual da esquizofrenia.
5 Um EDM sobreposto ao transtorno delirante, transtorno psicótico sem outra especificação ou fase ativa da esquizofrenia.
6 Situações nas quais se conclui que um transtorno depressivo está presente, mas é impossível determinar se ele é primário, devido a uma condição médica geral, ou induzido por uma substância.

Alguns especialistas ainda fazem menção a outros tipos de depressão, como por exemplo, depressão mascarada, dupla, subsindrômica, bipolar etc. Excetuando esta última, que será descrita no próximo item, as demais não serão apresentadas, em razão de seu acontecimento ser mais raro.

E • LUTO

O luto normal é caracterizado como uma resposta normal à perda de um ente querido e, em geral, o indivíduo costuma apresentar uma profunda tristeza acompanhada, muitas vezes, de um sentimento de dor ("dor do luto"), torpor ou atordoamento.

Bowlby (citado por Kaplan e Sadock, 1993) formula quatro estágios de luto, assim designados:

1º: desespero agudo, com torpor, protesto, negação, ataques de raiva, aflição e revivescência do acontecimento;

2º: desejo intenso pela presença do falecido, com inquietação física e preocupação com a pessoa morta;

3º: fase de desorganização e desespero; início da assimilação da realidade, com retraimento, apatia, inquietação, insônia, emagrecimento, sentimento de que a vida perdeu o sentido, revivescimentos;

4º: fase de reorganização; sensação de volta à vida, início do desaparecimento da dor da perda e internalização da imagem da pessoa falecida.

A tristeza do luto pode acontecer até cerca de dois meses, quando então a permanência dos sintomas poderá ser considerada como um TDM.

No quadro a seguir apresento as características do luto segundo o DSM-IV-TR.

QUADRO 19

• A categoria é usada quando o foco de atenção clínica é uma reação à morte de um ente querido.

• Alguns indivíduos enlutados apresentam sintomas característicos de um EDM (tristeza, insônia, perda de apetite e de peso).

• O indivíduo enlutado considera seu humor deprimido como normal, mas pode buscar auxílio para certos sintomas (insônia ou anorexia).

• A duração e a expressão do luto normal varia consideravelmente entre diferentes grupos culturais.

• O diagnóstico de TDM geralmente não é dado, a menos que os sintomas ainda estejam presentes dois meses após a perda.

• Diferenças entre luto normal e EDM:

   1 culpa acerca de outras coisas que o sobrevivente tenha realizado, ou não, à época do falecimento;

   2 pensamentos sobre morte, outros que não o sentimento do sobrevivente de que seria melhor estar morto ou de que deveria ter morrido com a pessoa falecida;

3 preocupação mórbida com inutilidade;
4 retardo psicomotor acentuado;
5 prejuízo funcional prolongado e acentuado;
6 experiências alucinatórias outras que não o fato de achar que ouve a voz ou vê, temporariamente, a imagem da pessoa falecida.

Transtornos bipolares

Os transtornos bipolares do humor (TBH) ou transtornos afetivos bipolares (TAB) são representados pela hipomania, mania[16] e depressão bipolar, que antigamente eram denominados de psicose maníaco-depressiva ou PMD.

O TAB é uma doença crônica caracterizada por apresentar episódios de mania (euforia) que se alternam com episódios de depressão ou de normalidade. Os estudos epidemiológicos indicam que ela tem uma prevalência de aproximadamente 1,6% da população.

Os sintomas podem manifestar-se em qualquer fase da vida, embora seja mais comum entre o final da adolescência e início da fase adulta (entre 18 e 22 anos).

A duração média do episódio maníaco é de cinco a dez semanas, da depressão bipolar de dezenove semanas e dos episódios mistos de trinta e seis semanas (Dubovsky e Dubovsky, 2004).

Nos episódios de mania, o indivíduo apresenta um humor anormal (por, no mínimo, uma semana), com sentimento exaltado de alegria e bem-estar, euforia, pensamento acelerado com fala rápida e verborréia. A impaciência, irritabilidade, hipervigilância (observação atenta de tudo o que acontece ao seu redor) e hiperatividade (produção intensa de várias coisas, não necessitando de muitas horas de sono) são freqüentes. Apresenta-se geralmente agitado, com baixo grau de concentração (o que o leva a mudar de assunto várias vezes) e incapaz de ouvir o outro. Sua libido está aumentada e às vezes apresenta condutas inadequadas. A auto-estima também está comprometida e idéias de grandeza, poder, riqueza podem estar presentes. Faz gastos excessivos (às vezes gasta o que não tem ou acumula grandes dívidas colocando em risco sua situação econômica ou a de familiares). Não apresenta autocrítica de sua conduta e, na maioria das vezes, como não se considera doente, não aceita tratamento, sendo necessário que pessoas próximas tomem a iniciativa de levá-lo ao psiquiatra. Nos casos de mania grave podem ocorrer fugas de idéias, agressividade, delírios, alucinações e suicídio.

A hipomania é considerada um quadro mais leve de mania, cuja duração pode variar de um, três ou quatro dias, e, dentre os sintomas, não há comprometimento funcional do indivíduo e nem idéias psicóticas.

A depressão bipolar é caracterizada pela alternância de episódios depressivos e maníacos, e o único critério de diferença entre eles é a história de episódio maníaco (Almeida e Moreno, 2002).

Os estados (ou episódios) mistos compreendem uma mescla de sintomas dos dois pólos (mania e depressão) no mesmo dia, representando de 40 a 50% dos pacientes com transtorno bipolar (Dubovsky e Dubovsky, 2004). O indivíduo pode sentir-se deprimido, angustiado, mas com vários pensamentos na mente; acelerado, agitado; pode apresentar mudança rápida de um estado para outro, ou seja, acordar eufórico e, com o passar do dia, tornar-se deprimido (e vice-versa).

FIGURA 2

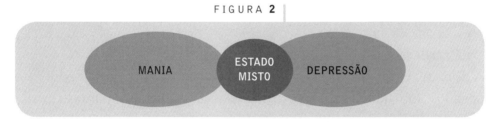

É importante chamar também a atenção para a visão dimensional dos transtornos do humor, designada como espectro bipolar. Ela é caracterizada por traços bipolares não clássicos (Katzow *et al.*, 2003), isto é, uma distribuição variável do humor, desde o TAB I até alternâncias normais do humor, passando pelo transtorno depressivo unipolar, distimia e ciclotimia (Demétrio, 2002).

ESPECTRO BIPOLAR

Mania	Hipomania	Ciclotimia	Eutimia (humor normal)	Distimia	Depressão leve	Depressão moderada	Depressão grave

Lara (2004) fala de espectros bipolar e unipolar, descrevendo como espectro bipolar a ciclotimia, os TB I, II, III e também o TBIV (que não será definido aqui), e espectro unipolar os quadros de distimia e depressão maior.

A classificação dos transtornos bipolares mais conhecida, e citada nos manuais psiquiátricos, é o TBI, o TBII e a ciclotimia. Faço uma pequena menção ao TBIII, que está sendo popularizada, ultimamente, no meio psiquiátrico.

A TRANSTORNO BIPOLAR I (TBI)

Este transtorno é caracterizado pela ocorrência de um ou mais episódios maníacos ou mistos acompanhados de um ou mais episódios depressivos. Segundo Silva e Cordás (2006), é uma doença crônica e recorrente, na qual mais de 90% dos sujeitos que tiveram algum episódio maníaco apresentarão outros episódios durante suas vidas.

B TRANSTORNO BIPOLAR II (TBII)

Caracteriza-se por um ou mais episódios depressivos maiores acompanhados de pelo menos um episódio de hipomania. Não há ocorrência de episódio maníaco.

C CICLOTIOMIA OU TRANSTORNO CICLOTÍMICO

A ciclotimia é uma instabilidade freqüente do humor, caracterizada por vários períodos tanto de sintomas hipomaníacos como depressivos por pelo menos dois anos. Tais sintomas não satisfazem os critérios de epsódio maníaco ou de episódio depressivo maior. Ela também é uma doença crônica, com início na adolescência ou no começo da vida adulta, ainda que o indivíduo possa apresentar, durante esses meses, humor estável. Muitas vezes seu diagnóstico passa despercebido em razão das oscilações do humor serem leves, e a pessoa é vista como "temperamental", "de lua", "imprevissível". Segundo o DSM-IV-TR há um risco de 15 a 50% de ela vir a desenvolver um TABI ou um TABII.

D TRANSTORNO BIPOLAR III (TBIII)

Este diagnóstico não é descrito na CID-10 e no DSM-IV-TR, porém já foi comentado em alguns textos (Dubovsky e Dubovsky, 2004; Demétrio, 2002). O termo é empregado quando:

a) o paciente (com história de depressão), mesmo não tendo apresentado episódios maníacos, hipomaníacos ou mistos, tem um familiar em primeiro grau portador de mania. A observação atenta do médico é importante porque o paciente pode desenvolver um quadro maníaco ou hipomaníaco;
b) o paciente em tratamento com antidepressivos "vira", isto é, sai da depressão e passa a apresentar um episódio maníaco.

O quadro 20 apresenta as principais diferenças entre depressão unipolar e bipolar.

QUADRO 20

Diferenças principais entre depressão unipolar e bipolar	
Depressão unipolar	Depressão bipolar
Início tardio	Início precoce
Menor número de episódios	Maior número de episódios
Início gradual	Início agudo
Mulheres > homens	Mulheres = homens
Menos lentificação psicomotora; às vezes agitação	Aumento da lentificação psicomotora
Mais ansiedade, irritabilidade, queixas físicas	Maior labilidade de humor durante o episódio
Diminuição do apetite e perda de peso	–
Insônia (intermediária e terminal)	Hipersônia (piora pela manhã)
Risco menor de suicídio	Risco maior de suicídio
–	Relação com o pós-parto
Sintomas psicóticos com menor freqüência	Probabilidade maior de sintomas psicóticos
Menor número de remissão espontânea	Maior número de remissão espontânea
Antidepressivos são mais eficientes.	Antidepressivos são menos eficientes (geralmente, ciclagem com seu uso).
O lítio (medicação psiquiátrica: estabilizador do humor) é menos eficiente.	O lítio é mais eficiente.
História familiar de depressão	História familiar de mania e depressão

ADAPTADO DE DUBOVSKY EI; DUBOVSKY (2004), D.H. MORENO E MACEDO SOARES (2003).

Notas

1 Z. T. Moreno, *Cantos de amor à vida*, p. 37 (poema sem título).

2 Uma das comparações do humor feitas por Lara (2004, p. 19) é com um quadro de pintura, ou seja, quanto mais escuras e densas as cores da tela, mais depressão; quanto mais cores vivas e exageradas, mais euforia.

3 Em outras palavras, pode-se dizer que as emoções são fenomenológicas, isto é, subjetivamente experienciadas, apresentam uma modulação de intensidade para cada pessoa e conforme o momento vivenciado. Na depressão, as emoções sentidas são muito fortes e angustiantes. A alexitimia é um transtorno que expressa a ausência da experiência subjetiva das emoções, explicada pelas lesões em algumas regiões cerebrais, especialmente no córtex pré-frontal (Gazzaniga e Heatherton, 2005).

4 Como já comentado no capítulo anterior, este é um manual psiquiátrico elaborado pela Associação Psiquiátrica Americana (APA), denominado *Manual diagnóstico e estatístico de transtornos mentais*.

5 É a elevação do humor, ou seja, o quadro de euforia que se manifesta nos episódios maníacos ou hipomaníacos.

6 J. Saramago, *O homem duplicado*, p. 9.

7 Estupor: falta de reação e de consciência quanto ao ambiente.

8 Alucinações cenestésicas: expressam vivências anormais corporais, mais freqüentemente, nas vísceras, ocasionando falsa sensação de irradiações, descargas elétricas, toques genitais, etc. no corpo do paciente.

9 Negativismo: oposição ou resistência, encobertas ou manifestas, a sugestões ou conselhos externos.

10 Catalepsia: termo geral para uma posição imóvel constantemente mantida (como nos estados de transe, hipnóticos – ou em pessoas supostamente falecidas).

11 Mutismo: recusa de falar por motivos conscientes ou inconscientes.

12 Maneirismos: movimentos involuntários estereotipados.

13 Ecolalia: repetição psicopatológica de palavras ou frases, aparentemente sem sentido, tipo "papagaio", de uma pessoa por outra.

14 Ecopraxia: imitação patológica repetitiva dos movimentos de outra pessoa.

15 Flexibilidade cérea: a pessoa pode ser moldada em uma determinada posição e assim se mantém; a sensação de quem vê é que a pessoa ou parte do seu corpo (por exemplo, os membros) parece ser feito de cera.

16 Apesar de parecer evidente, convém salientar que o termo mania, aqui empregado, nada tem que ver com a expressão, popularmente utilizada, de mania de limpeza, mania de lavar as mãos, mania de mexer nos cabelos etc., bem como para aqueles indivíduos com humor normal (eutímico) que costumam colecionar objetos gerais, selos, peças de arte etc. (a não ser que a sua história tenha referências passadas ou atuais de bipolaridade e o ato de colecionar se apresente exageradamente excêntrico e esteja impregnado de outros sintomas maníacos).

Capítulo **3**

Os tratamentos

Tratamento dos transtornos depressivos

Os meios de comunicação têm propagado muitas informações sobre a depressão, o que facilita o reconhecimento dos sintomas levando os indivíduos a buscarem tratamento. Entretanto, há pessoas que, apesar de todo o sofrimento, nem imaginam o que apresentam. Em ambos os casos, existe uma tendência a procurar um médico de sua confiança (clínico, ginecologista, geriatra), que possa tratá-los ou lhes dizer o que apresentam. Embora a especialidade que *trata a depressão (em termos farmacológicos)*, ou outro *transtorno mental*, seja a psiquiatria, há uma resistência muito grande da sociedade em procurar o especialista desta área, porque o imperativo social é de que "psiquiatra trata de louco e eu não sou louco..."

Seria apropriado que aqueles que são mais bem informados auxiliassem as pessoas em geral a extinguir o preconceito em relação à figura do médico psiquiatra e as orientassem sobre a importância do tratamento com o especialista. O psiquiatra não se arvora em tratar, por exemplo, uma úlcera gástrica, uma otite ou mesmo uma pneumonia (respectivamente, incumbências do gastroenterologista, otorrinolaringologista e pneumologista), porque sabe que por mais conhecimento médico que apresente, as condutas mais adequadas são pertinentes à própria especialidade. Muitas vezes os pacientes deprimidos são subdiagnosticados e subtratados, demandando um tempo maior de sofrimento e, por conseqüência, uma demora na remissão de seu quadro.

Em razão de uma série de fatores que envolvem o paciente deprimido (aflições, dúvidas, apatia, baixa auto-estima etc.), o psiquiatra deve levar em conta alguns pontos essenciais para o êxito da aderência ao tratamento:

A) cordialidade no atendimento, favorecendo a formação de um vínculo de confiança;

B) avaliação médica cuidadosa, valorizando cada um dos aspectos genéticos, biológicos, psíquicos, sociais e ambientais do indivíduo;

C) disponibilidade para informar a respeito da doença depressiva (sintomatologia, curso, tratamento etc.) e para esclarecer dúvidas;

D) disposição para os atendimentos urgentes (ou ansiosos), isto é, fora das consultas programadas, tanto do paciente como dos familiares;
E) convocação da família ou representante para elucidação dos aspectos do entorno da doença e colaboração no tratamento, caso se faça necessário;
F) atenção perspicaz a todas as atitudes e queixas que induzam ou façam pensar em idéias de suicídio.

Os transtornos depressivos podem ser tratados por meio de diversas abordagens, a saber:

• Tratamento biológico: medicamentoso (farmacológico); não-medicamentoso (eletroonvulsoterapia – (ECT), fototerapia, privação de sono e Estimulação Magnética Transcraniana – (EMT). Dentre todos esses tratamentos, apenas a ECT será descrita, por ser mais utilizada.
• Tratamento psicoterápico.

Tratamento biológico

A • MEDICAMENTOSO (FARMACOLÓGICO)
As descobertas científicas no campo dos neurotransmissores cerebrais têm ampliado e desenvolvido o uso de medicamentos antidepressivos para os transtornos depressivos. A eficácia dos seus efeitos contribui para que se atinja, cada vez mais, a remissão dos sintomas depressivos e, conseqüentemente, a diminuição da chance de recaída. Entretanto, apesar da grande amplitude das substâncias antidepressivas disponíveis no mercado, nenhuma delas têm eficácia ideal (Thase e Ninan, 2002) e nem todas têm eficácia igual para todos os pacientes (Dubovsky e Dubovsky, 2004).

Paykel (2000) comenta sobre diversos ensaios clínicos controlados que apontam, desde 1970, para o benefício do uso de antidepressivos, no entanto, questiona o seu valor. Embora não haja evidência real de que eles conduzam a recaídas, há uma possibilidade teórica de que predisponham, nos episódios agudos, a uma recaída ou recidiva. É possível também que as doses prescritas aos pacientes não sejam as recomendadas na prática clínica, favorecendo a piora do quadro. De qualquer maneira, as taxas de recaídas estão diretamente ligadas à natureza da doença. Parece que alguns pacientes têm maior probabilidade do que outros de apresentar episódios subseqüentes (Paykel, 2000).

Para alguns autores, a medicação traz uma melhora mais rápida nos sintomas somáticos e vegetativos, tais como humor, sono e apetite (Dubovsky e Dubovsky, 2004; Hirschfeld e Goodwin,1992).

O tratamento da depressão compreende três fases:

I.   Aguda: cerca de seis a oito semanas, podendo ser um pouco mais;
II. Continuação: aproximadamente de quatro a nove meses;
III. Manutenção: duração variável.

A melhora ou piora do quadro depressivo é avaliada por meio de alguns parâmetros, comumente utilizados nos ensaios clínicos, que referendam o estado atual do paciente e se baseiam na pontuação da Escala de Hamilton para a depressão (HAM-D), no inventário de depressão de Beck e na escala de Montgomery-Asberg (MADRS). O quadro 21, baseado em Dubosvsky; Dubosvsky (2004), tenta esclarecer esses critérios, porém é importante destacar que tais conceitos estão sendo, comumente, questionados e revisados:

QUADRO 21

Parâmetros de melhora/piora do quadro depressivo	
Termo	Definição
1. Remissão (ou remissão total para alguns autores)	1. Ausência de sintomas (ou poucos), por pelo menos oito semanas
2. Resposta (ou remissão parcial para alguns autores)	2,50% de melhora
3. Resposta parcial	3. De 25 a 50% de melhora
4. Sem resposta	4. Menos de 25% de melhora
5. Recuperação (ou recuperação total para alguns autores)	5. Ausência de sintomas por mais de oito semanas
6. Recidiva (ou recaída para alguns autores)	6. Retorno de sintomas durante o período de remissão (continuação do episódio original)
7. Recorrência	7. Retorno dos sintomas durante a recuperação (novo episódio)

Os critérios de remissão levam em conta as seguintes pontuações nas escalas:

1. HAM-D (17 itens): menor ou igual a 7.
2. Beck (21 itens): igual ou inferior a 8.
3. MADRS: menor ou igual a 10.

Nem sempre os pacientes aderem adequadamente ao tratamento farmacológico (de 33 a 68%) e muitos apresentam recidiva ou recorrência (77%) por conta da interrupção antes do tempo. Àqueles que têm adesão e apresentam remissão ou recuperação do quadro inicial, recomenda-se dar continuidade ao tratamento por mais tempo, de quatro a doze meses, na tentativa de abortar uma recidiva (todavia, isso não o torna refratário a um novo episódio). Se houver melhora dos sintomas (após a retirada dos antidepressivos), mas permanecerem alguns residuais, há uma chance cinco vezes maior da pessoa apresentar recidiva ou recorrência. Em razão desse fato, alguns autores consideram necessário o uso indefinido do tratamento medicamentoso.

O objetivo principal do tratamento da depressão é atingir a remissão ou a recuperação do paciente, para que ele possa regressar ao seu estado anterior à doença (*restitutio ad integrum*), com retorno às suas funções psicossociais.

De modo geral, os antidepressivos são eficazes e fornecem cerca de 60% de resposta nos casos de depressão não psicótica. Em certas ocasiões, é necessário trocá-los por outro(s) ou lançar mão, para potencializar seus efeitos, de associações com outros antidepressivos ou outras substâncias (sais de lítio, anticonvulsivantes etc.). Em algumas situações também se faz uso da eletroconvulsoterapia e dos medicamentos antipsicóticos. Alguns autores se utilizam ainda de outros medicamentos, tais como: hormônio tireoideano, erva de São João, inositol.

Não discorrerei a respeito de cada um desses medicamentos porque minha proposta é unicamente mostrá-los como passíveis de uso na prática clínica, contudo, apresento a seguir um quadro com os principais antidepressivos existentes atualmente no mercado (seus nomes comerciais, respectivos laboratórios, apresentação e dosagem), para que o leitor tenha uma visão mais ampla e didática dessas substâncias.

QUADRO 22

Antidepressivos				
Substância	Nome comercial	Classe	Laboratório	Apresentação/ Dose
Amineptina	Survector	Tricíclico (atípico)	Servier	Comp. 100 mg
Amitriptilina	Amytril	Tricíclico	Cristália	Comp. 25 e 75 mg
	Cloridrato de amitriptilina		Eurofarma	Comp. 25 e 75 mg
	Limbitrol		ICN	Comp. 12,5 mg (+ clordiazepóxido 5 mg)
	Neo Amitriptilin		Neo Química	Comp. 25 mg
	Protanol		Teuto Brasileiro	Comp. 25 mg
	Tripsol		Cazi	Comp. 25 mg
	Tryptanol		Prodome	Comp. 25 e 75 mg
Bupropiona	Cloridrato de bupropiona	ISRDN	Eurofarma	Comp. 150 mg
	Wellbutrin SR		Glaxo SmithKline	Comp. 150 mg
	Zetron		Libbs	Comp. 150 mg
	Zyban		Glaxo	Comp. 150 mg
Citalopram	Alcytam	ISRS	Torrent	Comp. 20 mg
	Cipramil		Lundbeck	Comp. 20 mg
	Citalopram genérico		Eurofarma, Merck	Comp. 20 mg
	Denyl		Cristália	Comp. 20 e 40 mg
	Procimax		Libbs	Comp. 20 mg
Clomipramina	Anafranil	Tricíclico	Novartis	Drágs. 10 e 25 mg
	Anafranil SR			Comp. 75 mg
Duloxetina	Cymbalta	ISRSN	Lilly	Caps. 30 e 60 mg

Escitalopram	Lexapro	ISRS	Lundbeck-Abbott	Comp. 10 mg
Fenelzina	Nardil	IMAO	Parke-Davis	Comp. 15 mg
Fluoxetina	Cloridrato de Fluoxetina	ISRS	Biosintética, Novartis, EMS	Comp. 20 mg
	Daforin		Sigma Pharma	Caps/comp. 20 mg + frasco 1 mg/gota
	Deprax		Aché	Caps. 20 mg
	Depress		União Química	Comp. 20 mg
	Eufor		Farmasa	Comp. 20 mg
	Fluoxetina genérico		(Neo Química, Basf, Igefarma	Caps. 20 mg
	Fluox		Igefarma	Caps. 20 mg
	Fluxene		Eurofarma	Caps. 20 mg e comp. 10 mg
	Nortec		Atmus	Comp. 10 mg
	Prozac		Lilly	Caps/comp. sol. 20 mg frasco = 1 med/ 20 mg
	Prozac Durapac		Lilly	Caps. 90 mg
	Prozen		Teuto Brasileiro	Caps. 20 mg
	Psiquial		Merck	Comp. 20 mg
	Verotina		Libbs	Comp. 20 mg + frasco 20 ml
	Verotina S		Libbs	Caps. 90 mg
Fluvoxamina	Luvox	ISRS	Solvay	Comp. 100 mg
Imipramina	Depramina	Tricíclico	Teuto Brasileiro	Amp. 25 mg
	Praminam		Cazi	Comp. 25 mg
	Tofranil		Novartis	Drags. 10 e 25 mg
	Tofranil pamoato		Novartis	Caps. 75 e 150 mg

	Cloridrato de maprotilina		Hexal	Comp. 25 e 75 mg
Maprotilina	Ludiomil	Tetracíclico	Novartis	Comp. 25 e 75 mg
	Ludiomil injetável		Novartis	Amp. 75 mg
Mianserina	Cloridrato de mianserina	Tetracíclico	Hexal	Comp. 30 mg
	Tolvon		Akzo-Organon	Comp. 30 mg
Milnaciprano	Ixel	IRSN	Roche	Caps. 25 e 50 mg
Mirtazapina	Mirtazapina genérico	NASSA	Novartis	Comp. 30 e 45 mg
	Remeron		Akzo-Organon	Comp. 30 e 45 mg
	Remeron soltab		Akzo-Organon	Comp. 15, 30 e 45 mg
Moclobemida	Aurorix	IMAO-A (RIMA)	Roche	Comp. 100, 150 e 300 mg
	Moclobemida genérico		Hexal	Comp. 150 e 300 mg
	Moclobemida genérico		Apotex	Comp. 300 mg
Nefazodona	Serzone	ISRS	Bristol-Myers Squibb Brasil	Comp. 100 e 150 mg
Nortriptilina	Cloridrato de nortriptilina	Tricíclico	Eurofarma	Comp. 10, 25, 50 e 75 mg
	Pamelor		Novartis	Caps. 10, 25, 50 e 75 mg + frasco = 2 m/ml
Paroxetina	Cloridrato de paroxetina	ISRS	Eurofarma	Comp. 20 mg
	Aropax		Glaxo SmithKline	Comp. 20 mg
	Benepax		Apsen	Comp. 20 e 30 mg
	Cebrilin		Libbs	Comp. 10 e 20 mg
	Paroxetina genérico		Apotex	Comp. 20 mg
	Paxil CR		Glaxo SmithKline	Comp. 12,5 e 25 mg
	Pondera		Eurofarma	Comp. 20 e 30 mg
	Roxetina		Cristália	Comp. 20 e 30 mg

Reboxetina	Prolift	NARI	Pharmacia	Comp. 4 mg
Sertralina	Assert	ISRS	Eurofarma	Caps. 50 mg
	Cloridrato de sertralina		Eurofarma, Biosintética	Comp. 50 mg
	Novativ		Ativus	Comp. 50 mg
	Sercerin		Farmasa	Comp. 50 mg
	Serenata		Torrent	Comp. 50 mg
	Tolrest		Biosintética	Comp. 25, 50, 75 e 100 mg
	Zoloft		Pfizer	Caps. 50 e 100 mg
Tianeptina	Stablon	ISRS	Servier	Drags. 12,5 mg
Tranilcipromina	Parnate	IMAO	Glaxo SmithKline	Drags. 10 mg
	Stelapar		Glaxo SmithKline	Drags. 10 mg
Trazodona	Donaren	ISRS	Apsen	Comp. 50 e 100 mg
Venlafaxina	Cloridrato de venlafaxina	IRSN	Eurofarma	Caps. 75 e 150 mg
	Efexor		Wyeth-Ayerst	Comp. 37,5, 50 e 75 mg
	Efexor XR		Wyeth-Ayerst	Caps. 75 e 150 mg
	Venlift OD		Torrent	Caps. 75 e 150 mg

B • TRATAMENTO NÃO-MEDICAMENTOSO (ELETROCONVULSOTERAPIA)

A eletroconvulsoterapia, mais comumente conhecida como ECT, é considerada o tratamento mais eficaz para a depressão. Existem muitos preconceitos em relação à sua aplicação, tanto por pacientes e familiares como também por psiquiatras. Trata-se de um método que utiliza estímulo elétrico, aplicado por meio de eletrodos, provocando convulsão cerebral generalizada no paciente, com duração de 20 a 150 segundos. Em geral, são realizadas de 6 a 12 aplicações, que podem chegar até 20, quando houver maior gravidade.

A ECT é o tratamento de primeira escolha quando os pacientes não respondem ou não toleram os antidepressivos e quando estes são contra-indicados (como nos casos de risco de suicídio, inanição, agitação psicomotora etc.). Ela ainda é recomendada para as depressões graves, agudas, com lentificação psicomotora, sintomas psicóticos e nas depressões recorrentes.

Não há evidência de que a ECT cause prejuízo cerebral (Dubovsky e Dubovsky, 2004), e é importante assinalar que, na maioria das vezes, o desempenho cognitivo é melhor do que antes do tratamento, porém, alguns efeitos colaterais podem ocorrer, como a perda ou diminuição da memória.

A ECT pode ajudar o paciente a tolerar melhor os antidepressivos e ser utilizada como tratamento de manutenção para prevenir recidivas e recorrências.

Tratamento psicoterápico

A importância qualitativa e quantitativa da psiquiatria revela que nos encontramos ante uma disciplina que não é simplesmente mais uma especialidade médica. Sua distinção qualitativa mais peculiar consiste em ser o ramo humanista ou antropológico por excelência da medicina. [...]
Medicina filosófica no sentido antigo e medicina psicológica ou antropológica no moderno são termos que se referem às três peculiaridades da psiquiatria: ocupar-se primordialmente do homem enfermo considerado em sua totalidade – abarcando especialmente os aspectos psicológicos –, centrar a investigação no método fenomenológico e não prescindir nunca da psicoterapia.[1]

Sabe-se hoje que o tratamento farmacológico não é o único caminho que leva à melhora dos sintomas depressivos. Uma das maneiras de tratá-los é por intermédio das psicoterapias reconhecidas pela psiquiatria como método aditivo ao medicamentoso.

Moreno e Moreno (1999) enfatizam que o tratamento clínico e a psicoterapia podem ser utilizados concomitantemente, e a indicação de psicoterapia para o paciente deprimido se faz independentemente da abordagem médica. Os autores salientam:

Os antidepressivos suprimem sintomas [...], ajudando o paciente a participar do processo psicoterápico [...]. De modo oposto, o aumento da comunicação e do entendimento resultantes do processo terapêutico cognitivo aumenta a adesão ao tratamento medicamentoso e também a esperança e a confiança do paciente, levando à resposta positiva do tratamento como um todo (p. 164).

Além desses aspectos, vários estudos comprovam que, nos estados depressivos, há menos recaídas quando é realizada a associação de tratamento psicoterápico com o medicamentoso.

Em geral, as psicoterapias ajudam o paciente a desenvolver habilidades para lidar com situações de conflito, a elaborar perdas e eventos traumáticos e a desenvolver um maior amadurecimento da personalidade, de forma a lidar melhor com os estressores sociais e psicológicos (que funcionam como fatores de risco para recaída e recorrência do episódio depressivo). No entanto, sem o uso concomitante da medicação, torna-se mais difícil obter algum resultado favorável, pois é ela que diminui ou contém as sensações expectantes de início de grupo, os sentimentos depressivos e corrobora a presença na psicoterapia.

Dubovsky e Dubovsky (2004) consideram que as depressões leves e moderadas poderiam ser tratadas com antidepressivos ou psicoterapia, porém nos casos graves e recorrentes a associação é fundamental. Mesmo aqueles quadros que são tratados apenas com antidepressivos mereceriam um tratamento com manejo psicológico que realçasse a aliança terapêutica e auxiliasse o paciente a mostrar suas preocupações. A combinação de medicamentos e psicoterapia traz proveito para a maioria dos deprimidos, embora eles devam ser analisados em relação ao tipo de atuação sobre os sintomas depressivos: a psicoterapia age mais rapidamente no desempenho social e nas idéias suicidas, enquanto os medicamentos agem mais instantaneamente sobre o humor, o sono e o apetite. Comentam ainda que os casos mais graves devem ser inicialmente tratados com medicamentos, até que o ânimo, a motivação e a cognição dos pacientes melhorem e eles possam participar de maneira mais efetiva da psicoterapia.

Roso (2002) destaca que o sucesso terapêutico das psicoterapias advém, fundamentalmente, da melhora funcional do paciente, ainda que no início do tratamento a redução sintomatológica seja prioridade.

Hirschfeld e Goodwin (1992) salientam a importância do tratamento combinado – abordagens psicofarmacológicas e psicoterapêuticas – para a depressão e mencionam as três psicoterapias mais utilizadas: terapia cognitiva, terapia comportamental (TC) e terapia interpessoal (TIP), embora algumas psicoterapias psicodinâmicas de curto prazo também apresentem bons resultados. As terapias familiares e conjugais também são freqüentemente utilizadas, à medida que a depressão prejudique o casamento ou a relação familiar. Os autores destacam ainda que há evidências nas diferenças dos efeitos, isto é, os medicamentos agiriam mais rapidamente nos sintomas somáticos e vegetativos e, as psicoterapias, nos aspectos interpessoais e cognitivos da depressão.

Vários autores são unânimes em enfatizar que a TC, a TCC (associação da terapia cognitiva com a comportamental) e a TIP são as abordagens que apresentam o maior número de estudos com resultados de eficácia para os transtornos depressivos, em comparação com aquelas de natureza mais tradicional e tempo mais longo.

Afora as terapias psicossociais (TIP, cognitiva e TC) também são utilizadas, para a depressão, a psicoterapia de casais (Dubovsky e Dubovsky, 2004), a psicoterapia familiar, a psicanaliticamente orientada (Kaplan e Sadock,1993), a abordagem psicodinâmica breve (Schestatsky e Fleck,1999), a psicoterapia construtivista (Lotufo Neto e Ito, 2000) e a psicoterapia analítica de Jung (Souza Vargas, 2000).

Whitfield e Williams (2003) consideram que as intervenções psicossociais efetivas devem apresentar certas características, como: um modelo estrutural claro e fundamental, um foco nos problemas gerais do paciente e uma efetiva relação construída entre paciente e profissional. Dentre elas, as apresentadas como tendo uma sólida base são:

a TCC, a terapia de solução de problemas, a TIP, a terapia de grupo e as psicoterapias de casal e família, com destaque para a metodologia da TCC e da TIP.

A TCC utiliza técnicas apropriadas para corrigir comportamentos disfuncionais e pensamentos com padrões distorcidos (Lotufo Neto e Ito, 2000; Whitfield e Williams, 2003), enquanto a TIP trabalha com quatro áreas-problema: luto, transição de papéis, conflitos interpessoais e déficits interpessoais (Lotufo Neto e Ito, 2000; Blanco *et al.*, 2001; Mackenzie e Grabovac, 2001; Mello, 2004).

Convém ainda salientar o pensamento de Gabbard (1998) no que tange à existência de estudos sugerindo que a psicoterapia afeta o cérebro e o corpo em diversos quadros psiquiátricos, dentre eles, a depressão (ou mesmo em doenças físicas, como por exemplo, o câncer), promovendo mudanças no metabolismo serotoninérgico.

Os avanços nas pesquisas científicas em relação aos aspectos biológicos dos transtornos do humor, por meio dos mecanismos de ação dos antidepressivos, dos neurotransmissores (e demais sistemas de neurotransmissão), da genética, da neuroimagem e outras complexas hipóteses, não devem ser ignorados ou rechaçados pelos psicoterapeutas, independentemente da abordagem utilizada em psicoterapia. É essencial que os profissionais dessas áreas estejam atentos à evolução científica e não submetam seu(s) paciente(s) a sofrimentos extraordinários e desnecessários. Embora os fatores psicossociais também tenham influência fundamental na manifestação de sintomas, não se pode desprezar a força do efeito medicamentoso sobre tais distúrbios.

A prática clínica das psicoterapias é habitualmente propagada, em termos populares, como eficiente, porém sabe-se que esse processo somente é validado quando são utilizados recursos metodológicos rígidos e precisos que comprovem sua eficácia. Espero que a psicoterapia psicodramática possa conquistar seu espaço como uma abordagem eficaz no tratamento dos transtornos depressivos (veja capítulo 4).

Tratamento dos transtornos bipolares

O tratamento dos transtornos bipolares tem como objetivo impedir que os sintomas maníacos e/ou depressivos desestabilizem sobremaneira o portador da doença. Os pacientes que apresentam TBI necessitam de um tratamento mais enérgico do que os bipolares do TBII.

O modelo de tratamento também segue os mesmos parâmetros dos transtornos depressivos:

Tratamento biológico

A • MEDICAMENTOSO (FARMACOLÓGICO)

Os medicamentos mais utilizados para os episódios maníacos e para a depressão bipolar são denominados estabilizadores de humor e compreendem: os sais de lítio e os anticonvulsivantes (carbamazepina, oxcarbazepina, ácido valpróico, valproato de sódio, divalproato de sódio, lamotrigina); os antipsicóticos atípicos (clozapina, risperidona, olanzapina, quetiapina, aripiprazol, ziprasidona) também são usados nos episódios maníacos; os antipsicóticos típicos (haloperidol, clorpromazina) devem ser evitados em razão do risco de sérios efeitos colaterais (sintomas extrapiramidais, discinesia tardia etc.); os ansiolíticos (clonazepam e lorazepam), quando associados aos antipsicóticos, podem reduzir a agitação, ansiedade e insônia do paciente maníaco, embora estejam sendo cada vez menos utilizados.

B • NÃO MEDICAMENTOSO (ELETROCONVULSOTERAPIA)

A ECT é considerada bastante eficaz para a mania e para a depressão bipolar. Os procedimentos são os mesmos citados, anteriormente, para a depressão unipolar.

Tratamento psicoterápico

As abordagens psicoterápicas mais utilizadas para os pacientes bipolares são a cognitiva-comportamental (TCC), a interpessoal (TIP) e a familiar. Como citado no capítulo 6, os encontros psicoeducacionais têm apresentado resultados promissores, fornecendo esclarecimentos que agem de forma terapêutica, tanto para os pacientes, familiares, como para a população em geral.

Notas

1 F. Alonso-Fernandez, *Fundamentos de la psiquiatría actual. Psiquiatría general,* p. 833.

Capítulo **4**

A psicoterapia psicodramática como uma abordagem psicossocial para a depressão

> Quando o sofrimento humano ultrapassa um certo nível, além de
> nossa capacidade de dar respostas construtivas, instala-se a versão trágica.
> A tragédia se resolve por dois caminhos: a loucura ou a morte.
> Drama (do grego "fazer") é um gênero teatral que vai da tristeza à comicidade
> e que inclui uma grande variedade de finais, desde os venturosos até os desgraçados.
> O objetivo do psicodramatista é o de transformar as versões trágicas
> em dramáticas, evitando resoluções trágicas e ingênuas e
> privilegiando o encontro com novos caminhos.[1]

As abordagens psicossociais, nos últimos tempos, cada vez mais têm se estabelecido como métodos efetivos de tratamento psicológico dos transtornos mentais. Até o momento, as intervenções que apresentam mais estudos controlados comprovadamente eficazes, para tratar o universo depressivo, são: psicoterapia cognitiva, comportamental, interpessoal e psicodinâmica.

Com base na minha pesquisa e nos resultados favoráveis, espero que a psicoterapia psicodramática possa ocupar um espaço seguro no meio médico-científico como mais uma modalidade psicoterápica. E assim poder proporcionar mudanças psicológicas efetivas, pessoais e interpessoais, favorecendo a melhora da sintomatologia depressiva, do funcionamento psicossocial e da qualidade de vida de pacientes deprimidos.

Fundamentos psicodramáticos

A psicoterapia psicodramática (PP) é um método psicoterápico criado por volta de 1920 pelo psiquiatra Jacob Levy Moreno que desenvolveu trabalhos com interesse no social e na dinâmica grupal. Ela se baseia no método fenomenológico-existencial, suporte da teoria socionômica, base teórica do psicodrama.

O desenvolvimento do psicodrama iniciou-se devido ao interesse de Moreno em pesquisar e conhecer o fenômeno da espontaneidade e da criatividade. Ele escolheu como campo de pesquisa a arte dramática e, de suas experiências, surgiram o teatro da espontaneidade, o teatro terapêutico e o psicodrama.

Nos Estados Unidos, a partir de 1931, Moreno dirigiu seu interesse para o estudo das relações interpessoais, criando a sociometria e a psicoterapia de grupo.

A PP significa, para Moreno, a integração desses focos de interesse – o desenvolvimento da espontaneidade criativa por meio da ação dramática num contexto de psicoterapia grupal, no qual se levam em conta as inter-relações dos participantes e o desempenho de seus diversos papéis.

Portanto, a PP investiga, estuda e trata o homem como ser-em-relação, um indivíduo social que nasce, vive e está sempre em convivência, e que, por meio da ação dramática, busca a transformação na interação com o outro por intermédio dos papéis, conduzindo-se para o resgate do ser livre, espontâneo e criativo.

Além do tratamento em grupo, a PP vem sendo empregada, há bastante tempo, no tratamento psicoterápico individual, de casal e de família. E é importante enfatizar que o método psicodramático, como processo de investigação e transformação, pode ser aplicado em diversos tipos de grupos incluídos no denominado foco socioeducacional.

Para a investigação dos aspectos ligados ao homem social, Moreno criou uma teoria sociológica que denominou de socionomia (do latim *sociu* = companheiro, grupo; e do grego *nomos* = regra, lei), definida como a ciência que estuda as leis que administram o comportamento social e grupal. Ela é dividida em três ramos, que se articulam entre si, apresentam métodos específicos e são denominados como:

A) **SOCIODINÂMICA:** estuda a estrutura da dinâmica das relações interpessoais que ocorrem nos grupos. Seu método de estudo é o *role-playing*, importante para pesquisar a expansão do eu por meio dos papéis. No palco psicodramático o indivíduo pode tomar (aceitar) papéis, jogar (desempenhar, interpretar) ou criar (desenvolver) diversos outros papéis (respectivamente nomeados de *role-taking*, *role-playing* e *role-creating*), tornando-se mais espontâneo e criador;

B) SOCIOMETRIA: é a ciência das relações interpessoais que desenvolve instrumentos de mensuração dedicados ao universo relacional de indivíduos e grupos. Anteriormente, os métodos utilizados eram: o teste sociométrico e o teste sociométrico de percepção. Nos dias atuais, emprega-se a metodologia do átomo social;

C) SOCIATRIA: é o tratamento dos sistemas sociais, constituído pelos métodos do psicodrama, da psicoterapia de grupo e do sociodrama.

Essas três áreas sustentam a filosofia moreniana, cujos eixos são de importância crucial na compreensão do ser-em-relação, os quais são representados pelas seguintes teorias:

A) teoria da espontaneidade-criatividade e conserva cultural;
B) teoria sociométrica;
C) teoria de papéis.

Nos estudos da antropologia moreniana, Garrido Martín (1984) salienta que ela é caracterizada por dois eixos principais: o eixo individual, fundamentado pela espontaneidade, e o eixo social, embasado pelo fator tele. As duas dimensões se conjugam dando forma a uma terceira, representada pela teoria de papéis (eu tangível). As três dimensões estão alicerçadas na filosofia (ou categoria) do momento que é caracterizada pelo "aqui-agora" (*hic et nunc*), ou seja, o instante existencial de todo indivíduo na relação com o outro.

Na compreensão dos conceitos morenianos concebo que todos os eixos estão intimamente interligados e se inter-relacionando de modo dinâmico e constante.

Fonseca (2000) manifesta claramente esta idéia:

Apreendo a teoria psicodramática como uma unidade em que cada conceito se relaciona com outro e todos com um. É dentro desta visão global que o homem forma a personalidade na matriz de identidade, relaciona-se por meio de papéis, faz vínculos télico-transferenciais, tem ou não encontros e libera espontaneidade em seus momentos de criatividade (p. 117).

Os eixos da teoria psicodramática serão descritos a seguir, de forma sintética, com a finalidade de mostrar ao leitor um esboço dos seus conteúdos.

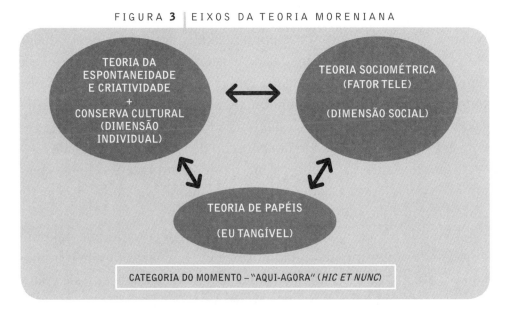

FIGURA 3 | EIXOS DA TEORIA MORENIANA

Teoria da espontaneidade – criatividade e conserva cultural

O termo espontaneidade deriva do termo latino *sua sponte,* que significa "do interior para o exterior", de dentro de si ou ainda "de livre vontade".

Para Moreno (1974), a espontaneidade é a qualidade que possibilita ao indivíduo criar uma "[...] resposta adequada a uma nova situação, ou a nova resposta a uma situação antiga" (p. 58).

O ato mais espontâneo em toda a nossa existência é, segundo Moreno, o ato de nascer. Uma transformação vai se desenvolvendo dentro do útero materno – do embrião ao feto – até atingir o momento do nascimento de um bebê, impelido pelo ato espontâneo-criativo de vir ao mundo. De um universo protegido, escuro, letárgico, imobilizador, no qual o alimento é a placenta, se transporta para um outro ambiente novo, surpreendente, cheio de cores, movimento, som e estímulos diferentes. Ao sair do útero ele tem de respirar para poder viver, e isso ocorre concomitante ao choro, que é interpretado, muitas vezes, como sofrimento e dor. Logo após seu nascimento já aprende a sugar o peito da mãe, também um ato espontâneo. À medida que cresce, várias situações novas vão exigindo da criança uma resposta nova, pois este mundo, completamente desconhecido para ela, do qual ainda não tem consciência, precisa ser vencido para que possa sobreviver. E tudo isso só é possível com a existência da espontaneidade, deste fator denominado "fator e". Neste processo singular de existência e sobrevivência, o bebê tem o auxílio de um ego-auxiliar, em geral representado pela mãe ou outros membros da família, com quem, paulatinamente, vai se relacionando. Este novo universo – indiferenciado – é o *locus* que dá origem ao eu e aos papéis, denominado por Moreno de matriz de identidade.

Segundo Fonseca (2000), "a matriz de identidade é o berço, portanto, da consciência de quem somos e de quanto valemos, ou seja, do conceito autovalorativo" (p. 112).

Para que a espontaneidade seja liberada é necessário que haja um processo de aquecimento preparatório; é ele que faz com que o indivíduo se torne apto a utilizar todos os seus recursos inteligentes e criativos, de forma adequada, na criação de uma obra, uma resposta, uma idéia, um pensamento ou uma ação.

A espontaneidade está intrinsecamente ligada à criatividade, e ambas caminham na busca do homem criador.

Como diz Moreno, metaforicamente, a espontaneidade tem uma função procriadora, catalisadora (no sentido de estímulo, incentivo) e de criatividade, ação materna, substancial (no aspecto daquilo que alimenta, que dá força, conteúdo, que fornece a base)[2]. Para poder realizar atos criativos, é necessário apresentar cinco características: ter espontaneidade, saber reagir diante da surpresa ou do imprevisto, mudar a realidade que se manifesta à sua frente, atuar de forma *sui generis* e poder dispor de um atributo mimético (uma aptidão plástica que o permita modificar o modelo instituído de uma determinada situação).

Quando o processo criador não se completa ou se altera, tornando-se repetitivo, rígido, cristalizado, dá origem ao que Moreno designou de conserva cultural, que impede a liberdade do ser humano de ser e agir e, portanto, o fluxo natural da espontaneidade.

Para Moreno, os conceitos de espontaneidade e conserva cultural estão intimamente ligados e ocorrem a todo o momento na experiência humana, sendo que nenhuma delas é alcançada na sua forma absoluta.

Por conseguinte, a saúde física, psíquica e relacional do indivíduo está associada, fundamentalmente, à saúde da espontaneidade.

A contraposição da espontaneidade, segundo Moreno é a ansiedade:

A ansiedade é uma função da espontaneidade [...] Se a resposta à situação presente é adequada – "plenitude" da espontaneidade – a ansiedade diminui e desaparece. Com a diminuição da espontaneidade vemos o aumento da ansiedade. Com a perda total da espontaneidade, a ansiedade chega a seu máximo, o ponto de pânico. [...] A ansiedade aparece porque há falta de espontaneidade, não apenas porque "há ansiedade" e a espontaneidade decresce em razão do aumento da ansiedade (Moreno, 1994, II, p. 199).

Bustos (2001) salienta que quando a espontaneidade é inibida, dá lugar à angústia e, na depressão, ela se reduz a zero. Em um casal em conflito, a depressão se instala no vínculo. O sofrimento exclui toda possibilidade de prazer e o deprimido é quem detém o poder. O outro, diz ele, é o causador do sofrimento:

[...] a "saúde" de um vínculo depende da capacidade de ambos (referindo-se ao homem e a mulher) estimularem reciprocamente o surgimento da espontaneidade, permitindo a cada um desenvolver junto ao outro todo o seu potencial. Para que isso ocorra, é necessário um equilíbrio entre o desenvolvimento do vínculo e o processo de individuação (p. 67).

Moreno não chegou a definir, propriamente, a palavra vínculo, porém sempre a utilizava quando se referia, operacionalmente, a qualquer relação interpessoal.

Apesar de sua abrangência em outras áreas, o conceito de vínculo, no processo relacional psicoterápico, pode ser enunciado como sendo o marco da dinâmica interacional (isto é, ele é a ponte de união da dinâmica que se estabelece entre os papéis de uma dada relação) e para a qual se pressupõe uma identificação com um interesse comum (no caso, a psicoterapia). Este vínculo tende a ir, paulatinamente, se fortificando ou se tornando mais explícito e geralmente promove, na relação dual, um movimento mais espontâneo, rico e criativo, favorecendo o incremento do trabalho terapêutico. Segundo Aguiar (1990), à medida que se estabelece uma gradativa quebra de barreiras, a comunicação entre psicoterapeuta e cliente flui.

Numa relação interpessoal, no exato instante em que ela se realiza e, de acordo com uma dada situação, pode-se dizer que pelo menos dois tipos de vínculos se fazem presentes: o espontâneo e o tenso.

O vínculo espontâneo é conceituado como aquele no qual existe a liberdade de ação e a relação é mais harmônica, mais solidária e menos colidente. O vínculo tenso é aquele em que a relação apresenta-se com qualidade baixa, o grau de liberdade está prejudicado, há cristalização das condutas e não há conformidade e sim conflito. Tanto um vínculo quanto outro são regidos pela estrutura tele.

Bustos (2005), comentando sobre a importância do vínculo nas relações humanas, destaca que é imprescindível o reconhecimento de sua existência em qualquer relacionamento, como forma de separar-se da matriz de identidade total e indiferenciada. Quando o indivíduo não se conscientiza da realidade vincular, o universo de suas relações torna-se caótico, não há separação entre o eu e o não-eu, e a sua vinculação com o outro é basicamente simbiótica.

Teoria sociométrica

A sociometria é a ciência que estuda as relações interpessoais e é hoje considerada o nome genérico para se referir a qualquer avaliação ou estudo em que implique os fenômenos sociais e interpessoais (Moreno, 1994).

Segundo Moreno ela tem por principais objetivos pesquisar:

A) a composição do grupo;
B) a escolha dos pacientes que se propõem ao tratamento;

C) as síndromes próprias de um determinado grupo;

D) os métodos eficazes para o tratamento de indivíduos e grupos.

Além de ser considerada por Moreno como a pedra angular da democracia, a sociometria apresenta preceitos éticos e sociais de extrema importância. Em qualquer grupo eles devem ser valorizados para a obtenção de melhores resultados e, se o psicoterapeuta for verdadeiro e espontâneo com seu paciente, der amor a ele e ao grupo, receberá de volta as mesmas atitudes.

A importância da relação interpessoal para Moreno é essencial, e ela é permeada por um fator denominado tele, que em grego significa à distância, distante, longe e que designa:

> [...] as percepções que ocorrem no plano afetivo-emocional entre duas pessoas, tornando-as capazes de se perceberem mutuamente. Então elas se permitem intuir, com sua sensibilidade, o que ocorre na subjetividade uma da outra. (Castello de Almeida, 1990, p. 39).

Como diz Moreno, tele é empatia recíproca, complexo de sentimentos ou processo afetivo que ocorre entre elas, fator sociogravitacional, sentimento e conhecimento real entre pessoas, e é a mantenedora da estabilidade e da coesão de um determinado grupo.

A tele pode ser retratada por relações positivas (quando há uma afinidade, uma atração ou uma sensibilidade mútua), negativas (quando ocorre uma clara rejeição de ambos os lados) ou indiferentes (quando há um desinteresse, uma impressão insossa, uma ausência de intensidade na relação).

Moreno (1974) também descreveu a força de sentimentos que acontece na relação do indivíduo com ele mesmo, denominando-a autotele (AT). Suas referências a este processo são muito poucas e, na maior parte das vezes, relacionadas aos psicóticos, como se a autotele fosse apenas característica dessas pessoas. Todavia, em uma ocasião escreveu:

Como mostramos, em um **átomo social normal**[3], um indivíduo tem sempre, ao lado de relações baseadas sobre o *tele* para com outrem, uma relação consigo mesmo ou "autotele" [...] (1974, p. 323).

Fonseca (2000) corrobora esta noção moreniana de AT e comenta que o eu de cada pessoa é composto de vários eus parciais que se manifestam por meio dos papéis. Inspirado em Buber (1974), os eus poderiam se dividir em: eu aparente (no qual o sujeito parece ou pensa ser e que pode originar o falso eu); o eu real (o que se é e se resiste em admitir); e o eu observador (aquele que percebe adequadamente quem é e como é). A AT seria, pois, a interação desses eus parciais e das relações que ocorrem internamente entre eles. Fonseca (2000) ressalta ainda que o objetivo da psicoterapia é, fundamentalmente, o de ampliar a autotele, por meio de *insights*[4].

A AT é, portanto, a percepção que cada um tem de si mesmo a cada momento de sua existência. É a relação profunda consigo mesmo, com sua capacidade de exercer diversos papéis na vida e com a visão do seu próprio valor – o que a conecta diretamente com a auto-estima. A partir da percepção que tem de seus eus parciais, valoriza (autotele positiva) ou critica (autotele negativa) essas partes de si mesmo. A concepção de AT conduz a um outro conceito, denominado auto-imagem, que será comentado no capítulo 5.

Em contrapartida ao fenômeno télico tem-se, de outro lado, a transferência – fantasias distorcidas e equivocadas projetadas no outro, influenciando os relacionamentos e promovendo conflitos, decepções e frustrações no vínculo.

Para o bom andamento de uma psicoterapia, segundo Moreno (1975), é imprescindível um mínimo de estrutura tele entre os participantes de um processo. E a experiência da vivência espontânea integral, em que pese a sensação mútua de comprometimento (tanto numa relação amável, como hostil), Moreno nomeou de encontro.

Um dos instrumentos de mensuração da vivência relacional (portanto, do fator tele) criado por Moreno é o "teste sociométrico", pouco empregado nos dias atuais e que foi sendo substituído, aos poucos, pelo conceito sociométrico de átomo social (AS).

Moreno dizia que todo indivíduo necessita do outro desde o instante do nascimento e o átomo social é a configuração social de suas relações interpessoais, dos vínculos que constituem a sua rede de relacionamentos. Quando a criança nasce, a mãe (ou substituto) é a representante desse átomo. Com o passar do tempo, as relações, em geral, vão gradualmente se ampliando e, o universo de constelações, se modificando conforme o aqui e agora. Algumas partes desses átomos se ligam a outras partes de outros átomos, e assim sucessivamente, vindo a conceber relações complexas denominadas redes sociométricas (Moreno, 1994, p. 159).

Knobel enfatiza que o átomo social: "[...] além de descrever as relações, oferece vários recursos integrados para compreender os processos subjetivos que constituem a forma de cada um vivenciar seus relacionamentos ou seu 'grupo internalizado' " (2001, p.110).

Blatner e Blatner (1996) também destacam a importância do átomo social, mencionando tratar-se de uma variação sociométrica com a finalidade de evidenciar a dinâmica individual (quer na psicoterapia individual ou de grupo) e de aquecer os pacientes para a investigação do seu campo interpessoal.

Um outro aspecto significativo da teoria sociométrica é o conceito de "expansividade emocional e social". Embora formem uma aliança, a diferença básica entre elas é que: "[...] a expansividade emocional está ou é, fundamentalmente, ligada à quantidade (volume) de relações que o indivíduo apresenta (ou 'suporta') em um determinado instante da existência" (Costa, 1998, p. 121).

A expansividade emocional está ligada à quantidade de pessoas por quem o sujeito expressa, qualitativamente, algum afeto, capaz de ser preservado por determinado tempo, demonstrando estabilidade na relação. Já a expansividade social se refere exclusivamente ao número de pessoas com quem o indivíduo se relaciona no seu dia-a-dia e o quanto ele se expande por meio de seus contatos sociais, não se valorizando a capacidade de conservá-los. São relações em geral transitórias, fugazes.

Teoria de papéis

O terceiro conceito fundamental proposto por J. L. Moreno é o de papel. Para ele, "o desempenho de papéis é anterior ao surgimento do eu. Os papéis não emergem do eu; é o eu quem, todavia, emerge dos papéis" (Moreno, 1975, p. 25).

O papel é uma unidade psicossocial de conduta e, como tal, acompanha o ser humano em toda a sua existência, nas diversas funções e características que exerce numa sociedade. O papel pode ser escolhido, adotado, mudado, imposto, desempenhado, desenvolvido etc.

O papel, em termos genéricos, surgiu com base na relação mãe–filho, mostrando a complementaridade existente entre os seres humanos e que, no psicodrama, é nomeada de papel/contra-papel (papel complementar). Portanto, os papéis originam-se, conseqüentemente, da matriz de identidade.

Para Moreno, todo indivíduo tem uma capacidade ilimitada de desempenhar inúmeros papéis na vida, porém é fundamental que apresente certa habilidade para isso. Esta qualidade é que fornecerá a ele o desenvolvimento do seu eu social promovendo uma melhor comunicação com o outro. Nem sempre esta gama de papéis é manifestada; muitas vezes permanece embrionária; outras vezes alcança um desenvolvimento. Os papéis não se apresentam isolados; eles formam um conglomerado, que é designado efeito de cacho (Moreno,1975, p. 230), mais comumente conhecido como cacho de papéis ou *clusters*.

Moreno (1975) ainda destaca que é melhor, em qualquer trabalho, usar o papel como ponto de referência, o qual fornece uma vantagem metodológica, em comparação com a personalidade ou o ego.

Clayton (1998) sugere que a análise de papéis auxilia o indivíduo a desenvolver sua auto-imagem, a identificar e avaliar o seu desempenho na vida, a planejar seu desenvolvimento pessoal e profissional.

O espaço cênico no desenvolvimento da espontaneidade e criatividade é muito importante porque leva o indivíduo a vivenciar papéis imaginários ou os correspondentes sociais de sua realidade, produzindo transformações nos seus diversos papéis na vida e nas relações interpessoais (Castello de Almeida, 1990).

No processo psicoterápico, segundo Moreno (1975), três fatores da filosofia do momento entram em cena para fundamentar um determinado fato (enquanto fenômeno) ou todo e qualquer ato humano existencial sendo denominados de *locus, status nascendi* e *matriz*.

Bustos (1992, 1998a) salienta que esses ângulos devem ser observados em todo fato ocorrido na vida de uma pessoa e, numa sessão psicodramática, eles são essenciais para a compreensão da dinâmica do paciente.

O *locus* (do latim *locus,* que significa lugar) é o local, o cenário, o palco de um acontecimento na vida do indivíduo. Transportando o conceito para o domínio da psicoterapia, pode-se dizer que o *locus* é condicionante e referencial (mas não determinante) e serve como orientador diagnóstico, mas não se situa no campo terapêutico (Bustos, 1992, p. 16). O *locus* representa o lugar de origem do sintoma, do qual se nutre, fortificando a conduta defensiva da pessoa. Nesta situação, indaga-se sobre o que e para que este algo passou a existir. Deve ser ainda reforçado que, no trabalho psicodramático, o *locus* é importante no sentido de se promover uma investigação do lugar ou dos fatores significativos e condicionantes do conflito, porém não se opera neste âmbito.

O *status nascendi* é o momento do ocorrido; está ligado à dimensão temporal e, assim como o *locus*, é condicionante. Ele aparece na pergunta "quando?" "Uma planta que germina no momento certo, quando o solo oferece o máximo de fertilidade, é diferente daquela que germina no momento errado, quando os fatores ambientais não são favoráveis" (Bustos, 1998a, p. 94).

A *matriz* é o fator gerador da defesa que se instalou por meio de um sintoma; é a resposta ao *locus*. Ela é determinante e, portanto, é aqui que deve ser operacionalizada a ação terapêutica no sentido de promover a mudança desejada. A pergunta mais conveniente a ser formulada durante a dramatização é "para quê?" (e não "por quê?").

Todos esses conceitos me auxiliaram a desenvolver a análise sociométrica dos pacientes nas suas relações sociais e nos seus papéis. A metodologia aplicada no estudo das relações sociais se inicia com a montagem do sociograma do átomo social de cada paciente, que originou a configuração de sua expansividade socioemocional. Com base no átomo social, foi realizado um outro estudo: o da "qualidade emocional dos vínculos" e das "relações estressoras" causadoras de impacto sobre os sintomas depressivos dos pacientes.

Os métodos aplicados em relação ao desempenho de papéis foram: montagem da auto-imagem, impacto da depressão nos diversos papéis assumidos, diagrama de papéis com seus graus de desenvolvimento e transformação ocorrida com esses mesmos papéis.

Ainda é importante ressaltar dois pontos:

A) todo trabalho sociométrico pressupõe um critério e um procedimento que serão levados em conta na criação de estruturas sociométricas;
B) Moreno esclarece que, apesar do conceito mais geral do sistema ser a socionomia, o termo que se consolidou no domínio científico foi o de sociometria, um conceito secundário, mas que fundamenta o seu emprego no decorrer do estudo.

Psicoterapia psicodramática focal

Há uma fronteira tênue na conceituação das psicoterapias psicodinâmicas denominadas focal, breve, de curta duração ou de tempo-limitado. Foge à proposta deste estudo discorrer profundamente a respeito das sutis diferenças entre elas, porém convém mencionar alguns dados elucidativos.

As terminologias psicoterapia breve, psicoterapia psicodinâmica breve, psicoterapia intensiva breve e psicoterapia dinâmica breve são sempre empregadas para expressar a psicoterapia individual realizada por um determinado tempo (limitado), que varia de dois meses a um ano e tem como base a orientação psicodinâmica.

Ferreira-Santos (1997) destaca que as referências brasileiras a trabalhos de psicoterapia breve remontam a 1954 com Neder[5] e, com Eizirick[6], no início de 1970. Abdo (1997) publicou um artigo sobre o tema e, nessa mesma ocasião, três livros foram editados: os de Lemgruber (1984), Knobel (1986) e Caracushansky (1990).

Já o termo psicoterapia focal foi utilizado pela primeira vez pela equipe do psicanalista britânico Michael Balint, na Clínica Tavistock, em 1955, inspirado no método psicanalítico, com duração média de vinte sessões (com terapeuta experiente), e aproximadamente trinta sessões para terapeutas em treinamento (Kaplan e Sadock, 1993).

Segundo Yoshida e Enéas (2004), o fundamento de todas as psicoterapias psicodinâmicas breves é a noção de *foco*, definida com base nos modelos e variações correspondentes à formulação teórica de seus autores. Para Enéas (2004, p. 42) foco é:

> [...] dentro da perspectiva interpessoal, como uma heurística, na medida em que serve como uma espécie de roteiro mental que pode guiar o terapeuta na investigação das dificuldades interpessoais do paciente e, também, pode ajudar o próprio paciente a refletir sobre as possibilidades de solucioná-las, desde que aprenda o modelo em seu contato com o terapeuta.

A psicoterapia breve foi elaborada por Ferreira-Santos (1990) que a sistematizou para situações de crise, com objetivos centrados em um foco e evolução processual. A duração do tratamento é estipulada após cerca de três sessões, não ultrapassando, em geral, dez semanas. Baseado em Fiorini (1978), o autor destaca que o conceito de foco está ligado basicamente a três níveis: sintomas somáticos do paciente, desencadeamento da ansiedade e conflitos interpessoais atuais desenvolvidos frente à sintomatologia apresentada.

Pode-se dizer que Jacob Levy Moreno (1974) foi um psicoterapeuta que dirigiu muitas sessões focais de psicodrama (quando ainda o método não possuía este nome). Os casos dos casais Bárbara e George, Robert e Diora, do triângulo Frank, Anna e Ellen, dos psicóticos Martin, Marie e Elizabeth, do jovem William, do garoto Karl e outros, todos descritos nos protocolos, evidenciam o gosto pelo tratamento que fosse ao mesmo tempo focal, produtivo e breve. Eles variavam de dez sessões a dez meses e, muitas vezes, não houve preocupação de Moreno com a duração da sessão. Costumava dizer que, dependendo da situação, ela poderia durar alguns minutos ou até duas horas. Em geral, a sessão individual (ou de casal) era realizada em uma hora e meia.

Na pesquisa realizada utilizamos, no título, a terminologia focal que diz respeito, como o próprio nome salienta, à intervenção psicodramática individual e grupal, focalizada especificamente sobre os sintomas depressivos e como eles interferem na qualidade de vida, no grau de espontaneidade e criatividade, no desempenho de papéis, na autotele e nas relações interpessoais dos pacientes.

Esboço de uma leitura psicodramática sobre a depressão

O objetivo desta seção é apresentar ao leitor, com base na teoria dos *clusters*, os rudimentos de uma leitura psicodramática sobre a depressão.

Como mencionado anteriormente, para Moreno (1975) os papéis tendem a se reunir em conglomerados denominados *clusters,* ou *efeito cacho,* ou *cacho de papéis.*

Bustos (1998a), ao estudar esse conceito de grupamentos formulado por Moreno, oferece uma compreensão da dinâmica do ser humano. Para ele os três grupamentos essenciais são:

PRIMEIRO GRUPAMENTO
incorporar passivamente e depender

SEGUNDO GRUPAMENTO
conquistar o que se quer; obter autonomia

TERCEIRO GRUPAMENTO
compartilhar, jogar, competir e rivalizar

ADAPTADO DE BUSTOS, 1998.

O primeiro *cluster* faz menção ao estado dependente e passivo da criança, no início da vida, a qual é totalmente subordinada à mãe (ou substituto).

Os seres humanos são criados em um mundo no qual não se aceita a dependência do outro; a autonomia é estimulada e exigida, a ponto de se impor a cultura de que não se deve precisar de ninguém. Como diz

Bustos, a autonomia está muito próxima da solidão e há necessidade de *aprender* a depender, saudavelmente, do outro. As perdas e frustrações que ocorrem na vida de todo ser humano são doloridas e, por isso, nesses instantes, é importante se deixar cuidar pelo outro. "Para sermos capazes de amar como adultos, precisamos aprender a depender espontânea e amadurecidamente do ser amado" (Bustos, 1998, p. 99).

Os papéis que fazem parte desse grupamento são, segundo Bustos, os denominados assimétricos, de filha(o) (complementar: mãe ou pai), aluno(a) (complementar: professor(a)), paciente (complementar: psicoterapeuta) etc.

A figura que importa e prevalece nesse grupamento é a da mãe, que representa o suprimento de todas as necessidades do bebê e fornece condições para que ele cresça suportando a ansiedade de não tê-la em todos os momentos da existência.

> Se, ao contrário, essas primeiras experiências gerarem ansiedade, que está ligada ao abandono e à solidão, então elas se acrescentarão à dor natural que está presente em qualquer mudança, frustração ou perda. A ansiedade negada leva a uma evitação da busca por consolo e amparo (Bustos, 1998, p. 99).

Portanto, quando a criança torna-se adulta, a mãe (ou os vínculos que a representam), passa a simbolizar o abandono, o afastamento, a perda, enfim, qualquer mudança significativa de ausência ou desamparo na vida da pessoa, denotando incapacidade (ou diminuição da capacidade) para suportar essas vivências, sejam elas quais forem. O sofrimento que advém daí é, em geral, muito grande, e é nesta posição do *cluster*, na maioria das vezes, que encontramos muitos dos pacientes deprimidos (principalmente os mais graves). Geralmente são pessoas que trazem histórias de abandono, perda, descuidos ou falta de afeto por parte da mãe. Por mais exorbitante que seja, necessitam da doença, pois é ela que, inconscientemente, trará o afeto materno não conquistado ou não satisfeito. Sua luta contra a depressão é constante, embora na maioria dos casos, por desconhecimento ou preconceito, acabe se utilizando exclusivamente de tratamento farmacológico. Esses indivíduos, se não trabalharem profundamente esse *cluster* 1, dificilmente sairão da depressão (aqui se encontram muitos dos casos de recaída e recorrência), pois como foi dito, ela se tornará o afeto inseparável. Mesmo que pareça existir uma incongruência nesta colocação, tomando por base que os sintomas depressivos trazem dor e sofrimento aos pacientes, ela é legítima, tendo como pressuposto que por intermédio da dor, eles obtêm, de modo geral, a atenção, o cuidado, o amparo que buscam (do marido, dos filhos, da mãe, do pai, do amigo etc.). É o chamado ganho secundário.

Alda, 46 anos, viúva, não se lembra da mãe, pois ela faleceu quando tinha 2 anos. Foi criada por uma madrasta malvada e o pai não lhe dava a atenção que merecia. Sofreu muito quando criança e adolescente, mas não chegou a se deprimir. Fazia suas coisas com responsabilidade para logo poder trabalhar e sair de casa. Com cerca de 15 anos foi viver com uma tia que também não era afetuosa e, por isso, casouse com o primeiro namorado, um homem dependente do álcool, com quem teve uma filha. Agarrou-se a essa criança com todas as suas forças. A filha cresceu com muito amor dado por ela (mas também com muito cerceamento), ficou adulta, começou a trabalhar e iniciou o processo de autonomia: quer sair de casa e morar sozinha. Alda enlouquece, deprime-se. Acredita que não suportará ser deixada, sente-se ultrajada, abandonada, até mesmo, traída.

> [...] senti muita tristeza com essa idéia da minha filha , chorei muito pensando na falta que minha mãe me fez, em como teria sido se ela não tivesse morrido [...]

Depois de aproximadamente quarenta anos, no momento em que a filha cria asas, ainda se pergunta como teria sido se a mãe não tivesse falecido...

Depois de trabalhado seu *cluster* 1, escreve:

[...] descobri que o fato de não saber nada do meu nascimento me trazia uma grande dor, um grande sofrimento que me acompanhou pela vida toda. Agora procuro olhar o mundo de outra maneira, para ver se encontro uma outra forma mais "real" e mais fácil de lidar com as minhas relações, principalmente com a minha filha [...]

O segundo *cluster* é regido pela conquista de espaço e autonomia. A criança deixa de ser passiva e inicia processo de liberdade e independência. Começa a se alimentar sozinha, mesmo que de forma ainda deficitária, controla seus esfíncteres, anda, corre, solicita coisas. Inicia aqui o processo de autoconfiança, auto-estima, conquistas e exercício de poder.

A figura predominante nesse estágio evolutivo é representada, na maioria das vezes, pelo pai, pois ele, de uma certa forma, é o protótipo da autonomia. Os papéis assimétricos preponderam, embora a independência esteja em processo de conquista.

Muitos pacientes costumam se deprimir quando encontram obstáculos que lhe despertam para um novo universo, com o qual não sabem lidar. Acostumados à rotina e a realizar ações bastante conhecidas, o novo torna-se ameaça e faz com que percam a espontaneidade, tornando-se, inicialmente, ansiosos. Os sintomas de tristeza, diminuição da auto-estima, perda da autoconfiança, irritabilidade (e outros), se intensificam e transformam-se, quase sempre, em depressão.

Rosalina, 42 anos, casada, mãe de quatro filhos, sempre cuidou muito bem da casa e da criação das crianças. À medida que vão crescendo, casando e saindo de casa começa a perceber que se sente muito desocupada e tem vontade de fazer algo novo. Coincidentemente, o marido precisa de uma secretária na empresa (da qual é dono) e lhe propõe juntar-se a ele nessa empreitada. Gosta da proposta e aceita tentar, apesar de ter pouquíssima experiência na função. Quando dá início ao trabalho, passa a sentir-se incapaz, apresenta dificuldades para trabalhar no computador, e mesmo diante da paciência do marido, sua auto-estima diminui e vem a depressão.

> [...] me sinto como se fosse uma aluna, uma aluna burra [...], ou uma criança, que tem de aprender a falar e a se comportar [...], um fracasso.

Seu *cluster* 2 é trabalhado e, ao fim da psicoterapia, menciona o seguinte:

> [...] vi uma luz no final do túnel; vi que a vida é bela e vale a pena viver; estou aprendendo a gostar de mim e levantando minha auto-estima; já estou dando os primeiros passos [...]

O terceiro *cluster* é determinado pelo modelo da relação fraternal, e os papéis são vivenciados de forma simétrica. A princípio, não existem cuidadores, e os indivíduos da relação têm de aprender a compartilhar e promover jogos de rivalidade e de competição. As pessoas, nos seus papéis, brigam por direitos, se defendem de agressões ou injustiças, impõem limites, enfrentam desafios novos, enfim, aprendem a cuidar de si mesmos.

Em geral, nesses casos, os deprimidos apresentam um quadro leve. Seus sintomas advêm, muito mais, do estresse psicossocial de terem de enfrentar, às vezes, situações constrangedoras, as quais gostariam de evitar, se fosse possível. Aqui se costuma encontrar as denominadas depressões com recuperação espontânea, ou seja, os pacientes não atingem o ponto de tomar medicamentos ou fazer psicoterapia, porque transposto o momento embaraçoso, voltam ao seu estado de humor normal. O caso citado abaixo não faz parte dessa situação, contudo, é um exemplo apropriado para a discussão sobre o *cluster* 3.

Carlos, 55 anos, casado, duas filhas, deprimido desde o dia em que se aposentou compulsoriamente. Por necessidade financeira, arranja um novo emprego, com função diferente daquela que fazia anteriormente. Arrastado ao trabalho, tenta não mostrar o que sente para não perder o lugar. Seu contato maior é com um único colega, mais jovem, que costuma desautorizá-lo ou cobrá-lo por coisas indevidas. A depressão, no início, deixa-o impossibilitado de reagir, mas ele sabe que consegue lutar por seus direitos e se impor. Logo que se sente melhor com os medicamentos e a psicoterapia se defende colocando ao colega os limites necessários. Diz:

> Tenho consciência de tudo que está errado, mas não tenho coragem para fazer alguma coisa. Tenho vontade de dar umas palmadas nele [...]. (referindo-se ao colega de trabalho).

Além de outras questões ligadas a outros *clusters*, também foi possível trabalhar com Carlos, o *cluster* 3, nesta situação relatada. No final do processo ele expõe seu pensamento:

> Sinto que melhorei não só a relação com o colega, mas também com a minha mulher, com a minha sogra e os meus pais. Tenho mais paciência. Queria mais terapia [...] senti que foram poucas sessões [...]

Bustos comenta que esses três grupos, além de essenciais para a compreensão da dinâmica dos nossos pacientes, podem nos fornecer respostas em relação à obtenção de um equilíbrio (interno) denominado maturidade, ou seja, uma homeostase psíquica que deve ser alcançada, na medida do possível, em qualquer fase da idade adulta.

O deprimido que sofre tenta saber por que sofre e tenta compreender o que significa este sofrimento, desespero existencial. Ainda não tomou conhecimento das explicações biológico-cerebrais que podem nortear parte das respostas.

Se seu sofrimento diz respeito a uma história passada, sofre porque não pode reciclar seu passado, modificá-lo na sua estrutura ou nos aspectos que desencadearam seu sofrimento. Traz para seu presente a atitude congelada, a mesma atitude que apresentou no seu passado – por exemplo, a falta de reação diante um estímulo negativo – não conseguindo reformulá-la dentro do seu eu que mostra um comportamento estereotipado na relação consigo mesmo e com o outro.

O psicodrama por intermédio da ação dramática pode resgatar os momentos do passado e transformá-los. De que forma? Uma atitude passada, fixa, presa, que não apresentava condições de mudança pela incapacidade de vislumbrar saídas – o medo que paralisa, a raiva que é engolida – repetida hoje, pela encenação, abre possibilidades de ser reestruturada. A matriz do acontecimento deve ser reparada. O adulto de hoje, no "aqui-agora", ampara a criança de ontem; dá-lhe forças, revitaliza-a. Esta ação concretizada no palco psicodramático, promove uma catarse diferenciada, que não se restringe simples e unicamente à exteriorização dos sentimentos de raiva e medo guardados durante partes de uma vida, mas que leva a uma integração desse eu fragilizado, incapaz de mudança de conduta até o momento.

Mas o psicodrama não se restringe a olhar apenas para o passado. As dramatizações acontecem no presente, e também podem levar o protagonista ao futuro.

Finalizando o capítulo, transcrevo as falas de oito pacientes presentes à 14ª sessão do grupo, na qual foi realizado um jogo diretamente relacionado com as questões depressivas de cada um. No final da sessão, foi feita uma proposta de cada um montar uma imagem, em resposta à pergunta que se segue, mas que, aqui, são descritas por palavras:

Respondam à seguinte pergunta por meio de uma imagem:

O QUE CADA UM QUER FAZER COM SUA DEPRESSÃO?

1 Eu quero detonar, jogar contra a parede, pisar, esmigalhar.
2 Quero pôr no vaso sanitário e dar descarga.
3 Quero queimá-la.
4 Também quero jogar no vaso e dar descarga.
5 Quero me libertar dela.
6. Quero que ela vá para o inferno!
7 Quero que ela vá embora e não volte nunca mais.
8 Quero jogá-la no rio.

Notas

1 D. M. Bustos, *Novas cenas para o psicodrama. O teste da mirada e outros temas*, 1998b, p. 28.

2 Se formos fragmentar a palavra procriadora, buscando sua etimologia, teremos pró-criar-dor, o que nos leva a aventar que os movimentos espontâneos na tentativa de produzir e atingir o resultado final de uma criação, em princípio, levam no seu bojo, a sensação dolorosa do ato espontâneo de criar, tal qual o nascimento do bebê, que nasce chorando.

3 O destaque é meu.

4 Os *insights*, segundo Fonseca (2000, p. 283) são visões instantâneas de aspectos antes não visualizados de eus parciais internos.

5 Ferreira-Santos comenta que a autora (Neder, M.) não publicou nenhum texto, apenas apresentou uma comunicação pessoal sobre sua experiência, no Curso de Pós-Graduação em Psicologia Clínica da PUC-SP, 1984.

6 Ferreira-Santos cita o trabalho do autor (Eizirich, C. L.) intitulado "Da psicoterapia breve à intervenção psiquiátrica breve" e relatado no VIII Congresso Brasileiro de Psiquiatria, Recife, 1984.

Capítulo **5**

Inventário socionômico

> Sempre me fascina o momento exato em que, da platéia,
> vemos abrir-se a porta que dá para o palco e um artista
> sair à luz; ou, de outra perspectiva, o momento em que
> um artista que aguarda na penumbra vê a mesma porta
> abrir-se, revelando as luzes, o palco e a platéia.
> Percebi há alguns anos que o poder que esse momento
> tem de nos emocionar, de qualquer ponto de vista que
> o examinemos, nasce do fato de ele personificar um instante
> de nascimento, uma passagem de um limiar que separa
> um abrigo seguro, mas limitador, das possibilidades
> e dos riscos de um mundo mais amplo à frente.[1]

O inventário socionômico (is) propõe apresentar um levantamento de bens e valores socioemocionais do paciente. O objetivo é tentar conhecer mais profundamente os seus patrimônios afetivo e social, por meio do estudo e da análise da comunicação e interação com as pessoas de seu universo social, incluindo os membros do grupo, do qual faz parte.

O is é dividido em três partes, assim designadas:

1 Análise sociométrica – representada pelas seções:
  I. relacionamento sociofamiliar e profissional;
  II. desempenho de papéis.

2 Auto-relato da expressão emocional – composto de dois questionários[2] que tentam explorar os significados emocionais atribuídos à psicoterapia, às relações grupais, bem como ao benefício derivado do tratamento. (O primeiro questionário foi transcrito de uma experiência em psicoterapia de grupo, de Klein e Kiell, 1953, e, o segundo, foi produzido pela autora.)[3]

3 Descrição e comentários de duas sessões psicodramáticas ocorridas no grupo.

NOTA: Ao criar o IS, meu intuito foi o de que ele pudesse ser utilizado pelos psicodramatistas que estão produzindo monografias ou realizando pesquisas, em qualquer área de aplicação do psicodrama. As modificações necessárias (no auto-relato da expressão emocional) seriam realizadas pelo próprio monografista, ou pesquisador, conforme seu campo de ação.

Em razão de extenso material adquirido de todo o processo psicoterápico, não foi possível apresentar os IS completos dos dez pacientes, apenas de dois deles, Diva e Caio[4]. Todavia, a análise sociométrica mostrando os critérios e procedimentos utilizados (que foram transportados para gráficos), bem como uma discussão a respeito de todos eles, foi mantida (veja ainda o capítulo 7, em Análise de dados).

Inicialmente será apresentada a análise sociométrica dos resultados do início e final de tratamento de todos os pacientes em conjunto.

QUADRO 23

Seção I – relacionamento sociofamiliar e profissional	
Critério 1 Escolher as pessoas de sua rede social atual, em todos os campos (familiar, profissional, social, religioso etc.), tomando por base as atrações, rejeições e indiferenças.	
	Instrução (início/final)	Configuração (início/final)
Procedimento 1	Montar o átomo social (AS)	Sociograma dos pacientes Diva e Caio
Procedimento 2	Montar a expansividade socioemocional I (número de escolhas)	Gráfico da expansividade socioemocional I (todos os pacientes)
Procedimento 3	Montar a expansividade socioemocional II (característica das escolhas)	Tabela da expansão emocional II de todos os pacientes e gráfico da expansividade socioemocional II de Diva e Caio

Critério 2		
Selecionar as escolhas conforme a qualidade emocional de cada vínculo		
	Instrução (início/final)	Configuração (início/final)
Procedimento 1	Atribuir um valor numérico a cada relação do AS	Quadro da qualidade emocional dos vínculos dos pacientes Diva e Caio
Procedimento 2	Nomear as relações estressoras do AS que causam impacto sobre os sintomas depressivos e sua evolução	Quadro das relações estressoras dos pacientes Diva e Caio e gráfico da evolução das relações estressoras (todos os pacientes)

Seção II – desempenho de papéis

Critério 1		
Escolher os papéis (operativos e afetivos) que desempenha atualmente na vida		
	Instrução (início/final)	Configuração (início/final)
Procedimento 1	Atribuir um valor numérico a cada um desses papéis segundo sua auto-imagem e a evolução ocorrida	Quadro da auto-imagem dos pacientes Diva e Caio e gráfico da evolução do número de papéis (todos os pacientes)
Procedimento 2	Anotar os papéis que sofrem com o impacto da depressão e sua evolução	Quadro do impacto da depressão de Diva e Caio e gráfico da evolução do impacto da depressão (todos os pacientes)
Procedimento 3	Montar o diagrama de papéis e o grau de desenvolvimento de cada um deles	Diagrama de papéis de Diva e Caio
Procedimento 4	Anotar os papéis que sofreram transformação segundo os graus de desenvolvimento	Gráfico da transformação dos papéis de Diva e Caio

Análise sociométrica dos pacientes em conjunto

Relacionamento sociofamiliar e profissional

CRITÉRIO 1: Escolha de pessoas da rede sociométrica atual em todos os campos (familiar, profissional, social, religioso etc.), tomando por base as atrações, rejeições e indiferenças.

Procedimento 1.1.: Montagem do átomo social (AS). Este diagrama é mostrado, individualmente, no IS dos pacientes Diva e Caio (figuras 8, 9, 14 e 15).

Procedimento 1.2.: De acordo com a montagem do AS, foi elaborado um primeiro gráfico da expansividade socioemocional, denominado gráfico da expansividade socioemocional I (figura 4 de todos os pacientes e figuras 10 e 16 dos pacientes Diva e Caio).

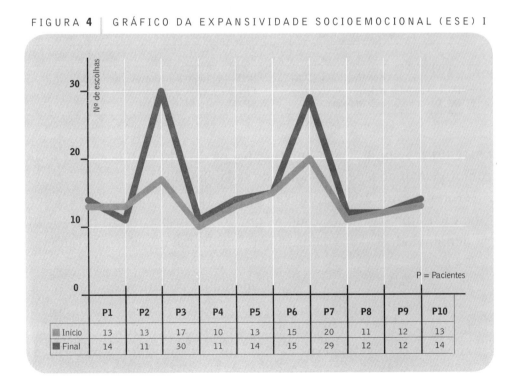

FIGURA 4 | GRÁFICO DA EXPANSIVIDADE SOCIOEMOCIONAL (ESE) I

Procedimento 1.3.: As escolhas positivas, negativas, descartadas e novas[5] foram transpostas para uma tabela designada tabela da expansividade socioemocional II (tabela 1 de todos os pacientes e figuras 11 e 17 dos pacientes Diva e Caio)[6].

TABELA **1** | EXPANSIVIDADE SOCIOEMOCIONAL (ESE) II

	INÍCIO+	INÍCIO-	FINAL+	FINAL-	FINAL D	FINAL N
P1	10	3	11	3	1	2
P2	12	1	10	1	2	0
P3	16	1	29	1	0	13
P4	9	1	11	0	2	3
P5	12	1	12	2	3	4
P6	15	0	14	1	0	0
P7	18	2	27	2	0	9
P8	6	5	10	2	0	1
P9	10	2	8	4	0	0
P10	9	4	9	5	1	2
%	–	–	–	–	50%	70%

INÍCIO+: escolhas positivas no início. INÍCIO-: escolhas negativas no início.
FINAL+: escolhas positivas no final. FINAL-: escolhas negativas no final.
FINAL D: escolhas descartadas. FINAL N: escolhas novas.

CRITÉRIO 2: Seleção das escolhas feitas de acordo com o átomo social conforme a qualidade emocional de cada vínculo.

Procedimento 2.1.: Atribuição de um valor numérico (zero a dez) a cada uma das relações do AS que foram dispostos em um quadro denominado quadro da qualidade emocional dos vínculos (quadros 24 e 28).

Procedimento 2.2.: As relações apontadas como estressoras, isto é, causadoras de impacto sobre os sintomas depressivos, foram dispostas no quadro das relações estressoras (veja quadros 25 e 29), e a evolução do nível de estresse foi transposta para um gráfico (figura 5). O grau de estresse envolvido nas relações positivas e negativas foi classificado como alto, médio ou baixo.

FIGURA 5 | GRÁFICO DA EVOLUÇÃO DAS RELAÇÕES ESTRESSORAS

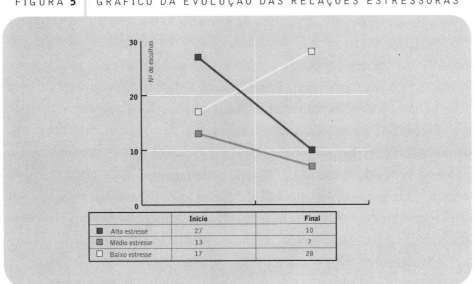

DISCUSSÃO

A • ESCOLHAS, QUALIDADE EMOCIONAL E ESTRESSE

Os pacientes do estudo organizaram seus átomos sociais de maneira espontânea e criativa, tentando ser fiéis nas suas escolhas de atração e rejeição e, coincidentemente ou não, nenhum deles fez qualquer escolha neutra ou indiferente (tanto no início como no final)[7]. O AS deu origem ao estudo da expansividade socioemocional e à avaliação da qualidade emocional dos vínculos dos pacientes, evidenciando suas relações estressoras.

Segundo Moreno, os seres humanos necessitam de outras pessoas para satisfazerem seus desejos, aspirações e para estabelecerem qualquer tipo de relação. Em geral, buscam escolher as pessoas com as quais pretendem se relacionar, mas esse processo é bastante complexo. Como diz, tudo seria mais simples se as pessoas envolvidas apresentassem sentimentos recíprocos. Para ele:

> Escolhas são fatos fundamentais em todas as relações humanas contínuas: escolha de pessoas e de coisas [...]. As escolhas não necessitam de qualquer

justificativa especial, contanto que sejam espontâneas e verdadeiras para o eu de quem escolhe. São fatos da primeira ordem existencial (Moreno, 1994, III, p. 215).

Para que o ser humano faça escolhas na vida é imprescindível que ele consulte suas atrações, rejeições e indiferenças, baseadas na leitura de seus afetos, que se manifestarão conforme critérios bem determinados. Ele pode escolher (A) para tal evento e não escolher (B) para o mesmo acontecimento. Pode escolher (C) e (D) para partilhar algo e não escolher (A) e (B) para esta mesma situação. Pode escolher (A) e (C), e excluir (B) e (D), para uma outra vivência, e assim por diante. Às vezes pensa que está fazendo uma "boa escolha" e, mais à frente, verifica que se enganou, decepcionando-se com a escolha que fez, ou ainda, deixa de escolher alguém para determinado evento e, posteriormente, se arrepende.

Há pessoas cujas relações com o outro já estão seriamente comprometidas como escolhas positivas. No entanto, num dado instante, essas relações podem se transformar e não permanecerem necessariamente positivas. Se as pessoas se propuserem a esclarecer a situação, por meio de um diálogo, ou mesmo, confronto, as relações terão grande chance de voltar a se positivar, em função do forte compromisso anterior.

Existem também aquelas relações que são nitidamente negativas ou indiferentes, e que tendem a permanecer assim, a não ser que haja da parte da pessoa interessada (ou, mais propriamente, das pessoas envolvidas na relação), um grande desejo em mudar esta composição. Em geral, para que haja investimento nesse tipo de relação, é necessário que algo novo tenha acontecido com e entre as pessoas, despertando nelas a vontade de mudar.

Portanto, o universo de escolhas faz parte de um jogo de possibilidades, que acontece constantemente, é mutável conforme a circunstância e, como diz Moreno, pleno de incertezas.

A classificação do átomo social ilustra, dramaticamente, que vivemos em mundo ambíguo, meio real, meio fictício; que raramente vivemos com pessoas com quem gostaríamos de viver; que trabalhamos com pessoas que não escolhemos; que isolamos e rejeitamos pessoas de quem mais precisamos; e que jogamos nossa vida fora por pessoas e princípios que não a merecem (Moreno, 1994, II, p. 163).

Carlson-Sabelli *et al.* (1998) corroboram esta idéia enfatizando que o processo de escolha nem sempre é totalmente livre; muito pelo contrário, ele é influenciado e dependente de vários fatores, como por exemplo, a hegemonia que se estabelece de um indivíduo para outro, os eventos casuais, a formação de grupos naturais etc.

[...] as pessoas desenham seu átomo social, colorindo cada relação como sendo resultado de *escolha* (por exemplo, marido ou mulher, sócio, professor, médico), de *aceitação* (cunhado, um colega de classe), ou de *submissão à necessidade* (um colega de trabalho de quem não se gosta) (p. 190 e 191).

Moreno observa também que em um grupo as escolhas pessoais podem ocorrer segundo "critérios particulares, coletivos, físicos, axiológicos" (1994, III, p. 201) e emocionais (eu acrescentaria). Logo, existem emoções que se encaixam (quando há concordância espontânea entre as pessoas), que se cruzam (quando há desentendimento), que se quebram (quando o outro fornece uma resposta neutra) e emoções ignoradas (quando não há consciência das próprias emoções).

Esse processo é diretamente proporcional ao movimento télico que se realiza entre as pessoas. Se (E) se sensibiliza com (F) e percebe que o mesmo ocorre com (F) em relação a si mesmo, a escolha é feita porque se encaixa. Por outro lado, se (G) capta uma antipatia de (H), provavelmente nenhum dos dois se escolherá, porque suas emoções não se cruzarão.

As escolhas também estão baseadas na expressão da personalidade do indivíduo, isto é, há pessoas que são mais estáveis nas escolhas, outras mais inconstantes. As primeiras tendem a evitar escolhas dirigidas a relações novas, enquanto as outras, pelo contrário, estão sempre escolhendo o novo, correndo o risco de serem consideradas levianas.

Da mesma forma, as escolhas podem receber influência direta do estado de humor manifestado na situação. Dependendo do critério proposto, um deprimido apresenta uma dificuldade maior de fazer escolhas, explicada pelo próprio quadro sintomático (desinteresse, falta de energia, desatenção, irritabilidade etc).

Outras duas situações: uma pessoa (A) pode morar numa mesma casa com um familiar (B) e não ter por ele um grande afeto. Ele (B) é uma escolha positiva, porém, no AS, sua configuração é mais distante. (C) é muito próximo afetivamente do familiar (D), mas, num dado instante, ele pode apresentar-se decepcionado ou triste com (D), o qual poderá vir a ter, no AS, uma configuração próxima, mas vermelha, representando uma escolha negativa naquela ocasião.

Moreno, ao estudar as estruturas atômicas das meninas da escola de Hudson, observou que as motivações para escolher A ou B, para atrações e repulsas, em geral, derivam de um "complexo de emoções" que são as "forças que regulam ou perturbam a organização de grupos" (1994, II, p. 107). Inclusive, ele menciona que em todo processo psicoterápico, constantemente se vislumbra um processo de atração e rejeição, tanto em relação ao terapeuta como também entre os próprios participantes.

Portanto, o desenho da configuração atômica dos indivíduos, em geral, varia bastante segundo vários aspectos já mencionados: intensidade do vínculo, critério estipulado, personalidade, emoções, movimento télico, o "aqui-agora" que está sendo vivenciado, hegemonia, humor e tantos outros.

Importante ainda lembrar que toda relação humana é permeada pelo afeto que também influencia, entre tantos aspectos, o desenvolvimento da personalidade e dos papéis, as escolhas, o relacionamento social, a liberação da espontaneidade e criatividade e, inclusive, as manifestações psicopatológicas de um indivíduo.

Segundo a OMS, a partir do século XX, os estudos sobre o relacionamento dos pais (ou provedores) com suas crianças passaram a ter uma importância capital no desenvolvimento infantil.

> Seja qual for a causa específica, a criança privada de afeto por parte de seus cuidadores tem mais probabilidades de manifestar transtornos mentais e comportamentais, seja durante a infância ou numa fase posterior da vida. A comprovação desse achado foi dada por lactentes que viviam em instituições que não proporcionavam um nível de estimulação suficiente (OMS, 2001, p. 11).

Além de o afeto ter muita importância nas relações interpessoais, também é essencial considerar que todos os vínculos humanos são impregnados de qualidade emocional. Esta pode ser compreendida como uma propriedade emocional mais aguda que permite, na relação, uma percepção mais sagaz do outro. É como se fosse uma sintonia fina emocional (uma intimidade, um pacto de cumplicidade), que é acionada no contato com as pessoas, as quais são capazes de ler e de perceber nos seus sentimentos (tanto de prazer, familiaridade, amor) proximidade como de desprazer, rancor, decepção, distância etc. Numa escala de valores, seria possível dizer que é o ponto máximo da tele.

Moreno fala de *sexto* sentido ou, então, de uma sensibilidade maior, como se os sujeitos fossem ligados por uma *alma comum* (1994, II, p. 179).

A qualidade emocional se manifesta por meio da expansividade socioemocional que está diretamente relacionada ao comportamento, à ação e à capacidade dos indivíduos de reterem certos afetos e de dispensarem outros. Seu aumento ou decréscimo, segundo Moreno (1994, II, p. 154), é proporcionalmente influenciado pelo aumento ou diminuição da espontaneidade.

Esta é também bastante influenciada por diversos fatores, particularmente o estressante veiculado nas relações.

Segundo Nunberg (1997, p. 231) o estresse pode ser definido como:

> [...] uma condição mental ou emocionalmente diruptiva ou perturbadora que ocorre em reposta a influências externas adversas, bem como um estímulo ou circunstância que causa tal condição.

Sabe-se que a depressão, conforme apontado pela OMS (2001), pode ocorrer em razão da incapacidade adaptativa dos indivíduos diante de um fator estressante de vida. Muitos não conseguem pensar a respeito deles ou dividi-los com alguém. Aqueles que se propõem a compartilhar seus problemas e que vão no encalço de soluções, resolvem melhor suas dificuldades.

Post (1992) menciona que o estresse parece ser um importante fator ambiental desencadeador de depressão (cerca de 60% dos episódios depressivos), principalmente de origem psicossocial.

Segundo Moreno (1974) em todo o processo psicoterápico constantemente se vislumbra um processo de atração e rejeição, tanto em relação ao terapeuta como também entre os próprios participantes.

No início do tratamento psicoterápico (embora pudesse ser natural que isso ocorresse), os participantes se mostraram ansiosos diante do desconhecido, do contato com as psicoterapeutas, das novas pessoas com as quais iriam conviver por algum tempo no grupo e, por isso, um alto grau de expectativa pulverizava cada um deles. Afora esta expectativa, traziam consigo todos os fatores estressantes (alguns, inclusive, desencadeantes de seu quadro depressivo), sendo que o mais comum, dentre eles, era o ambiente familiar. Praticamente todos apresentavam um tipo de conflito com algum familiar mais próximo, como por exemplo,[8] P1 com o marido, as filhas e a sogra; P2 com o marido, filhos, nora e concunhada; P3 com a ex-esposa, o tio e a mãe; P4 com o pai, e a irmã; P5 com a sogra, filha, meia-irmã e madrasta; P6 com o sogro, a sogra, a mãe e tios; P7 com o marido, a filha, o genro, a nora e a neta; P8 com as filhas, esposa, sogra, irmã, irmão, mãe e pai; P9 com o marido, filhos, irmão, enteada e cunhada; P10 com os tios e primos.

Com o passar do tempo a ansiedade foi diminuindo e a integração entre eles foi crescendo, originando a coesão grupal. À medida que a sintonia aumentava, a capacidade mútua de auxílio ao outro também foi prosperando.

Observou-se que com o estreitamento dos laços e a ampliação da sociometria grupal configurou-se, entre eles, uma forte união cujo objetivo comum foi a busca pela mudança de si mesmo e do outro. A ajuda mútua foi de certa forma freqüente e respaldada pelo fator tele manifestado entre os membros, o qual assegurou a construção de uma relação profícua e criativa. O estresse existente pela situação nova diminuiu e a produção dramática se ampliou, favorecendo o processo de mudança.

Para Moreno, o fator tele pode ser considerado "como fundamento de todas as relações interpessoais sadias e elemento essencial de todo método eficaz de psicoterapia" (Moreno, 1974, p. 52).

Inclusive, esta coesão grupal, com base na tele, é que possibilitou o trabalho contínuo e criativo entre os participantes, favorecendo e estimulando a demanda para atitudes e mudanças fora do contexto dramático, isto é, no plano dos relacionamentos interpessoais, de maneira geral. E, provavelmente, as melhoras conquistadas no campo social aconteceram porque conseguiram desenvolver a capacidade de lidar com os fatores estressantes de suas vidas.

Como pode ser visualizado no gráfico da ESE I, 70% dos pacientes aumentaram suas escolhas, 20% mantiveram o mesmo número e 10% diminuíram as escolhas. O aumento do número de escolhas e, portanto, da expansividade socioemocional, faz pensar que os pacientes deprimidos deram início a um processo de sociabilização, anteriormente negado ou impossível de ser concretizado.

Em relação às escolhas descartadas[9] (tabela da expansividade socioemocional II), observou-se que 50% dos pacientes descartaram, no final, escolhas anteriormente feitas, sendo que 20% descartaram uma pessoa, 20% descartaram duas pessoas, 10% descartaram três pessoas. Dentre as escolhas novas feitas no final (mesma tabela), 70% foram incluídas no AS, assim qualificadas: 10% escolheram uma pessoa nova, 20% escolheram duas, 10% escolheram três, 10% escolheram quatro, 10% escolheram nove e 10% escolheram treze.

As escolhas descartadas e novas sugerem que, com o processo psicoterápico, os pacientes apresentaram uma condição psicológica mais adequada para repensar algumas relações antigas, bem como para optar por outras novas, que a depressão, em tempo anterior, impedia que surgissem.

As relações estressoras permearam grande parte dos relacionamentos dos pacientes, sugerindo que seus sintomas depressivos estariam diretamente ligados ao fator estresse. Como se pode ver pelo gráfico da evolução das relações estressoras, os pacientes apresentaram inicialmente 27 relações consideradas de alto nível de estresse; 13 com médio grau de estresse; e 17 relacionamentos de baixo estresse, totalizando 57 relações estressoras. Após a PP, 12 pessoas deixaram de ser estressoras, algumas não fazendo mais parte do AS do paciente, sugerindo que o problema foi solucionado. O resultado final mostrou 10 relações ainda com alto nível de estresse, 7 com médio nível e um aumento para 28 das relações de baixo estresse, totalizando 45 relações estressoras. Tomando por base o número de relacionamentos estressores, pode-se dizer que 70% dos pacientes diminuíram suas relações estressoras, 20% aumentaram este número e 10% mantiveram o mesmo número. Em relação à diferença entre os graus de estresse no início e final do tratamento, houve uma mudança de 37% no nível alto de estresse, 53,8% no médio estresse e 164,7% no baixo estresse.

Com a PP, observou-se que os estressores diminuíram e, como resultado, houve uma diminuição dos sintomas depressivos, melhorando a qualidade de vida dos pacientes.

B • A MUDANÇA PSÍQUICA

Uma doença clínica (uma infecção, um tumor, um processo inflamatório) é algo conhecido, "palpável". Existe ali uma bactéria, um crescimento desordenado de células, um edema que age nos órgãos ou tecidos nos quais o ataque está acontecendo. Na depressão nada se "palpa", mesmo que o conhecimento sobre a ação dos neurotransmissores cerebrais em relação à depressão esteja, cada vez mais, se desenvolvendo e trazendo esclarecimentos.

Comenta-se que, na prática clínica, todas as psicoterapias, geralmente, produzem algum resultado satisfatório (em termos de mudança) em pelo menos algum setor da existência do indivíduo. Porém, é interessante observar que o processo de mudança varia de pessoa para pessoa. Alguns mudam em certos aspectos; outros sentem que não melhoraram em nada; outros, ainda, são incapazes de sentir e perceber sua melhora, que é claramente observada por terceiros; há aqueles que percebem uma melhora, mas não sabem detectar em qual área, apenas apresentam um bem-estar diferente. Enfim, são inúmeras as possibilidades de percepção e de sensação de mudança.

Mahoney (1998) comenta que os seres humanos podem mudar, porém a mudança depende dos limites de sua plasticidade, e esta é limitada. Há aqueles que não se amoldam e não mudam a qualquer estímulo e, às vezes, não mudam nunca. Salienta ainda que certos pacientes apresentam uma resistência ao tratamento e uma vulnerabilidade maior para problemas pessoais negativos, tendendo a desistir da psicoterapia de forma recorrente.

Freud considera que os homens são maleáveis à mudança conforme seus anos de vida; os muito jovens poderiam sofrer da influência analítica e se transformar, porém as pessoas acima dos 50 anos já não possuiriam mais a plasticidade necessária para mudar os processos anímicos. (Freud, 1973c, p. 1011).

Engel (2000), comparando o valor das "psico-análises" com as "psico-terapias", assinala que o processo de mudanças psíquicas, como resultado de análise, é expressivamente variável: pode haver mudança em sintomas promovendo certo alívio, mudança total com completa remissão sintomatológica e volta ao bem-estar, mudança de uma troca de sintomas ou de piora no quadro sintomatológico, e pode não haver mudança alguma. Além do mais, essas mudanças podem acontecer de forma efêmera ou definitiva, assim como podem promover uma maior adaptação ao meio ambiente ou não.

Para Moreno (1994), a mudança não pode se instalar enquanto não ocorrer uma revolução em todos os departamentos da vida do indivíduo. No entanto, o ser humano não aceita bem as mudanças. Enquanto se é criança ou jovem "[...] as surpresas constituem algo encorajador, desafiador e delicioso. Quando, porém, nos tornamos mais velhos, essa atitude muda ou se desvanece, e é substituída por outra de temor diante das novidades" (Moreno, Z. T., 2001, p. 38).

Muitas vezes a espontaneidade é bloqueada pela ansiedade, pois ela funciona de maneira inversamente proporcional e daí as mudanças se tornam mais difíceis ou impossíveis de ocorrer.

Williams (2003) salienta dois pontos importantes: a mudança pessoal é legitimada conforme as modificações no átomo social e, para as pessoas mudarem, é necessário que entrem em contato com a novidade.

Bustos (1998a) menciona que dependendo do momento, do espaço e do papel condicionador em que uma pessoa nasce e vive, ela pode germinar saudavelmente ou não.

Merengué (2001) considera que para a mudança existir é necessário que o indivíduo se responsabilize pelo seu processo e consiga lidar com as freqüentes trocas, substituições e perdas (por exemplo, na vivência dos lutos).

Enfim, para poder mudar, há que deixar fluir a espontaneidade que, por sua vez, incentiva a criatividade (Moreno, 1975), fazendo surgir o homem espontâneo-criativo; em outras palavras, é liberar a espontaneidade inserida no âmago do indivíduo e responder aos estímulos de forma criativa e adequada.

Portanto, para o método psicodramático, mudar representa olhar o novo e a ele responder com uma nova resposta, de um novo jeito; olhar o velho e também desenvolver a capacidade de fornecer uma nova maneira de resposta.

Levando-se em conta a proposta de Carlson-Sabelli *et al.* (1998), pode-se dizer que com a psicoterapia psicodramática os pacientes puderam realizar mudanças em suas escolhas, por meio da:

B.1 • REORGANIZAÇÃO DAS ESCOLHAS LIVRES

Exemplos: P2 incluiu em seu átomo social (AS) uma pessoa falecida (cunhado), e P5, duas pessoas falecidas (marido e mãe), porque consideraram que os mortos possuíam uma participação marcante em suas vidas (os dois pacientes apresentavam o hábito de conversar com os familiares falecidos). Com o processo psicoterápico puderam reorganizar essa visão por meio da percepção de que tais diálogos estavam diretamente ligados a dificuldades ou pendências não resolvidas até então; ou seja, a PP, provavelmente, contribuiu para a elaboração do luto, bem como para a eliminação de um dos fatores de risco para a depressão desses pacientes. O *insight* desencadeado com a elaboração do luto propiciou a mudança espontânea do sociograma final.

Outro exemplo que pode ser citado é o de P1, que incluiu no seu AS uma vizinha, cuja escolha foi positiva, mas altamente estressora. Há algum tempo apresentava vontade de afastá-la do seu convívio social, porém algo a impedia de tomar tal decisão. Neste caso, o processo psicoterápico foi dando-lhe condições de perceber que desempenhava constantemente o papel de "boazinha" na relação com a vizinha e, por conta disso, não se permitia tomar uma decisão. Após essa reavaliação pôde redimensionar seu AS final, descartando essa escolha.

B.2 • REAVALIAÇÃO DAS ESCOLHAS POR ACEITAÇÃO

Exemplos: P3 fez pela mãe uma escolha positiva, porém, medianamente estressora. Incomodava-se com suas cobranças (e, ao mesmo tempo, com seus excessos de cuidado), o que demandava freqüentes discussões entre eles. P8, por outro lado, sentia seu irmão como médio estressor, mas o colocou como uma escolha negativa porque ele também lhe fazia cobranças. Com o processo psicoterápico, ambos puderam reavaliar essas relações estressoras (e seus afetos) e resolver o nível de conflito presente nesses vínculos.

B.3 • REESTRUTURAÇÃO DAS ESCOLHAS SUBMISSAS À NECESSIDADE

Exemplo: P4 sentia que seu patrão e o pai dele eram seus amigos e os colocou como escolhas positivas, embora marcadas com nível médio de estresse. Na metade do processo psicoterápico, trouxe ao grupo a percepção que teve a respeito daqueles relacionamentos e a mudança de seu afeto por eles, não mais os incluindo como relações estressoras e descartando-os de seu AS final.

Os resultados apresentados pela análise do AS, mesmo considerando um número pequeno de pacientes, apontaram para mudanças importantes na sua expansividade socioemocional, no seu campo relacional e nas situações de estresse enfrentadas, sugerindo que tais mudanças melhoraram a forma de se relacionar com seu meio familiar e social que se traduziram em melhora da sintomatologia depressiva e da capacidade funcional.

Desempenho de papéis

CRITÉRIO 1: escolha dos papéis (operativos e afetivos) que desempenha atualmente na vida.

Procedimento 1.1.: de acordo com o valor numérico fornecido a cada um dos papéis, segundo a sua auto-imagem, AI (quadros 26 e 30), é apresentado o resultado da evolução do número de papéis no decorrer do processo psicoterápico (vide figura 6).

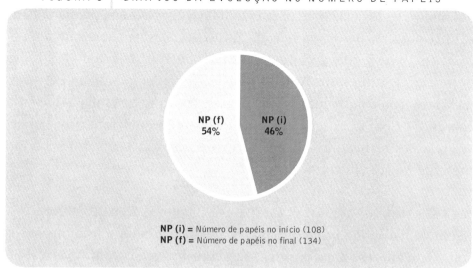

FIGURA 6 | GRÁFICO DA EVOLUÇÃO NO NÚMERO DE PAPÉIS

NP (i) = Número de papéis no início (108)
NP (f) = Número de papéis no final (134)

Procedimento 1.2.: por intermédio da investigação do impacto da depressão no desempenho dos diversos papéis (operativos e afetivos), foi montado um gráfico da evolução desse processo.

FIGURA 7 | GRÁFICO DA EVOLUÇÃO DO IMPACTO DA DEPRESSÃO

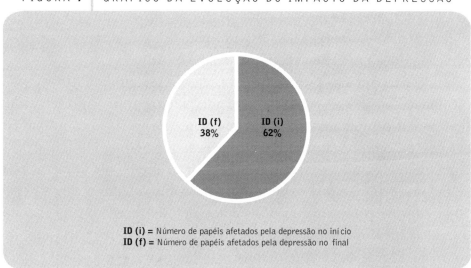

ID (i) = Número de papéis afetados pela depressão no início
ID (f) = Número de papéis afetados pela depressão no final

Procedimento 1.3.: montagem do diagrama de papéis (DPP) e o grau de desenvolvimento de cada um deles, baseado no valor numérico da auto-imagem. Este diagrama foi elaborado individualmente (figuras 11 e 17).

Procedimento 1.4.: baseado no número de papéis desenhados no DPP e, segundo a referência do grau de desenvolvimento (MD – mal desenvolvido: entre zero e 2,5; PD – pouco desenvolvido: entre 2,5 e 5; D – desenvolvido: entre 5 e 7,5; BD – bem desenvolvido: entre 7,5 e 10; T – transição: valores 2,5 – 5 – 7,5), foi organizado um gráfico nomeado como gráfico da transformação dos papéis (figuras 13 e 19 dos pacientes Diva e Caio)[10].

DISCUSSÃO

A • AUTO-IMAGEM

Os pacientes do estudo elegeram seus papéis, alguns com bastante espontaneidade, e outros, com certa dificuldade. Muitos deles não conseguiram, de imediato, nomear alguns papéis, pois estes não apresentavam clareza na sua característica. Todavia, acabaram por denominá-los, à sua maneira, porque acreditavam que sua inclusão era fundamental.

Alguns exemplos de papéis com designação aparentemente esdrúxula: desejosa de lazer, boleira, fazedor de coisas, procurador de emprego (diferente de desempregado), disposto para o lazer, leitora de revistas, agregado, fuçador, bode expiatório, dentre outros.

Pode parecer, em princípio, para alguns psicodramatistas, que a escolha de todos esses papéis não foi adequada, por não apresentarem seus papéis complementares. Do meu ponto de vista, os contrapapéis existem e são representados pelos papéis daqueles indivíduos que proporcionam alguma resposta à relação, por exemplo: o complementar de boleiro é aquele que experimenta ou come o bolo; o contrapapel de fazedor de coisas ou fuçador[11] é aquele que recebe o conserto ou o serviço amador de alguma coisa; o complementar de procurador de emprego é toda pessoa que oferece o trabalho ou, por exemplo, faz a entrevista do paciente. Portanto, em qualquer um desses exemplos, ou outros que poderiam ser mencionados, sempre haverá, do outro lado, um contato humano e, por conseqüência, uma relação interpessoal acontecendo.

O conceito de auto-imagem está, segundo Brito (1998), diretamente vinculado ao conceito de identidade, que é representada por todos os traços (orgânicos, psicológicos, sociais e culturais)[12] que distinguem socialmente uma pessoa. Por sua vez, a auto-imagem é por ele definida como:

> Um complexo conjunto de informações e avaliações que uma pessoa forma a respeito de si mesma. [...] é a leitura que cada um faz de sua própria identidade a partir de seus valores, desejos e esperanças. Ela começa a ser construída na infância, dentro da família (Brito, 1998, p. 169).

Fonseca define esse processo de formação da identidade e da autotele, como uma "infinidade de eus parciais que se expressam por meio de papéis (*fusão de elementos privados, sociais e culturais*)" (2000, p. 283), sendo que a psicoterapia é um processo que tenta conquistar a ampliação da autotele.

A auto-imagem está alicerçada na personalidade pela vida toda e é ela que configura o seu eu. De acordo com ela, o indivíduo poderá avaliar o conceito que apresenta de si mesmo, isto é, o seu grau de auto-estima (alta ou baixa). Esse aspecto é conceituado como "[...] as respostas emocionais das pessoas ao contemplar e avaliar diferentes características suas" (Gazzaniga e Heatherton, 2004, p. 416)[13].

Como relata Brito (1998), a auto-imagem sofre alterações no decurso da vida, que podem ocorrer de maneira ocasional ou freqüente. Além disso, ela não deve ser vista como um processo dinâmico intrapsíquico individual. Ela é sempre influenciada pelas relações sociais, pelos grupos de referência que, por sua vez, promovem a manutenção da imagem interna do grupo.

Ao se referir ao átomo social de uma psicótica, Moreno dá a entender que autotele teria o mesmo significado de auto-imagem. Diz:

> [...] Pouco a pouco desenvolve uma *imagem de si mesma*. Esta pode ser muito diferente da que os outros têm dela, mas é muito importante para ela. O hiato entre o que ela é, o que faz e a imagem que tem dela pode crescer progressivamente. Finalmente se diria que ela tem ao lado de seu "Eu" real, íntimo, um outro "Eu" que exclui progressivamente. Entre o "Eu" íntimo e o "Eu" exterior, rejeitado, desenvolve-se uma estranha afinidade afetiva que se pode chamar de relação consigo mesmo ou "autotele" (1974, p. 313).

Sims (2001) relata que a auto-imagem é formada em um contexto social e é caracterizada, basicamente, pelo que a pessoa observa de si mesma na relação com o outro, independentemente do olhar da outra pessoa.

Os conceitos de autotele e auto-imagem apresentam uma tênue linha que é difícil delimitar. A diferença entre eles parece estar na origem de suas palavras. Imagem deriva do verbo imaginar, do latim *imaginare*, que quer dizer fantasiar, idealizar, julgar, o que leva a pensar que, na auto-imagem, o sujeito está sempre idealizando (ou julgando) os papéis que exerce na vida, como se nunca pudesse estar satisfeito com eles.

O contraponto do *eu ideal* é representado pelos *eus censores* que se encarregam de ativar a crítica e a autocrítica em relação aos níveis mínimos de perfeição a serem atingidos. [...] A contraparte do *eu ideal* é o *antieu ideal*. Constitui o oposto do *eu ideal*, representa tudo o que a pessoa não deseja ser (Fonseca, 2000, p. 138-139).

Fonseca (2000) ainda comenta que quando o eu ideal se inclina para o lado negativo, o indivíduo pode apresentar um perfeccionismo exagerado, sentimentos de culpa, depressão ou fúria narcísica (Kohut, 1978).

Na tentativa de diferenciar os conceitos, penso que a auto-imagem de um indivíduo está diretamente influenciada pela idéia que o outro faz dele, enquanto que na autotele, do meu ponto de vista, a pessoa está diretamente relacionando-se com seus múltiplos eus (eu real, eu ideal, eu observador, eu censor, eu elogioso). É a conversa interna que se estabelece dentro do sujeito, independentemente de estar sozinho ou acompanhado, que, todavia, não é expressa ao outro, só a ele mesmo.

Na autotele, o indivíduo tem consciência do que é, em geral percebe-se como atua no exercício do papel e pode até idealizá-lo, mas seu mundo interno está voltado, basicamente, para as suas vivências particulares.

Tomando por base estes conceitos pode-se dizer que a psicoterapia psicodramática auxiliou cada paciente a:

Valorizar (ou aumentar) a auto-imagem

Exemplos: P8 considerava-se, no início do tratamento, um péssimo marido, porque discutia muito com a esposa, mostrando-se extremamente impaciente e irritado com ela. Forneceu nota 3 a esse papel, o qual não conseguia valorizar. Tinha receio de que a esposa, mais cedo ou mais tarde, viesse a se separar dele. Posteriormente, com a associação de medicação e psicoterapia, pôde ir mudando seu comportamento com ela, e foi, aos poucos, dando valor ao seu papel de marido, tanto que no final do tratamento atribuiu-se uma nota 8. P9 sentia que sua imagem na empresa, na qual é sócia do marido, não era boa perante os funcionários e isso influenciava sua auto-imagem. Não conseguia valorizar seu papel de patroa, embora de forma aparentemente incoerente, tenha se atribuído uma nota 6. Com a psicoterapia foi percebendo suas possíveis falhas e passou a valorizar-se diante dos empregados; sua nota modificou-se para 8. P2 não conseguia exercer adequadamente seu papel de nora, embora, antes da depressão, considerasse que o desempenhava bem, cuidando e interessando-se pela sogra. Com o tratamento, aumentou sua auto-imagem e sua auto-estima, passando a exercer esse papel com vontade e determinação. P7 valorizava seus papéis de mãe, esposa e avó, porém sentia que a depressão havia diminuído sua auto-imagem e não estava conseguindo exercê-los satisfatoriamente. Durante o processo psicoterápico sua melhora foi ficando nítida e a auto-imagem daqueles papéis foram aumentando, assim como sua auto-estima. P5 estava licenciada do seu trabalho em razão da depressão que havia se instalado, em parte, pela baixa auto-imagem e baixa auto-estima que apresentava diante de superiores. Foi uma das primeiras protagonistas e, para surpresa de todos, melhorou surpreendentemente. Tornou-se mais confiante e mais encorajada a voltar à sua função, o que não demorou muito para acontecer.

Manter a auto-imagem de alguns papéis

Exemplos: P1 e P3 atribuíram-se notas muito boas (respectivamente 8 e 9) para os seus papéis de mãe (ou pai) e mantiveram essas mesmas notas no final. P4 se considerava um ótimo tio e por isso manteve a nota 8 para esse papel. P6 se deu uma nota 9 no papel de marido e 8 no papel de dono de casa, mantendo-as no final, assim como P10 se deu uma nota 7 no papel de amigo, também mantendo-a no final.

Em contrapartida, alguns pacientes diminuíram sua auto-imagem em outros papéis.

Exemplos: P3 se deu inicialmente uma nota 10 para o papel de fotógrafo amador e 9 para ouvinte de música, sendo que, posteriormente, elas se transformaram numa única nota (6). Segundo sua própria colocação, a depressão lhe tirou o desejo de fotografar e ouvir música com o hábito e a intensidade que realizava anteriormente, fazendo, inclusive, com que sua auto-imagem e sua auto-estima diminuíssem. P2 forneceu uma nota 8 para o seu papel de avó e se envaidecia por ser uma boa avó. Por razões particulares foi se afastando do neto e, no final do tratamento, diminuiu sua nota para 6, a qual repercutiu na sua auto-imagem e auto-estima.

Ainda convém mencionar um fato interessante: nove pacientes escolheram o papel de dono(a) de casa (P1, P2, P3, P4, P5, P6, P7, P9 e P10), ainda que três deles o tenham feito apenas no final. Estes últimos pacientes são homens (dois solteiros e um separado) que não conseguiam, inicialmente, pensar em desenvolver tal papel. Um deles deixou de morar com os pais e teve de assumir o cuidado de sua própria casa; o outro paciente, filho único, tinha uma mãe extremamente cuidadora que veio a falecer, deixando-o sozinho em sua residência (o pai também já havia falecido); por último, o separado, que também teve de aprender a cuidar de casa após a separação. Isso leva a pensar, fundamentalmente, que o papel de dono(a) de casa, exercido por quase todos os pacientes, estava sendo influenciado pelos sintomas depressivos que estariam causando prejuízo no seu desempenho e na sua auto-imagem, já que a maioria se deu, no início do tratamento, uma nota mais baixa. Ou ainda, que não havia espaço para o surgimento de tal papel (nos três exemplos citados acima), ocupado pela depressão. O tratamento como um todo os auxiliou a aumentar sua auto-imagem e a desempenhar melhor esse papel (exceção feita a P6 que manteve a nota 8).

Em relação à auto-imagem de cada papel assumido, comparando início e final do processo psicoterápico, pode-se dizer que 50% dos pacientes mantiveram as suas notas, 40% aumentaram os valores numéricos e 10% diminuíram. Em geral, as notas mantidas foram altas, sugerindo, na maior parte dos casos, uma ausência de conflito com tais papéis.

Os papéis cujas notas foram aumentadas evidenciaram uma melhora no relacionamento anteriormente estressante ou conflituoso, sugerindo um aumento de sua auto-imagem e, também, como efeito da auto-estima.

B • OS PAPÉIS E SUAS TRANSFORMAÇÕES

O indivíduo que sofre com uma depressão, que geralmente lhe deixa sem qualquer disposição, com sentimentos de desespero, aflição e angústia, busca desenfreadamente a cura ou, pelo menos, alguma melhora. A sua meta é alcançar o bem-estar perdido ou um recurso qualquer que o conduza a um outro estado de humor, que não seja acompanhado de sintomatologia tão aflitiva; uma outra vida representada pela liberdade de agir sem sofrimento.

A dor da alma ou a dor que não se explica, ou a dor ao mesmo tempo tangível e intangível, é sufocante; é a sensação morrediça que fantasia o fim.

O deprimido que sofre tenta compreender por que sofre e o que é este sofrimento. Ainda não tomou conhecimento da ação dos neurotransmissores cerebrais, que podem nortear, em parte, suas respostas. Se seu sofrimento diz respeito a uma história antiga, sofre porque não pode modificar seu passado. Traz para seu presente a atitude congelada que apresentou anteriormente, não conseguindo reformulá-la dentro do seu eu, apresentando um comportamento estereotipado na relação com sua autotele, seus papéis e o outro. Se seus sintomas surgiram recentemente, sofre porque não consegue explicar, muitas vezes, o motivo que o levou a este estado; culpa-se por não conseguir mais trabalhar, não ter vontade de sair da cama, por perder o desejo de qualquer atividade social (até conversar com amigos e família), enfim, percebe que todos ou muitos dos seus papéis estão comprometidos.

Se os sintomas do deprimido surgiram recentemente, sofre porque não consegue explicar o motivo que o levou a este estado; culpa-se por não conseguir mais trabalhar, não ter vontade de sair da cama; perde o desejo por qualquer atividade social (até conversar com amigos e família), enfim, percebe que todos ou muitos dos seus papéis estão comprometidos.

Brito classifica os papéis sociais em primários, secundários, categoriais, genéricos e sociodinâmicos, sendo que cada um deles apresenta uma subdivisão. Segundo suas conceituações, os exemplos acima se encaixam na classe dos papéis genéricos.

> Os papéis genéricos partem do papel categorial básico de cidadão. [...] Seu contrapapel em termos de origem histórica ou de matriz de identidade é a nação representada pelo Estado. [...] O cidadão é contribuinte, eleitor, usuário, munícipe, passageiro e consumidor. Este fato abrirá um amplo leque de contrapapéis para o cidadão (1998, p. 208-209).

Moreno considera que os papéis começam a ter existência na vida das pessoas antes mesmo delas nascerem e tomarem consciência de que têm um eu.

> Antes e imediatamente após o nascimento, o bebê vive num universo indiferenciado, a que eu chamei de "matriz de identidade". Esta matriz é existencial, mas não é experimentada. Pode ser considerada o *locus* donde surgem, em fases graduais, o eu e suas ramificações, os papéis (1975, p. 137).

Para ele, todo e qualquer papel é a aliança de elementos particulares (individuais) e coletivos (1994), e toda pessoa tende a agrupar inúmeros papéis, que se relacionam com os papéis de outras pessoas (Moreno, 1983). Enfatiza também que a estruturação dos papéis é realizada em três etapas: a tomada ou aceitação de papéis (*role-taking*) que representa assumir um papel que já está completamente estabelecido, no qual não há nenhum grau de liberdade; o desempenho ou jogo de papéis *(role-playing)* que permite certa liberdade e, por último, a criação de papéis *(role-creating)* que possibilita um alto grau de liberdade e de espontaneidade-criativa. "Teremos, então, o receptor de papéis, o intérprete de papéis e o criador de papéis" (Kaufman, 1991, p. 75).

Com o passar dos anos, os indivíduos vão desejando assumir muitos outros papéis, e não somente aqueles desempenhados corriqueiramente. Em outras ocasiões, eles são solicitados a exercer determinado papel, para o qual não estão preparados e isso pode desencadear, como diz Moreno (1975), um sentimento de ansiedade.

Por outro lado, nem sempre é fácil, para o sujeito, entrar em contato com os papéis que exerce na vida. Alguns funcionam como fonte de orgulho, outros são considerados habituais e normais, porém há aqueles que promovem vergonha, tristeza ou decepção. Portanto, os papéis estão diretamente ligados à auto-imagem que cada um tem de si mesmo.

Dentre os papéis apresentados no quadro da auto-imagem, muitos deles estavam comprometidos pela depressão no início do tratamento, sendo que 60% dos pacientes referiram que todos os seus papéis foram afetados (P2, P5, P6, P7, P8 e P9) e 40% mencionaram que ela comprometeu cinco do número total de papéis (P1, P3, P4 e P10). Com o tratamento, os papéis sofreram uma diminuição do impacto depressivo em 80% dos pacientes, que puderam:

Aumentar o número de papéis

Exemplos: P1, P2, P3, P4, P5, P6 e P10 aumentaram a quantidade de papéis, numa média de quase quatro papéis por pessoa. P2 incluiu mais quatro papéis no final do tratamento (tia, sogra, profissional e vizinha), embora não tenha atribuído notas altas a eles; P4 introduziu mais seis papéis, sendo que três desses foram especialmente escolhidos por ser do seu extremo agrado (motorista, mecânico e "pizzaiolo"). Três pacientes (P7, P8 e P9) não aumentaram o número de papéis, apesar de acentuarem que não condicionaram este fator à sua melhora.

Diminuir o impacto da depressão nos papéis

Exemplos: os pacientes P2, P5, P6, P7, P8 e P9 enfatizaram que todos os seus papéis haviam sido afetados pelos sintomas depressivos. Com a evolução do tratamento observou-se, no decorrer dele e no final, uma modificação para melhor da sua sintomatologia, e todos sentiram uma diminuição do impacto da depressão no desempenho dos seus diversos papéis. P9 já há muitos anos apresentava uma relação difícil com o marido, com quem mantém sociedade numa empresa. Não aceitava estar casada e deprimiu-se em razão de não conseguir separar-se. Sofria muito com todas as atitudes levianas do marido, mas isso não impediu de considerar-se uma ótima esposa, atribuindo uma nota 9 ao seu papel. Esperava que o tratamento lhe ajudasse a diminuir os sintomas depressivos e lhe desse coragem para enfrentar a separação. Isso seria evidenciado, segundo ela, se conseguisse abaixar, durante o processo psicoterápico, a nota do marido. Realmente, no final, apesar da nota ter se alterado apenas para 7 e ainda incluir este papel de esposa como um dos afetados pela depressão, sentia que já não sofria mais como antes com as atitudes do marido e estava muito mais encorajada para tomar uma decisão no relacionamento. P7 atribuiu notas boas a quase todos os seus papéis, apesar de afetados pela depressão. Com o tratamento, aumentou a nota de seis papéis afetivos (mãe, tia, irmã, esposa, avó e tia avó), demonstrando que suas relações interpessoais puderam crescer em razão da diminuição dos sintomas depressivos. Aumentou também a nota de três papéis operativos (consultora de vendas, membro da igreja e dona de casa), mostrando uma evolução favorável nesses papéis. Portanto, mesmo mantendo a mesma nota para a filha e diminuindo a da sogra, pode-se dizer que ela conseguiu diminuir o efeito da depressão em onze dos papéis.

Resgatar papéis inativos

Exemplo: P7 gostava muito de tricotar e considerava esse papel BD. Chegou, antes da depressão, a manusear com presteza a máquina de tricô e a comercializar blusas de linha e de lã. Com o início do quadro depressivo, abandonou por completo essa atividade e não conseguia mais confeccionar nenhuma peça. Esse papel tornou-se completamente inativo, porém não deixou de posicioná-lo no quadro da auto-imagem, talvez com uma pequena esperança de poder resgatá-lo. Com o tratamento, voltou a tricotar, embora ainda de forma incipiente, pois sentia que o papel de tricoteira ainda continuava afetado pela depressão. Mesmo assim, mudou a nota inicial (zero) para uma nota quatro.

Para se compreender melhor o desenvolvimento e a transformação dos papéis nos pacientes, foi criada uma escala que vai de zero a dez (o zero seria representativo do papel mal desenvolvido e o número 10 do papel bem desenvolvido).[14]

Todos os pacientes, sem exceção, apresentaram uma transformação nos seus papéis, seja para um desenvolvimento melhor e para a conscientização de certos excessos, seja pela percepção da necessidade de mudança.

Castello de Almeida se expressa: "O psicodrama dramatiza para desdramatizar. Supõe-se que, com as encenações, a repetitividade dos papéis possa ser esvaziada, ensejando transformações" (1989, p. 33).

Os papéis MD diminuíram, os D se mantiveram iguais e os PD e os em T aumentaram de forma pouco expressiva. A diferença maior foi mesmo notada nos papéis BD, que cresceram bastante, sugerindo que os pacientes conseguiram transformar seus papéis de maneira bastante efetiva, melhorando seus desempenhos.

Exemplos: P5 queixava-se do seu papel de mulher, totalmente abandonado. Não tinha coragem de se arrumar fisicamente e nem sequer o incluiu no diagrama de papéis do início. Logo nas primeiras sessões foi notada sua transformação. Passou a se cuidar, mostrando uma outra diferença no jeito de se vestir e de se pintar; P8, quando iniciou o tratamento, queixava-se de não conseguir realizar atividades sociais, o que estava levando a constantes atritos com a esposa. Sentia que seus papéis de motorista amador, disposto para o lazer e pescador, anteriormente tão bem desempenhados, estavam na atualidade bastante prejudicados. Quatro semanas depois de ter entrado no grupo comentou, com satisfação, que tinha conseguido ir a uma pizzaria com a esposa e, algumas semanas posteriores, que tinha ido ao teatro, dirigido seu carro e saído para pescar.

Convém, ainda, salientar alguns aspectos ligados aos graus de desenvolvimento. Várias situações são passíveis de discussão, porém me limitarei a exemplificar apenas algumas.

O papel MD não significa, necessariamente, que a pessoa é ou está incapacitada para o papel em questão; ela pode não ter o desejo de desenvolvê-lo.

Exemplos: P4 é sempre solicitado pelos pais a consertar coisas em casa; acaba cedendo à solicitação, mas o faz com má vontade porque não gosta desse papel, não sabe exercê-lo e não tem a mínima vontade de desenvolvê-lo (lhe deu nota zero); P10 trabalhou em uma empresa na qual exercia o papel de programador de informática. Não gostava do que fazia e deve ter demonstrado seu desinteresse, culminando em demissão. De uma certa maneira sentiu-se aliviado com a decisão empresarial porque o papel que assumia, além de poder ser considerado fator estressante para a sua depressão, não era do seu interesse desenvolver.

O papel BD não significa que a sua aceitação seja indispensável ou que ele seja diretamente proporcional à saúde mental da pessoa. Para Moreno, o papel saudável é aquele que está intimamente atado à saúde da espontaneidade criativa, ao fenômeno télico inter-relacional e à evolução do número de papéis.

Garrido Martín ao falar sobre o adoecer do sujeito, escreve:

> Na antropologia moreniana, a espontaneidade adoece em suas funções de adequação e de criação. E também a dimensão relacional do indivíduo pode adoecer, envolvendo assim o grupo e a tangibilidade, e ocasionando a patologia do papel (1984, p. 229).

Exemplo: P4 considerou BD seu papel de bode expiatório, porque sempre se sentiu ingênuo nas relações e as pessoas lhe imputavam culpas, as quais considerava serem injustas. Já estava tão habituado a esse papel que não se importava mais com as situações que continuavam acontecendo, embora não quisesse mais assumi-lo por considerá-lo um mal em sua vida.

Há uma diferença entre a nota que o indivíduo dá para o seu papel e o que considera dele (se BD, D, PD ou MD). Tomemos como exemplo o paciente P3, que sentia que seu papel de fotógrafo amador era BD: por ocasião da depressão o papel se tornou inativo, isto é, dentro de si mesmo ele sabia que possuía aquele papel BD, mas não conseguia colocá-lo em prática pela imposição dos sintomas depressivos. (Inclusive, é importante ressaltar que um papel durante muito tempo inativo faz pensar na hipótese de sua cristalização.)

Em outros momentos a pessoa sente que não apresenta mesmo o papel D, independentemente da depressão; é um fator mais ligado à sua auto-estima. Exemplo: P2 tornou-se sócia do marido em uma empresa e começou a trabalhar diariamente. Sentia que seu papel profissional como funcionária era tão inexistente que nem sequer introduziu-o no quadro de auto-imagem. No final sentiu que houve um pequeno desenvolvimento e se deu a nota 3, mesmo que o marido e os filhos lhe incentivassem dizendo que estava se saindo muito bem. Não acreditava nas suas qualidades pessoais, até porque não sabia informática (embora estivesse conseguindo dar os primeiros passos no seu aprendizado).

Em outra ocasião, a pessoa pode achar que tem um determinado papel BD e uma outra pessoa da relação lhe mostra o contrário. Exemplo: P6 foi convidado para uma conferência. Preparou-se intensamente para ela e estava esperançoso para executar esse novo papel; considerava-se bem preparado para ela (papel BD). Quando começou a palestrar, deu-se conta que, apesar de todo conhecimento da matéria, não conseguia transmiti-la adequadamente aos presentes, portanto, o seu papel de conferencista ainda estava MD ou PD. Os colegas que estavam lhe assistindo deram, posteriormente, um *feedback* que coincidiu com sua impressão negativa. (Obviamente nessa situação, a espontaneidade necessária para a liberação do bom desempenho foi bloqueada pela ansiedade desencadeada no momento.)

O gráfico da evolução do número de papéis sugere que houve uma evolução favorável, em decorrência do tratamento, no número de papéis, que passou de 46% para 54%. Quanto à evolução do impacto da depressão, observou-se uma expressiva diferença (de 38% para 62%) entre o número de papéis afetados pelos sintomas depressivos, no início e no final, evidenciando que a PP, associada com a medicação, pode ser efetiva na melhora de tais sintomas.

Enfim, a PP foi capaz de reanimar a vida dos pacientes do estudo, possibilitando, primeiramente, a conscientização e a compreensão dos seus mecanismos internos diante das circunstâncias vitais e relações interpessoais, bem como da importância de seu compromisso com sua saúde psíquica, afetada pela armadilha da depressão. De acordo com o resgate de seus valores intrínsecos essenciais, do fortalecimento de seu ego, da liberação do homem espontâneo – criador que existia dentro de si –, do desenvolvimento e transformação de seus papéis, os pacientes puderam dar existência a uma nova visão de mundo, mais saudável e adequada à sua vida, em vez de conteúdos negativos e pessimistas que a vivência depressiva ajudou a construir. E, finalmente, puderam ampliar sua capacidade de interagir com o(s) outro(s).

Inventário socionômico da paciente Diva

Análise sociométrica

Diva é uma dona de casa de 53 anos, casada há aproximadamente 25 anos, com duas filhas, uma de 21 e outra de 19 anos.

Sua depressão teve início há seis anos com sintomas de muita impaciência, irritabilidade, dores exageradas (e não fundamentadas) pelo corpo, tristeza, falta de ânimo e nenhuma vontade de viver.

Traz quatro situações como pontos de conflito a serem trabalhados na terapia:

- relação com a filha mais velha (filha 2);
- relação com a filha mais nova (filha 1);
- relação com o marido;
- relação dela com sua auto-imagem no que diz respeito aos seus papéis: de desejosa de lazer, de esposa e de administradora do lar.

Diva já participou de várias psicoterapias, mas não conhecia o método psicodramático. Tem noção da importância da terapia em sua vida e de como necessita dar continuidade ao processo para poder trabalhar questões pendentes. Gostou muito da PP e valorizou o auxílio que lhe foi prestado.

Participou ativamente de todas as sessões, individuais ou grupais, mas sua preferência foi pelo processo grupal. Em razão de suas características pessoais, de seu modo espontâneo, criativo e afetuoso, conquistou os demais participantes do grupo, sendo sempre escolhida, nas dramatizações, como ego-auxiliar. Tornou-se a estrela sociométrica[15] do grupo e conquistou *status* sociométrico[16] alto. Apresentou relações télicas positivas com todos e sua atitude sempre primou pela adequação. Sentiu-se respeitada e amada por eles, o que deu força à sua auto-imagem e auto-estima.

Considera que seus sintomas depressivos diminuíram, embora ainda sinta sua presença em momentos de estresse e cansaço, que precisariam ser reavaliados.

Enfatiza a importância do trabalho dramático (a dramatização com a mãe, embora não refira, fez parte de um trabalho do seu papel de desejosa de lazer) e, por conseguinte, das mudanças ocorridas, principalmente com a filha mais nova.

Valorizou também a mudança acontecida no seu papel de administradora do lar, podendo, inclusive, brincar com sua atitude antiga.

Em suma, a experiência com a PP trouxe resultados bastante favoráveis a Diva, a ponto de ela terminar seu relato dizendo que pela primeira vez descobriu que quer ser saudável e alegre.

RELACIONAMENTO SOCIOFAMILIAR E PROFISSIONAL

CRITÉRIO 1: escolha de pessoas da rede social atual em todos os campos: familiar, profissional, social, religioso etc., tomando por base as atrações, rejeições e indiferenças.

Procedimento1.1.: montagem do átomo social, cuja organização é feita posicionando o paciente no meio do espaço dramático e, ao seu redor, as pessoas escolhidas. Estas serão dispostas a uma distância diretamente proporcional à intensidade do afeto envolvido na relação. A qualidade afetiva é simbolizada da seguinte maneira: escolha positiva + (mais próxima); escolha negativa –; e escolha indiferente ou neutra ± (menos próxima). No desenho, elas serão representadas, respectivamente, pelas figuras contornadas com as cores branca, cinza e preta (lembrando que nenhum paciente fez escolhas neutras).

FIGURA **8** | SOCIOGRAMA 1 – ÁTOMO SOCIAL (INÍCIO)

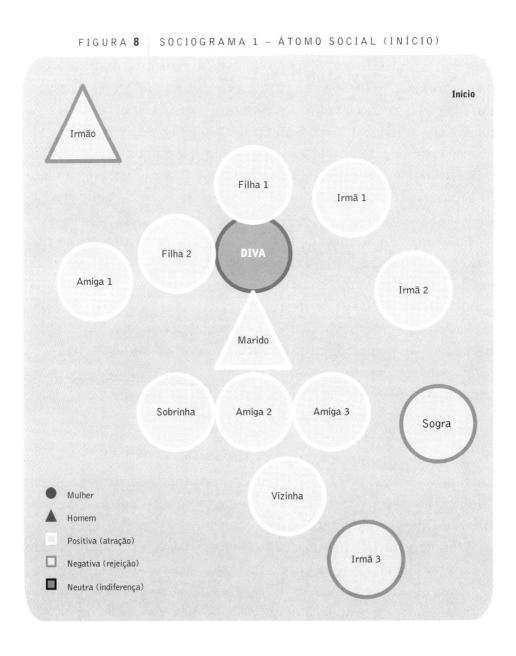

FIGURA 9 | SOCIOGRAMA 2 – ÁTOMO SOCIAL (FINAL)

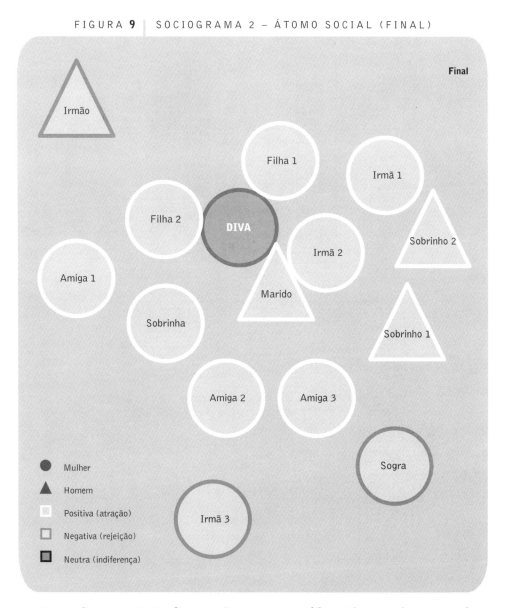

Procedimento 1.2.: disposição em um gráfico (de acordo com o átomo social), do número de pessoas com as quais o paciente se relaciona de maneira social e emocional (expansividade socioemocional) e a característica dessas escolhas (positivas, negativas ou neutras).
Procedimento 1.3.: visualização, em um gráfico, das escolhas positivas, negativas, descartadas e novas.

FIGURA 10 | GRÁFICO DA EXPANSIVIDADE SOCIOEMOCIONAL I

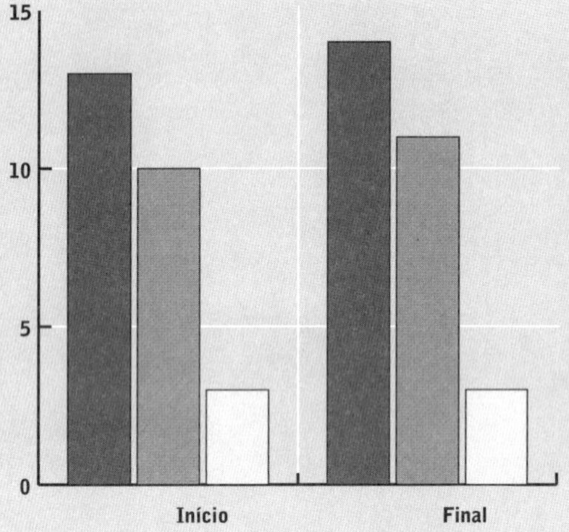

	Início	Final
Nº de Escolhas	13	14
Escolhas +	10	11
Escolhas –	3	3

FIGURA 11 | GRÁFICO DA EXPANSIVIDADE SOCIOEMOCIONAL II

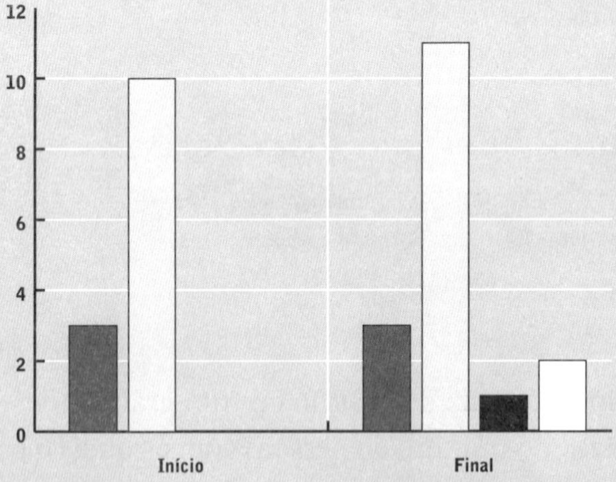

	Início	Final
Escolhas Negativas	3	3
Escolhas Positivas	10	11
Escolhas Descartadas	–	1
Escolhas Novas	–	2

CRITÉRIO 2: seleção das escolhas feitas de acordo com o átomo social, conforme a qualidade emocional de cada vínculo.

Procedimento 2.1.: atribuição de um valor numérico (zero a dez) a cada uma das relações do átomo social e disposição dos números em uma tabela. Os números de 5 a 10 são considerados positivos, tomando por base que quanto maior for o número (do 5 para cima), mais qualidade afetiva, e do 5 para baixo, menor o afeto envolvido na relação.

QUADRO 24 | **QUALIDADE EMOCIONAL DOS VÍNCULOS**

Diva	Filha 1	Filha 2	Marido	Irmã 1	Irmã 2	Sobrinha	Amiga 1	Amiga 2	Amiga 3	Vizinha	Irmão	Sogra	Irmã 3	Sobrinho 1	Sobrinho 2
Início	7,5	10	5	10	7	7	8	8	8	5	4	2	2	–	–
Final	9	8	7	7	8	8	8	8	8	–	2	2	2	7	7

Procedimento 2.2.: classificação das relações estressoras do átomo social que causam impacto sobre os sintomas depressivos. A disposição é distribuída em um quadro, segundo o grau de estresse (alto, médio ou baixo) envolvido nas relações positivas, negativas ou neutras.

QUADRO 25 | **RELAÇÕES ESTRESSORAS**

	ESCOLHAS POSITIVAS			ESCOLHAS NEGATIVAS		
Grau de estresse	Alto	Médio	Baixo	Alto	Médio	Baixo
Início	Marido	Filha 2		Sogra		
	Filha 1					
	Vizinha					
Final			Filha 1			Sogra
			Filha 2			
			Marido			

Diva faz treze escolhas no início da montagem do AS, embora saliente que ele poderia ser maior porque seu círculo social é relativamente grande e, a princípio, não tem dificuldades para conquistar novas amizades. Isto fica bastante evidente no grupo, pois é uma pessoa espontânea que se relaciona de forma simpática, carinhosa e solícita com os demais membros, tornando-se facilmente a líder do grupo.

As relações com as duas filhas são fontes de estresse.

A filha que recebeu a nota positiva mais alta (filha 2) é a mais velha e o grau de estresse da relação é médio. Ela apresenta problemas neurológicos (apesar de conservar inteligência normal) e merece certo cuidado especial. Foi uma criança muito esperada, mas Diva se sentiu muito frustrada e com muita culpa em relação ao problema da filha. Na montagem do AS coloca a filha ao seu lado, demonstrando um forte vínculo e, ao mesmo tempo, uma enorme dependência entre elas, que foi sendo cultivada em todos esses anos de convivência. Com a psicoterapia, Diva pôde se conscientizar da atitude rígida que cumpria em relação à filha, promovendo a manutenção do papel complementar interno patológico[17] de cuidadora-receptora e passou a estimular a independência da filha, auxiliando-a a desenvolver novos papéis. Com isso, sua relação tornou-se mais cooperativa e menos estressora.

A primeira pessoa que coloca na montagem do AS é sua filha 1 (a mais nova), que também teve problemas no parto, porém sem maiores conseqüências. Em razão do ocorrido com a filha mais velha, a quem se dedicou exaustivamente, acha que não conseguiu ser boa mãe para a mais nova, que, hoje, lhe dá muitos problemas: "é revoltada, isolada e está perdida no mundo". É uma relação altamente conflituosa, um grande peso sobre os seus ombros, claramente mostrado no AS. Com o processo psicoterápico consegue reavaliar essa relação, tornando-se mais próxima e continente da filha e, por conseguinte, diminuindo o fator estressor relacional que contribuía para sua sintomatologia depressiva (inclusive, dá a esta filha uma nota mais alta no AS final).

O marido é uma relação positiva também altamente estressora. Responsabiliza-o por deixá-la deprimida, pois ele não valoriza o trabalho doméstico que desempenha tão bem, não tenta realizar pelo menos parte de seus desejos, e não demonstra mais vontade de se relacionar sexualmente com ela. Com os trabalhos efetuados durante a terapia pôde redimensionar essa relação e torná-la mais próxima (a nota fornecida ao marido aumentou).

Uma relação idealizada do seu AS é aquela que existia com a irmã 1 (que mora fora do país) para a qual apresentou, algumas vezes, relações projetivas e transferenciais. No decorrer do processo pôde reavaliar e transformar a auréola de idealização que envolvia essa relação, atribuindo à irmã uma outra nota mais condizente com a realidade e desenvolvendo uma atitude mais autêntica em relação à irmã.

A vizinha, embora escolha positiva, mas altamente estressora, é descartada no final, porque, com a terapia, pôde verificar que não queria continuar investindo nessa relação.

Três escolhas do AS foram negativas e se mantiveram assim no final (irmão, uma das irmãs e a sogra). Não se propôs a trabalhar diretamente nenhuma dessas relações, pois são pessoas para as quais não dirige afeto suficiente para torná-las positivas. O relacionamento com a sogra é altamente conflituoso, mas pôde flexibilizar seu ponto de vista em relação à ela e diminuir o estresse nesse vínculo.

Introduz no AS final dois sobrinhos com os quais volta a ter um relacionamento mais próximo, afetivo e agradável, aumentando a sua expansividade socioemocional.

DESEMPENHO DE PAPÉIS

CRITÉRIO 1: escolha dos papéis (operativos e afetivos) que desempenha atualmente na vida.

Procedimento 1.1.: atribuição de um valor numérico a cada um desses papéis segundo a auto-imagem que apresenta de si mesmo e montagem de um quadro.

QUADRO 26 | AUTO-IMAGEM (AI)[3]

Diva	Administradora do lar	Cozinheira	Lavadeira	Passadeira	Esposa	Mãe	Ser humano	Nora	Amiga	Tia	Irmã	Filha	"Desejosa de lazer"	Vizinha	"Boleira"	Faxineira
AI Início	8	10	10	10	6	8	8	5	9	7	7	10	2	–	–	–
AI Final	10	10	10	10	7	8	8	5	10	8	8	7	2	5	9	10

Procedimento 1.2.: montagem de um quadro do impacto da depressão no desempenho dos diversos papéis (operativos e afetivos).

QUADRO 27 | IMPACTO DA DEPRESSÃO

INÍCIO	FINAL
1. "Desejosa" de lazer	1. "Desejosa" de lazer
2. Esposa	2. Esposa
3. Administradora do lar	
4. Mãe	

Procedimento 1.3.: montagem do diagrama de papéis e o grau de desenvolvimento de cada um deles, baseado no valor numérico da auto-imagem. Os dados referentes ao grau de desenvolvimento estão classificados a seguir.

UNIVERSO DA DEPRESSÃO

FIGURA 12 | DIAGRAMA DE PAPÉIS

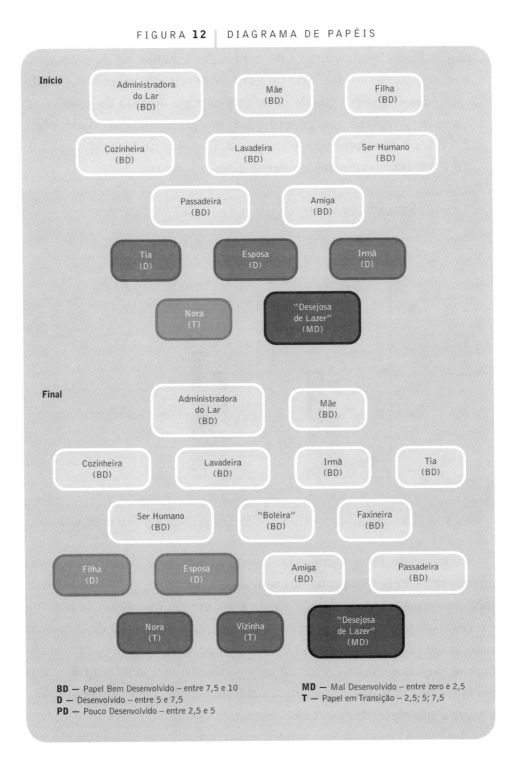

BD — Papel Bem Desenvolvido – entre 7,5 e 10
D — Desenvolvido – entre 5 e 7,5
PD — Pouco Desenvolvido – entre 2,5 e 5
MD — Mal Desenvolvido – entre zero e 2,5
T — Papel em Transição – 2,5; 5; 7,5

Procedimento 1.4.: organização de um gráfico da transformação dos papéis baseado no número de papéis desenhados no diagrama anterior, segundo a referência do grau de desenvolvimento. A classificação desses graus varia de cor e está exposta ao lado do gráfico (MD – mal desenvolvido: entre zero e 2,5; PD – pouco desenvolvido: entre 2,5 e 5; D – desenvolvido: entre 5 e 7,5; BD – bem desenvolvido: entre 7,5 e 10; T – transição: valores 2,5 – 5 – 7,5).

FIGURA 13 | GRÁFICO DA TRANSFORMAÇÃO DOS PAPÉIS

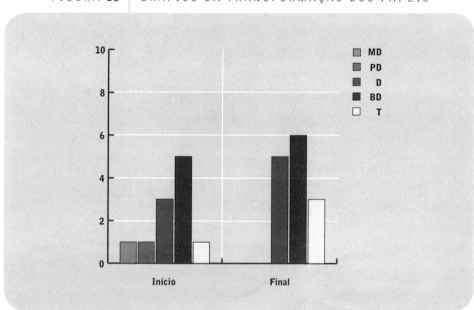

Inicialmente Diva menciona desempenhar treze papéis, dos quais apenas um recebe uma nota bastante baixa. No final, acrescenta outros três. Sua auto-imagem parece ser de uma pessoa que se sente bem na execução da maioria dos papéis citados. Refere sentir falta de trabalhar mais o seu papel de desejosa de lazer e o de esposa. Não se incomoda com os papéis de nora e vizinha, aos quais fornece uma nota 5. É importante ressaltar que apesar de ter sido mostrado, anteriormente, que a sogra é um elemento estressor, considera que o seu papel de nora tem um desenvolvimento baixo porque não apresenta nenhum desejo em desenvolvê-lo. Em relação ao papel de vizinha, que acrescenta no DP final, acha importante designá-lo porque se relaciona com outras pessoas nos arredores de sua casa, mesmo tendo optado em descartar uma delas (como mostrado no AS final).

O papel de mãe é BD, mas experimenta, às vezes, a sensação de que faz pouco para as filhas, principalmente para a mais nova. Embora não tenha alterado a nota desse papel, sua relação com ambas as filhas se transformou de forma considerável.

O papel de desejosa de lazer sempre a perturbou muito. Quando se casou criou uma expectativa muito grande de viver, junto com o marido, uma vida cultural intensa (cinema, teatro, viagens etc.) que não foi possível por diversos motivos. Um desses desejos era o de continuar freqüentemente viajando para a praia, onde é proprietária de uma casa de veraneio. Cada vez que tentava viajar para lá, uma onda de sintomas fóbicos tomava conta dela, ocasionando a desistência imediata do passeio. Durante um trabalho dramático, no qual foi protagonista[19], descobriu que fazia uma associação inconsciente entre viajar à praia e a dor pela morte da mãe (que sempre a acompanhou nas viagens). O trabalho foi acompanhado de uma grande catarse emocional, que a auxiliou a promover a elaboração desse luto. Após essa sessão, voltou imediatamente a viajar para o litoral, inclusive dirigindo tranqüilamente o próprio carro na estrada, atitude que não tomava há anos. Contudo, esse trabalho não fez com que alterasse a nota atribuída no início, pois a falta de realização dos demais desejos ainda interfere sensivelmente no seu quadro depressivo. Para Diva, esse papel continuou MD. A PP fez, no entanto, com que tomasse consciência de que esse papel, no seu todo, para ser modificado, requer uma transformação maior em relação à sua vida.

O papel de esposa é permeado de conflitos. Acha que o exerce bem (D) no que tange às obrigações de dona de casa (e por isso lhe dá uma nota 6), mas ressente-se com o marido por ele não valorizar o que faz, por não realizar seus mínimos desejos e não lhe mostrar interesse sexual. À medida que pôde tomar o papel do marido e trabalhar algumas questões conjugais, sua relação com o seu papel de esposa ampliou-se e, apesar de não tê-lo desenvolvido para BD, pôde acrescentar um ponto na nota inicial.

O papel de administradora do lar, estratificado em outros papéis (cozinheira, faxineira, lavadeira etc.) é, fundamentalmente, aquele que fornece a valorização de sua auto-imagem. Sente que o aglomerado de papéis que engloba o de administradora do lar tem de ser fragmentado porque, somente assim, se evidenciará o quanto exerce muito bem cada um deles. É perfeccionista no que faz, o que a leva a desempenhar esse papel com extrema dedicação, porém de forma desproporcional. As notas que atribui a todas as suas ramificações são as mais altas (BD), pressupondo ausência de falhas. Ser uma ótima dona de casa a mantém muito ocupada e, com isso, nunca tem tempo para, justamente, poder exercer o outro papel de desejosa de lazer que tanto ambiciona. Com a psicoterapia conseguiu conscientizar-se de que age assim para não entrar em contato com outras questões dinâmicas de sua vida. Isso a conduziu a uma atitude diferenciada, mudando os hábitos desses papéis desempenhados de maneira desmedida (veja segundo questionário, resposta 10), apesar da manutenção das notas altas.

Auto-relato da expressão emocional
Primeiro questionário

1 Psicoterapia é... tratamento, auto-conhecimento; terapia, uma análise profunda de tudo que nos deixa depressivos, ansiosos, nervosos e sem compreensão de nós mesmos; sempre com ajuda de um profissional para podermos tentar resolver tudo que nos incomoda e machuca.

2 Os outros membros do meu grupo... pessoas carentes como eu. Considero amigos de infortúnio, pessoas tristes e alguns tenho até vontade de pegar no colo e niná-los. Às vezes, analiso todos eles e penso: "que droga, por que temos que sofrer?"

3 A psicoterapeuta e a ego-auxiliar... excelentes profissionais. Tenho uma profunda admiração e um carinho enorme pela Dra... (TP –

terapeuta principal), considero-a uma profissional extremamente competente e dedicada e que me ajuda muito. A... (EA), uma amiga, grande afeição, carinho e orgulho de estar perto dela, que também é grande profissional. Amo as duas terapeutas.

4   Quando eu falo no grupo, eu... me sinto auxiliada, consigo ficar à vontade, perco todas as vergonhas e constrangimentos, sinto-me leve e importante. "Que bom se sentir amada."

5   Quando estou em silêncio no grupo, eu... reflito e analiso. As lembranças tristes, os momentos de medo e ansiedade querem tomar conta de mim, então, eu olho, analiso e tento pensar em nada, a não ser ouvir minha terapeuta e meus amigos.

6   Os momentos mais significativos da psicoterapia parecem ser para mim... de libertação, coragem e autoconfiança. Quando consigo realmente captar todas as coisas, torno-me forte, acho-me linda, linda e competente, e nessa hora mataria leões e dragões para continuar a viver.

7   Nesses momentos significativos, eu... sinto-me forte e alegre, desde que não pense no passado, pois não gosto do meu passado; arrependo-me de não ter feito algo que não fosse futilidade. Onde perdi minha alegria? Se eu não pensar, gosto de mim, admiro-me.

8   Sinto que na psicoterapia o mais importante para mim é... a união do grupo e a divisão de problemas. A vontade de participar desse grupo que, apesar de sermos todos depressivos, a união, a divisão e a interação são extremamente importantes para a busca da cura e do entendimento da nossa vida, que como está, não nos completa.

9   Longe e fora da psicoterapia, eu... às vezes me sinto forte. Longe da terapia eu me elogio para as pessoas, chego até a ser chata; pelo menos para as pessoas mais chegadas sempre digo que vou sair ou mudar, mas à noite, em meu travesseiro, enfraqueço.

10 Antes de vir para a psicoterapia... me animo, me arrumo, me concentro. Na noite anterior já me programo, penso no que vestir, fico ansiosa, para que chegue logo o meu horário.

11 Depois de deixar a sessão de terapia, eu... fico sempre na expectativa da próxima. Às vezes saio sorrindo e alegre, sem medo ou preocupação, sempre estou atrasada, mas não me abalo, enfim, saio-me muito bem.

12 Dói ou machuca no grupo quando... vejo tristeza e angústia de todos nós. Agora que chegamos ao fim, sinto-me ferida e machucada, como se ainda não tivesse degustado todo o doce e já tiraram da minha boca, da boca de todos nós do grupo.

Segundo questionário

ANTES DA PSICOTERAPIA

1 Como você se sentia antes do tratamento?

Eu me sentia muito triste e insegura.

2 Quais os sintomas que apresentava?

Tinha, diariamente, dores; em lugares diferentes, estômago, barriga, cólicas.

3 Você acha que sua depressão estava ligada a algum problema pessoal? Qual?

Minha depressão sempre esteve ligada com meus problemas pessoais. Desde minha juventude quando saí do interior, depois com um casamento frustrado e por fim minhas filhas.

4 Você já havia participado de algum tratamento psicoterápico? Qual e quando?

Já participei de várias terapias, individual, casal, artística. Nos últimos quinze anos sempre estou atrás de terapeutas.

5 Qual a lembrança que você tem desse tratamento anterior?

Excluindo terapia artística, da qual gostava muito e tive que interromper por problemas financeiros, as outras foram uma completa decepção no tratamento e com as terapeutas.

6 Você tinha algum conhecimento de psicodrama? Qual era a sua impressão?

Já tinha ouvido e lido a respeito do psicodrama. Parecia diferente das outras, porém não poderia opinar, era muito vago.

DURANTE A PSICOTERAPIA

1 Você teve alguma preferência em relação ao tratamento individual ou grupal?

Prefiro tratamento grupal.

2 O que achou das dramatizações que aconteceram nas sessões individuais e de grupo?

As dramatizações foram ótimas e, no meu caso, me deram a sensação de liberdade.

3 Como foi o seu relacionamento com os companheiros do grupo?

Relaciono-me sempre muito bem, mas com os rapazes tive uma ligação muito maior.

4 E com a psicoterapeuta e a ego-auxiliar?

Gosto profundamente das duas, desde o primeiro dia a empatia foi total.

5 Em algum momento do tratamento você sentiu que ele lhe foi útil? De que maneira?

Em vários momentos do tratamento; de uma forma excelente me ajudou muito, principalmente na dramatização com relação a minha mãe.

6 Você mudou a sua forma de ver o mundo com a psicoterapia? Como?

Claro que mudei, só que ainda não dá para soltar as mãos. Ainda sinto os pesos nas minhas costas, embora tenham diminuído.

7 Seus sintomas depressivos se modificaram com a psicoterapia?

Meus sintomas mudaram, só os sinto quando estou muito preocupada e muito cansada.

8 Você sentiu alguma mudança nas suas relações pessoais?

Sim, principalmente com relação a minha filha (filha 1), *estamos muito mais unidas e companheiras, e ela está saindo debaixo das minhas asas.*

9 Você se sente mais espontânea?

Muito mais, às vezes penso que exagero e, em algumas ocasiões, sou mal interpretada.

10 Você acha que descobriu alguma coisa nova sobre você da qual não tinha conhecimento? Conte o que foi (se ficar à vontade para contar).

Que eu era tremendamente neurótica com relação a limpeza. Hoje sei me valorizar mais, e descobri que não é pela limpeza impecável que as pessoas vão gostar mais ou menos de mim.

11 Isso a ajudou em alguma coisa?

Claro que ajudou, sinto que estou mais calma. O pó não matou ninguém.

12 Você gostaria de continuar fazendo psicoterapia? Por quê?

Gostaria, me faz bem, me ajuda e pela primeira vez descobri que quero ser saudável e alegre.

13 Se quiser escrever livremente alguma coisa, faça-o aqui.

Sinto tanta vontade de escrever, que às vezes minha mão atropela meu pensamento e acabo escrevendo errado. Este momento é só meu sem nada para me incomodar, o silêncio, a música, tudo. Como foi bom ter este questionário só meu, e como foi bom me arrumar, me perfumar, até o meu dente que havia perdido fui colocar. Por isso posso dizer: obrigada.

Descrição e comentários da sessão psicoterápica

AQUECIMENTO INESPECÍFICO

As pessoas iniciam o grupo comentando sobre o final de semana, e uma paciente conta que viajou para uma cidade praiana.

Diva empalidece, aparenta ansiedade e fala sobre o seu sofrimento às vésperas de uma viagem, principalmente se esta é para a casa de praia que herdou dos pais, já falecidos. Sempre sentiu muita segurança e afeto da mãe, e todas as vezes que chegava à casa de praia, a mãe vinha recebê-la carinhosamente. Depois do falecimento da mãe, ocorrido já há muitos anos, quando pensa em viajar para a praia, imediatamente lhe vem uma enorme ansiedade acompanhada de tristeza, sensação de acabamento, impossibilitando-a de dirigir na estrada. Só viaja para lá quando o marido vai dirigindo (o que acontece com certa raridade), mas, mesmo assim, quando chega à praia, não sai da cama, não consegue tomar um banho de mar (o que adorava fazer), não cuida da casa e só pede para ir embora.

O grupo escolhe Diva como protagonista e ela aceita.

AQUECIMENTO ESPECÍFICO

[Diva (**D**) e terapeuta (**T**) caminham pela sala.]

(**T**): Como se sente?

(**D**): Muito preocupada. Estou me lembrando do jeito que eu chego lá na praia. O coração parece que vai sair pela boca. Não vou ter coragem de abrir a porta...

(**T**): Você está... ?

[Espontaneamente (**D**) se desloca da sessão para o momento da chegada na praia, tal é o seu envolvimento com a situação.]

DRAMATIZAÇÃO

(**D**): Acabamos de chegar na praia, na casa da minha mãe. Meu marido e minha filha vão começar a tirar as coisas do carro e eu vou abrir a porta da cozinha... A gente sempre entra por aqui, porque, em geral, minha mãe está cozinhando, esperando a gente...

(**T**): Vamos montar um cenário, um faz-de-conta. Mostre onde está o carro e a porta da cozinha...

[(**D**) vai montando o cenário de forma espontânea e apontando o que acha importante.]

(**T**): Escolha alguém do grupo para fazer o papel de seu marido e sua filha.

[(**D**) faz as escolhas].

(**T**): Seja o seu marido. Eu vou conversar com ele.

[(**D**) assume o papel do marido e vai falando.]

[(**D**) como marido (**M**)]: Eu não sei o que acontece com (**D**); ela gostava tanto de vir aqui... Agora ficou desse jeito, nervosa, triste, chorona... Não consegue mais pegar o carro e vir para cá com as filhas. Eu tenho de trabalhar; não posso vir sempre aqui...

(**T**): Tem idéia do que aconteceu, por que ela ficou assim?

(**M**): Ah, não sei... deve ser falta da mãe... mas, puxa vida, a mãe já morreu faz mais de dez anos...

(**T**): Tem alguma coisa que o senhor faz ou fez para ajudá-la?

(**M**): No começo, quando a gente vinha para cá, eu tentava acalmá-la, mas ela passava todos os dias do feriado ou das férias chorando... aí não agüentei mais... Prefiro arrumar uma desculpa e não vir mais aqui, porque já sei que ela não fica mesmo bem...

(T): Volte a ser (D). Agora tome o papel de sua filha.

[(D) no papel da filha (F)]: É uma pena tudo isso... A casa da vovó é tão gostosa, mas a mamãe pirou. Não dá mais para vir aqui...

(T) Tem alguma coisa que você faz ou fez para ajudá-la?

(F): Ela não me ouve, mas mesmo assim eu falo que é bobagem ela ficar chorando... Eu tento distraí-la, levá-la para tomar um banho de mar, mas ela não vai de jeito nenhum... e antes ela gostava tanto...

(T): Volte a ser (D). Pois é, parece que eles já fizeram de tudo para animá-la e não adianta... Mas hoje eles resolveram vir de novo aqui...

(D): É, eles estão lá no carro tirando as coisas e eu vou abrir a porta da cozinha. Nossa, olha como ficam as minhas mãos [(D) mostra as mãos trêmulas].

(T): Eu estou aqui com você. Respire fundo e vamos lá.

(D): Pronto, abri a porta. Ah, meu Deus! Eu não vou agüentar... Onde será que está minha mãe? [(D) emociona-se e começa a chorar].

(T): Faça um solilóquio[20].

(D): Parece que ela está ali, na pia, lavando louça ou no fogão, cozinhando... Ela pára de lavar e vem na minha direção me abraçar. Ai, que saudade!

(T): Escolha alguém para fazer o papel de sua mãe (Mm) [(D) escolhe uma colega de grupo que perdeu a mãe quando tinha dois anos] e tome o papel dela. Como é o seu nome? [(T) dirigindo-se à (D) no papel de (Mm)].

(Mm): Marina.

(T): A sua filha me disse que quando ela vem para cá, ela vê a senhora lavando ou cozinhando...

(Mm): Pois é, não sei o que acontece. Eu já morri há doze anos! Quando ela está em São Paulo até que ela vive razoavelmente bem a vida dela, quer dizer, ela tem depressão, né? Agora quando ela vem para a praia é essa choradeira... Parece que não consegue viver sem mim... e não pode... a vida continua... A gente era muito amiga; ela dependia muito de mim, mas não pensei que ela fosse ficar assim depois que eu partisse. E não foi desse jeito quando o pai faleceu...

(**T**): Volte a tomar o seu papel.

(**D**): Eu sinto muita culpa. Acho que eu a sobrecarregava com meus problemas. Eu ligava todo dia, toda hora, e ela ficava me dando conselhos, me acalmando... até que um dia, ela não agüentou e teve um infarto. Eu nunca tive coragem de falar sobre isso com ninguém, mas acho que ela infartou por minha causa.

[(**T**) solicita novamente troca de papéis, (**D**) espontaneamente assume o papel da mãe e começa a falar.]

(**Mm**): Filha, que bobagem é essa que você está dizendo? Você não teve culpa de nada. Lembra que eu comecei a sentir umas dores no peito, uma falta de ar, e você insistiu para me levar no médico? Daí eu fiz aquela porção de exames chatos e tive de começar a tomar remédio. Mas sabe como é a cabeça da gente... às vezes eu esquecia... Você sempre foi uma filha maravilhosa, a que mais se preocupou comigo, que mais carinho e atenção me deu. E eu também me queixava das coisas, das discussões com seu pai... Filha, eu morri dormindo. Chegou a minha hora, Deus quis assim. Pare com isso, viva a sua vida!

[(**D**) chora copiosamente e se abraça a (**T**). Após alguns segundos se recupera e volta a assumir o seu papel. A colega que faz o papel de mãe de (**D**) está visivelmente emocionada, mas consegue se manter no papel.]

(**D**): Mãe, quando você morreu eu nem quis me despedir de você direito, de medo que você me acusasse... [Neste momento, (**D**) pára de falar, fica um milésimo de segundo em silêncio, depois sorri e, antes mesmo que a (**T**) lhe peça um solilóquio.] (**D**): "Puxa, como a gente complica a vida... [como se tivesse se dado conta – um *insight* – do que tem feito consigo mesma nesses doze anos!]

[(**T**) solicita troca de papéis (**D**) toma o papel da (**Mm**)].

(**Mm**): Pois então, filha, despeça-se de mim agora. Para sempre. Eu quero que você seja feliz, que não fique mais pensando bobagens, que aproveite o máximo possível desta casa, com a sua família. Venha, me dê um abraço e vamos nos despedir definitivamente. E lembre-se: você sempre foi uma filha maravilhosa!

[(D) chora copiosamente. Elas se despedem e expressam, uma para a outra, o grande amor que existiu entre elas. Após essa despedida, (T) solicita que (D) tente andar por toda a casa da praia, perceba como se sente e faça um solilóquio.]

(D): Nossa, como tudo aqui está empoeirado! Vou abrir todas estas janelas [e faz alguns gestos como se estivesse realmente abrindo-as] e dar um trato nesta casa. E, daqui a pouco, quero tomar um banho de mar!

A dramatização termina.

COMPARTILHAR (ÚLTIMA ETAPA DA SESSÃO)

Os colegas de grupo, muitos deles emocionados, trocam com (D) suas experiências pessoais de vida. Misturam choro com riso, dão demonstrações de afeto e todos saem da sessão com uma aparência de um certo bem-estar e de terem realizado, hoje, alguma coisa nova, diferente, produtiva.

Na sessão seguinte, (D) chega entusiasmada. Nem bem adentra a sala e vai dizendo: "Foi muito bom o que aconteceu na semana passada. Saí daqui bem, em paz, aliviada, reavaliando coisas da minha vida. Dias depois, consegui dirigir até o litoral sem qualquer sintoma de ansiedade e nem tristeza. Senti-me leve, e isso ainda me deixa emocionada. Estou tão feliz! E já vou voltar novamente para lá neste próximo final de semana. Que coisa... doze anos sofrendo com isso e, de repente, com uma dramatização..."

(D) foi a primeira protagonista do grupo, na sétima sessão. Até o final do nosso contrato, dezesste semanas depois, continuou indo à praia dirigindo e se sentindo muito bem, sem a sintomatologia que apresentava anteriormente.

Moreno (1975) costumava dizer que a dramatização tem um valor importante na remoção de sintomas, pois ela promove a catarse da ação que vai além da transferência.

O tema do luto é um dos temas mais intensos que costumam surgir em psicoterapia.

Calvente fala do papel de mãe em relação ao de pai. Diz: "para a subjetividade, a experiência do pai e da mãe são muito diferentes. A mãe é evidente, visceral, sensorial, carne de minha carne, ligada à intimidade, o familiar" (2002, p. 147).

Para mim, a mãe é aquela que carrega o filho na barriga durante nove meses, em geral dá o peito para a criança mamar, troca as primeiras fraldas e possibilita os primeiros carinhos ao bebê (ou mesmo ao feto, quando se põe a acariciar o abdômen e a conversar com aquele que ainda não nasceu). O vínculo que se forma entre filho e mãe, quando esta é carinhosa e receptiva, é inúmeras vezes mais forte do que o vínculo paterno. Com (**D**) foi assim: mãe próxima, afetuosa, amiga, e pai distante. A mãe lhe transferiu segurança, calor, vontade de viver, coragem para enfrentar a vida, mas também a mimou, a protegeu em excesso, principalmente dos homens. Muitas vezes assumiu responsabilidades e decisões pela filha que, na realidade, deveriam ser de (**D**). Agora, como mãe, (**D**) tenta ser igual com suas filhas, repetindo atitudes maternas. Superprotetora, não deixa que cresçam, toma todas as iniciativas por elas, a ponto de sentir que uma delas, como aparece no átomo social, "pesa" sobre os seus ombros. E, como sempre sentiu o pai como "ausente", age de maneira transferencial com o marido, considerando-o uma pessoa distante dos seus problemas e da convivência familiar. Exige dele atitudes maternas e está em constante batalha com seu "jeito de ser", não conseguindo viver em harmonia com ele.

Após a dramatização com a mãe, reavalia as suas relações de um modo geral e passa a tomar outra atitude, mais saudável e mais espontânea, com as filhas e o marido. Recria seu comportamento e repara posturas conservadas.

Inventário socionômico do paciente Caio

Análise sociométrica

Caio tem 40 anos, é universitário, separado e tem um casal de filhos. Trabalha em uma instituição pública numa função inferior à sua formação.

Comenta que há dois anos vem apresentando muita tristeza, intensa irritabilidade, mágoa, dificuldade para o trabalho, falta de concentração, lentidão no raciocínio e falta de energia. Tem uma relação difícil com a ex-esposa, alguns colegas, com a mãe e um dos tios (tio 3). Em relação à sua auto-imagem, apresenta pontos de conflito nos papéis de ex-marido, profissional, colega de trabalho e sobrinho.

Este paciente deveria ter passado por um processo psicoterápico individual mais longo, em razão de sua sintomatologia depressiva e de sua atitude diante da vida. Sentia-se rejeitado e ameaçado pelo mundo. Este foi, inclusive, o seu tema protagônico (veja sessão psicoterápica).

Caio diz ter feito psicoterapia em outra ocasião, mas nunca teceu comentários a respeito. Não conhecia o método psicodramático. Foi o único paciente que compareceu a todas as sessões.

É uma pessoa ao mesmo tempo ranzinza e amável, embora tente mostrar mais às pessoas o seu lado rabugento, como se pronto para enfrentar uma provocação. Quando permanecia muito calado ou quando se exaltava (algumas vezes) tendia a se colocar no papel de vítima ou de algoz, para provocar comiseração ou raiva dos companheiros. O grupo foi capaz de captar o lado terno de Caio e, durante todo o processo psicoterápico, tentou espontaneamente valorizar este lado da personalidade do paciente, apontando sua dificuldade inter-relacional defensiva.

RELACIONAMENTO SOCIOFAMILIAR E PROFISSIONAL
CRITÉRIO 1
Procedimento 1.1

FIGURA **14** | SOCIOGRAMA 3 – ÁTOMO SOCIAL (INÍCIO)

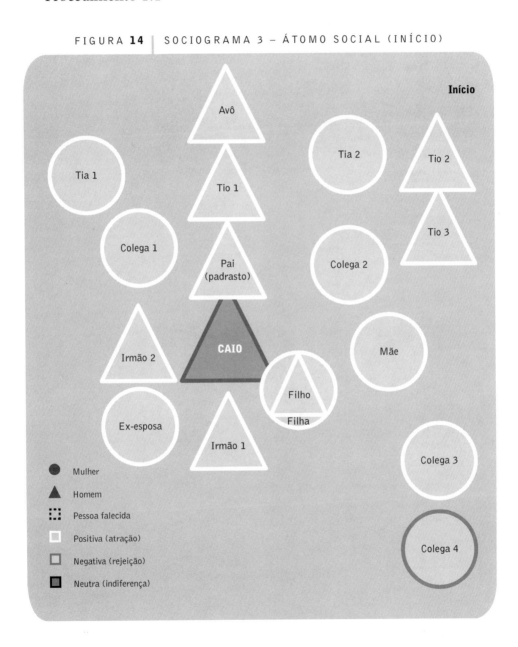

FIGURA 15 | SOCIOGRAMA 4 – ÁTOMO SOCIAL (FINAL)

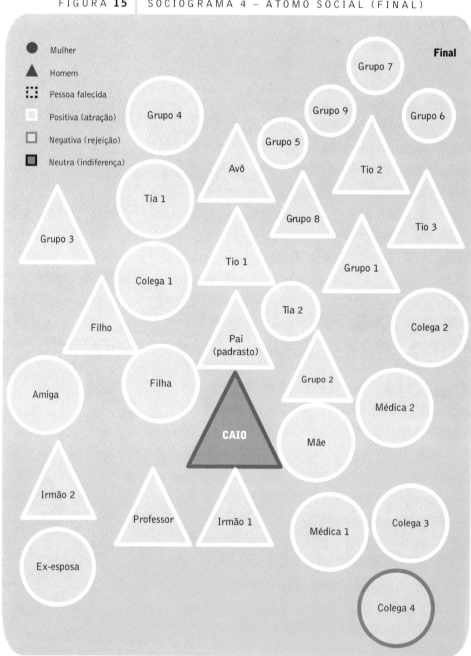

Procedimento 1.2:
Procedimento 1.3:

FIGURA 16 | GRÁFICO DA EXPANSIVIDADE SOCIOEMOCIONAL I

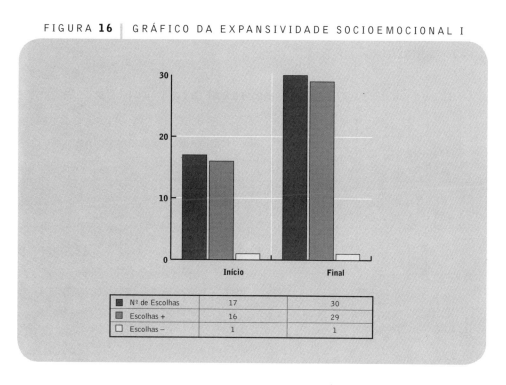

	Início	Final
Nº de Escolhas	17	30
Escolhas +	16	29
Escolhas −	1	1

FIGURA 17 | GRÁFICO DA EXPANSIVIDADE SOCIOEMOCIONAL II

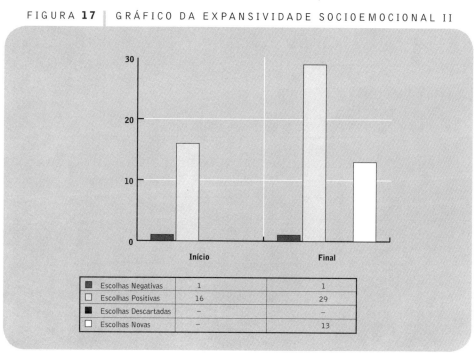

	Início	Final
Escolhas Negativas	1	1
Escolhas Positivas	16	29
Escolhas Descartadas	−	−
Escolhas Novas	−	13

CRITÉRIO 2:

Procedimento 2.1:

QUADRO 28   QUALIDADE EMOCIONAL DOS VÍNCULOS

Caio	Pai (padrasto)	Mãe	Irmão 1	Irmão 2	Colega 1	Ex-esposa	Colega 3	Colega 4	Colega 2	Tia 1	Tio 1	Avô	Tia 2	Tio 2	Tio 3	Filha	Filho
Início	9,5	7,5	9	9	7,5	8	6	4,5	7	10	8,5	8,5	8,5	9	5,5	10	9,5
Final	9,5	9	9	9	9	6,5	6	4,5	6	10	9	8,5	8,5	9	5,5	10	9,5

Cont. Caio	Grupo 1	Grupo 2	Grupo 3	Grupo 4	Grupo 5	Grupo 6	Grupo 7	Grupo 8	Grupo 9	Médica 2	Médica 1	Professor	Amiga
Início	–	–	–	–	–	–	–	–	–	–	–	–	–
Final	7,5	9	6	7,5	6	6	6	6	7,5	8,5	8,5	8,5	8,5

Procedimento 2.2:

QUADRO 29   RELAÇÕES ESTRESSORAS

	ESCOLHAS POSITIVAS			ESCOLHAS NEGATIVAS		
Grau de estresse	Alto	Médio	Baixo	Alto	Médio	Baixo
Início	Ex-esposa	Mãe		Colega 4		
	Colega 3					
	Tio 3					
Final			Ex-esposa		Colega 4	
			Colega 3			
			Tio 3			
			Colega 2			

Na montagem inicial do AS, Caio escolhe dezessete pessoas. Embora tímido, seu círculo social é relativamente amplo. Costuma guardar muita mágoa das pessoas (quando sente que elas lhe fazem algo de que não gosta) e isso perturba suas relações. Fornece notas boas a quase todas as pessoas do AS, excetuando duas colegas de trabalho (uma delas é escolha negativa) e o tio materno (3), que são fontes de estresse. Ainda que tenha atribuído uma nota boa à ex-esposa e à mãe, ambas também são pessoas promovedoras de estresse.

A relação que mais o afeta no início do tratamento é a da ex-esposa. Não aceita a separação (cuja iniciativa foi tomada por ela). A despeito de ter agido de forma leviana e agressiva com a esposa (inclusive fisicamente), acha que o fato de lhe ter pedido inúmeras desculpas, deveria ter feito com que ela revertesse a situação. Gostaria de voltar a ser seu marido, mas não tem muita certeza de seus sentimentos por ela. Não suporta ver seus filhos apenas no final de semana, e isso acaba por lhe deixar muito triste quando eles voltam à casa da mãe.

No decorrer do processo psicoterápico foi percebendo a impossibilidade de um retorno à condição conjugal. Foi tomando consciência da necessidade de se afastar da ex-esposa e assumiu seu novo papel de separado.

Com os colegas de trabalho vinha tendo, há algum tempo, uma relação difícil, culpando-os de não serem simpáticos e honestos. Não se conformava de ter sido transferido de seção para uma função menor e, por conta disso, seu estado depressivo piorou e seu desempenho profissional ficou bastante prejudicado. Como se colocava vítima dessa situação, teve dificuldade, algumas vezes, em aceitar as intervenções grupais. Sua relação com os colegas de trabalho não apresentou grandes modificações no decorrer do processo psicoterápico: manteve as mesmas notas para dois colegas, abaixou a de um deles e apenas um colega recebeu nota maior.

A mãe, também fonte de estresse (grau médio positivo), era um vínculo afetivamente muito forte e logo pode perceber, com a PP, as dificuldades da relação. Gostava e desgostava da superproteção materna, mas não suportava quando esta se transformava em controle de sua vida, o que desencadeava inúmeras discussões entre eles. Após a conscientização de tais fatores, pôde lidar melhor com a relação e, no final do tratamento, não a sentia mais como fonte de estresse.

Apesar de ter trazido um tio materno como alto estressor de sua depressão, sua demanda era maior com outras relações e a ligação com o tio foi deixada de lado.

Todas as relações altamente estressoras foram redimensionadas e passaram a compor um quadro estressor menor.

Caio apresentou uma forte ligação afetiva com os membros do grupo e, no final do tratamento, fez questão de introduzir todos os membros no seu AS, incluindo as psicoterapeutas. Acrescentou também mais duas escolhas sociais (amigos), demonstrando um aumento na sua expansividade socioemocional.

DESEMPENHO DE PAPÉIS

Critério 1:

Procedimento 1.1.:

QUADRO 30 · AUTO-IMAGEM (A.I.)

Caio	Pai	"Ouvinte de música"	Fotógrafo amador	Ex-marido	Profissional (técnico)	Colega de trabalho	Sobrinho	Irmão	Filho	Neto	Amigo	Dono de casa	"Fazedor de coisas"	Biomédico
A.I. Início	9	9	10	5	4	6	7	9	6	9	0	–	–	–
A.I. Final	9	6	6	8	7,5	7	6,5	10	7,5	10	9	7,5	6,5	9

Procedimento 1.2.:

UNIVERSO DA DEPRESSÃO

QUADRO 31 | IMPACTO DA DEPRESSÃO

INÍCIO	FINAL
1. Profissional (técnico)	1. Ex-marido
2. Amigo	2. Colega
3. Colega	3. Profissional
4. Ex-marido	4. "Ouvinte de música"
5. Filho	5. Fotógrafo amador

Procedimento 1.3.:

FIGURA **18** | DIAGRAMA DE PAPÉIS

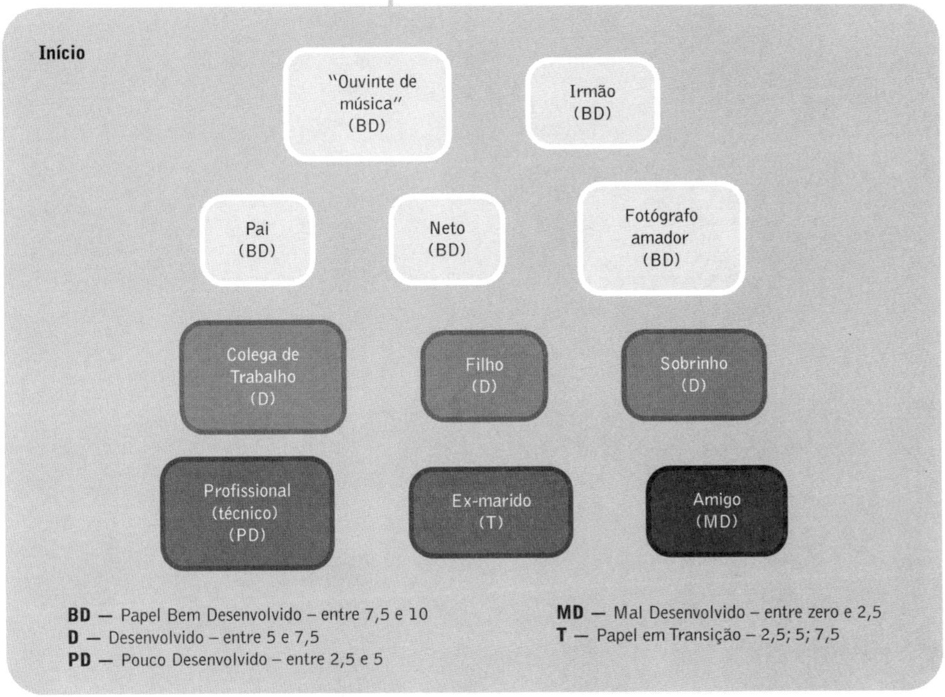

Início

"Ouvinte de música" (BD)

Irmão (BD)

Pai (BD)

Neto (BD)

Fotógrafo amador (BD)

Colega de Trabalho (D)

Filho (D)

Sobrinho (D)

Profissional (técnico) (PD)

Ex-marido (T)

Amigo (MD)

BD — Papel Bem Desenvolvido – entre 7,5 e 10
D — Desenvolvido – entre 5 e 7,5
PD — Pouco Desenvolvido – entre 2,5 e 5

MD — Mal Desenvolvido – entre zero e 2,5
T — Papel em Transição – 2,5; 5; 7,5

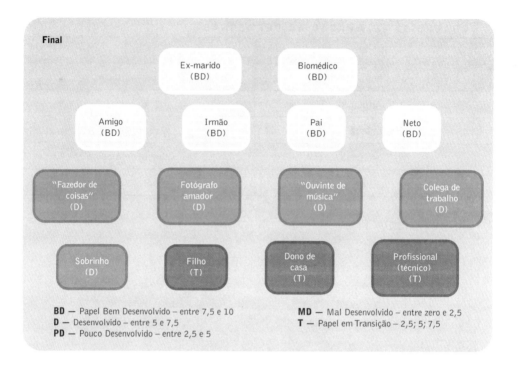

Procedimento 1.4.:

FIGURA 19 | GRÁFICO DA TRANSFORMAÇÃO DOS PAPÉIS

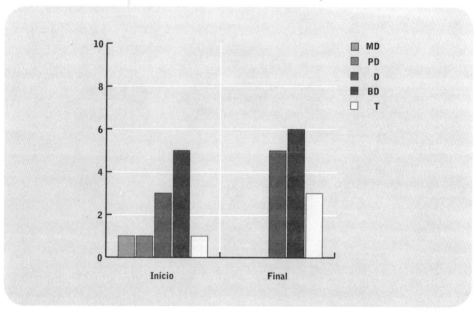

No início da PP, Caio escolhe onze papéis, sendo que desses, dois recebem nota baixa (papel PD e MD): de profissional e amigo. Sua auto-imagem é boa nos papéis de pai, irmão, neto, fotógrafo amador e o de "ouvinte de música", considerados BD. No final do tratamento, inclui outros três. Seus papéis de profissional (técnico) e amigo crescem favoravelmente, sugerindo que conseguiu desenvolvê-los bem durante o processo psicoterápico. Assume o papel de ex-marido (difícil de ser aceito), desenvolve o papel de dono de casa, valoriza sua função biomédica (papel BD) e tenta nova colocação. Embora se sentindo melhor, não consegue exercer, como antes, os papéis de fotógrafo amador e ouvinte de música. Restabelece uma boa relação com a mãe, e seu papel de filho torna-se mais desenvolvido; o mesmo ocorre com o de colega de trabalho. O papel de sobrinho não foi abordado e, no final, sua nota decresce.

Sente que melhorou sua relação com as pessoas e com seus papéis e, na solicitação de uma imagem dramática, diz sentir-se como um leão: "desbravador, aberto para tudo, mas cauteloso e conhecendo onde pisa". Diz: "No fundo, a braveza do leão vem da angústia e do medo de não ser aceito..."

Auto-relato da expressão emocional
Primeiro questionário
1 Psicoterapia é... um momento que tiramos para nós falarmos um pouco de nós mesmos e refletirmos. É fazer uso do melhor que falamos e modificar a nossa própria pessoa.
2 Os outros membros do meu grupo... São pessoas que se encontram no mesmo barco e procuram achar uma solução para seus problemas.
3 A terapeuta e a ego-auxiliar... são as orientadoras que facilitam o nosso entendimento para as questões mais difíceis.
4 Quando eu falo no grupo, eu... sou ouvido e respeitado por todos. Depois ocorre um debate.
5 Quando estou em silêncio no grupo, eu... presto atenção e procuro dar a minha opinião da melhor maneira possível.

6 · Os momentos mais significativos da terapia parecem ser para mim... um aprendizado de vida.

7 Nesses momentos significativos, eu... procuro absorver tudo e tento colocar em prática o que aprendi.

8 Sinto que na terapia o mais importante para mim é... a união de todos para debatermos as questões envolvidas.

9 Longe e fora da terapia, eu... me sinto só e um pouco desamparado.

10 Antes de vir para a terapia, eu... fico alegre e bem disposto porque posso falar um pouco das coisas que estão me angustiando.

11 Depois de deixar a sessão de terapia, eu... fico triste, porque vou voltar para o meu pequeno mundo, um mundo só meu, que eu criei.

12 Dói ou machuca no grupo quando... temos algum tipo de divergência e somos magoados.

Segundo questionário

ANTES DA PSICOTERAPIA PSICODRAMÁTICA

1 Como você se sentia antes do tratamento?
Raiva, triste, sozinho e querendo morrer.

2 Quais os sintomas que apresentava?
Depressão.

3 Você acha que sua depressão estava ligada a algum problema pessoal? Qual?
Não.

4 Você já havia participado de algum tratamento psicoterápico? Qual e quando?
Sim, particular.

5 Qual a lembrança que você tem deste tratamento anterior?
Boa.

6 Você tinha algum conhecimento de psicodrama? Qual era a sua impressão?
Não.

DURANTE A PSICOTERAPIA PSICODRAMÁTICA INDIVIDUAL E DE GRUPO

1 Você teve alguma preferência em relação ao tratamento individual ou grupal?

O grupal é bom, mas o individual se torna um pouco mais aberto.

2 O que achou das dramatizações que aconteceram nas sessões individuais e de grupo?

As duas formas foram boas.

3 Como foi o seu relacionamento com os companheiros do grupo?

Foi muito bom.

4 E com a terapeuta e a ego-auxiliar?

Foi muito bom.

5 Em algum momento do tratamento você sentiu que ele lhe foi útil? De que maneira?

Não senti muitas mudanças, mas foi bom. Só o futuro pode dizer.

6 Você mudou a sua forma de ver o mundo com a terapia? Como?

Não.

7 Seus sintomas depressivos se modificaram com a terapia?

Um pouco. Sinto que preciso de mais terapia.

8 Você sentiu alguma mudança nas suas relações pessoais?

Não. Não gosto muito de me relacionar com pessoas.

9 Você se sente mais espontâneo?

Não.

10 Você acha que descobriu alguma coisa nova sobre você da qual não tinha conhecimento? Conte o que foi (se ficar à vontade para contar).

Não.

11 Isso o ajudou em alguma coisa?

Sim. O tempo foi muito curto e não deu para fazer uma avaliação muito centralizada sobre mim.

12 Você gostaria de continuar fazendo terapia? Por quê? (Não respondeu.)

13 Se quiser escrever livremente alguma coisa, faça-o aqui.

Muito obrigado a todos que de uma forma ou de outra tentaram me ajudar. Agradeço a todos e fiquem com Deus.

Descrição e comentários da sessão psicoterápica

Aquecimento inespecífico:

O grupo traz o tema da rejeição. Caio é escolhido como protagonista (12ª sessão grupal) e aceita dramatizar.

Terapeuta (T) e paciente (C) vão para o cenário dramático.

Aquecimento específico:

(T): Escolha uma situação em que se sentiu rejeitado...

(C): Acho que me sinto rejeitado desde criança. Quando eu nasci, meu pai foi preso por uso de drogas e a minha mãe casou-se com meu padrasto. Quando eu tinha quatro anos ele apareceu em casa querendo me conhecer. Minha mãe achava que ele poderia ser uma má influência para mim e não deixou que ele me visse. Eu só fiquei sabendo disso mais tarde e aí bati o pé que queria conhecê-lo. O meu padrasto sempre foi muito bom para mim, mas eu queria conhecer o meu verdadeiro pai. [Caio chora copiosamente.] Aí minha mãe o localizou e marcou um encontro nosso. Eu tinha 16 anos...

(T): Vamos montar esta cena?

(C): Ela é horrível... mas vamos lá. Foi no Parque do Ibirapuera.

(T): Escolha alguém para ser seu pai.

[(C) escolhe Fausto, (P10).]

[(C) monta a cena. São três horas da tarde de domingo, ele espera o pai sentado na beira do lago.]

[(T): Pede solilóquio de (C).]

(C): Nossa, estou tão ansioso... Finalmente vou conhecê-lo! Estou numa curiosidade só. Como será que ele é? Não faço idéia. Será que eu sou parecido com ele? Acho que não. Minha mãe diz que eu sou a cara dela...

[(T): Pede para que (C) tome o papel do pai que vem vindo em direção ao lago.]

(T): Como é o nome do senhor?

[(C) faz o papel do pai, (P).]

(**P**): Adolfo.

(**T**): O senhor veio aqui no lago agora para...

(**P**): Pois é, vim me encontrar com um rapaz que disse que é meu filho... Ele falou ao telefone o nome da mãe, mas não reconheci... Faz tanto tempo... Não tenho certeza se ele é mesmo meu filho... Mas resolvi vir; o rapaz pediu tanto...

(**T**): Como está se sentindo?

(**P**): Sei lá. Esquisito...

[(**T**) Pede solilóquio para (**P**).]

(**P**): Não tenho nada para conversar com ele...

[Troca de papel: (**C**) assume seu papel e Fausto, companheiro de grupo, assume o papel de (**C**)]. Pai e filho se encontram.]

(**C**): Oi!

(**P**) Tudo bem?

(**C**): Você que é meu pai?

(**P**): Não tenho certeza; não reconheci o nome da sua mãe.

[Caio fica mudo e paralisado.]

[(**T**) Pede solilóquio de Caio.]

(**C**): Estou triste, muito triste. Não sei o que dizer depois dessa. Acho melhor eu ir embora.

[Caio vira as costas e vai embora.]

(**T**): Vai deixar a situação assim?

(**C**): Vou. Não quero mais saber dele. Cretino! Pensa que eu vou ficar atrás... Ele não é meu pai mesmo... Meu pai é o meu padrasto que é legal para mim, que gosta de mim...

(**T**): Escolha alguém para ser você com 16 anos.

[(**C**) escolhe Alberto, (P4).]

[(**T**) distancia-se da cena juntamente com (**C**) e pede aos dois colegas de grupo, que estão representando o papel de (**C**) e (**P**), que repitam a cena para que (**C**) a veja de longe (técnica do espelho).]

(**T**): O que sente? [referindo-se à cena que os colegas de grupo acabaram de apresentar.]

(**C**): Muita tristeza... [e chora].

(T): Mais algum sentimento?

(C): Muita raiva por aquele covarde, filho da... [segura o palavrão].

(T): E o que você vai fazer com a raiva?

(C): Não vou fazer nada.

(T): Sabe, vou lhe contar a história deste rapaz de 16 anos. Hoje ele ficou muito decepcionado, triste e com raiva dessa pessoa que ele veio conhecer e que é o pai verdadeiro dele. O pai não somente não fez o menor movimento para esclarecer a situação, como também não o reconheceu como filho. Este garoto, mesmo tendo um padrasto maravilhoso, provavelmente, vai passar sua vida desconfiando dos outros, se sentindo rejeitado, agredindo qualquer pessoa que não lhe dê aquilo que espera. Cada uma das pessoas com quem ele se relacionar na vida correrá o risco de ser vista e sentida como se fosse esse pai...

(C) [Pára o choro por alguns minutos, fica em silêncio, pensativo e depois espontaneamente diz]: Deixa o pai dele para lá. Agora este garoto está mesmo precisando é de um abraço.

(T): Você pode dar esse abraço?

(C): Posso [e dirige-se para o Caio de 16 anos, cujo papel é encenado por Alberto. Abraçam-se fortemente e choram].

(T) [Após alguns minutos, pergunta ao Caio adulto e ao Caio adolescente]: Vocês, juntos, têm vontade de fazer alguma coisa com aquele pai?

(C) [O adulto responde]: Vamos deixar ele ir embora. Mas eu queria que o meu padrasto, que na realidade é o meu pai verdadeiro, viesse até aqui. Estou precisando dele.

(T): Escolha alguém para ser seu padrasto.

(C) [Escolhe João (P8) como padrasto e lhe dá um grande abraço. Visivelmente emocionado fala]: Obrigado por tudo, você mora no meu coração, tem sido um grande pai. Eu te amo!

(C) [Dirige-se para o Caio adolescente e comenta]: Viu cara, não fica mais carregando "ele" nas costas [referindo-se ao pai verdadeiro], se não quando você tiver 40 anos ainda vai estar carregando. É isso aí. Tchau!

A dramatização se encerra. Caio comenta que está muito aliviado.

Compartilhar

O grupo está sensivelmente emocionado. As pessoas se aproximam de Caio e compartilham com ele suas experiências de abandono e de rejeição, e todos o encorajam a viver a sua vida, valorizando realmente a sua relação com o padrasto.

Na semana seguinte, Caio volta mais feliz, sorrindo, mas se apresenta um pouco defensivo, referindo que já sabia de tudo aquilo. Agradece ao grupo e às terapeutas a ajuda recebida e parece constrangido pela forte emoção que apresentou. No decorrer do processo psicoterápico, vai pontuando algumas informações importantes: se sente mais próximo da família (pai, mãe, irmãos e filhos), está mais confiante nos amigos, tem saído mais de casa e está pensando menos na ex-mulher.

O sentimento de rejeição é um dos mais fortes sentimentos que o indivíduo pode apresentar na vida e, na prática, é comum vê-lo como um poderoso desencadeador de depressão.

A rejeição, em geral, fragiliza, aliena, frustra, empobrece, diminui ou impede a combatividade, enfim, abate a auto-estima (se é que a sua existência esteve em alta algum dia). O indivíduo tende a lidar com suas relações sempre de forma transferencial. Nery enfatiza que:

> [...] no momento em que a pessoa está dominada pelos aspectos internalizados do vínculo conflitivo [...], ela vive a despotencialização do *self*, o bloqueio de sua espontaneidade-criatividade, a anulação do eu, e tem condutas que perturbam sua sociometria nos vínculos e nos grupos (2003, p. 93-4).

Uma dessas condutas é a agressividade, que pode tomar o caminho da destruição de si mesmo e do outro ou da luta, "[...] como uma força libertadora dos potenciais do 'eu'. Essa força vem sob a forma de assertividade, do limite, da autenticidade, da conquista dos direitos" (Nery, 2003, p. 94).

A agressão a si mesmo provoca uma auto-imagem negativa e a pessoa se condena e se culpa diante do outro (Nery, 2003, p. 95) e, ao mesmo tempo, se coloca como vítima porque é um ser rejeitado: "ninguém gosta de mim".

Caio é o exemplo típico dessa situação de rejeição. Embora amasse demasiadamente o padrasto, tinha uma expectativa muito grande de conhecer o pai, pois a figura paterna, para ele, enquanto garoto, era o protótipo idealizado (por piores que fossem as características desse pai).

A rejeição paterna (somada à superproteção materna), deve ter desencadeado, inconscientemente, uma reação interna bastante conflituosa, levando-o a agir na vida, ora de maneira dócil, ora agressivamente. E ainda, a se sentir constantemente hostilizado ou ameaçado pelo desafeto do outro.

Muitas outras explicações psicodinâmicas poderiam ser relatadas a respeito de Caio. O importante é que ele, apesar de vários conflitos, pôde aproveitar muito bem o processo grupal. Suas respostas aos questionários não foram tão claras e positivas, mas a importância do tratamento foi expresso pela fantasia de eternidade grupal. Queria que o grupo continuasse a acontecer e apresentou muita dificuldade em despedir-se das pessoas; elas o aceitaram, lhe deram apoio, afeto e compreensão; como iria continuar seu caminho sem elas?

Notas

1 A. Damásio, *O mistério da consciência. Do corpo e da emoção ao conhecimento de si*, p.17.

2 Em geral, os erros de português de todos os questionários de todos os pacientes não foram corrigidos (exceção feita a alguns erros muito gritantes).

3 Segundo Gazzaniga e Heatherton (2005, p. 321) os questionários são considerados métodos de auto-relato, pois não requerem treinamento ou habilidade especial, podendo ser aplicados, individualmente, a várias pessoas.

4 Os nomes dos pacientes foram substituídos.

5 Nenhum paciente fez escolhas neutras.

6 No trabalho original esta tabela foi produzida como um gráfico (Gráfico da ESE II de todos os pacientes). As pessoas que se interessarem, podem visualizá-lo na p. 56 da minha dissertação.

7 Infelizmente não averigüei o fato de os pacientes não terem feito escolhas indiferentes. Coloco como prováveis hipóteses: ou não compreenderam a explicação do significado de "neutralidade/indiferença", ou, coincidentemente, todos eles, por estarem deprimidos, preferiram fazer escolhas positivas ou negativas, que evidenciavam mais fortemente suas emoções.

8 Todos os pacientes aqui, para melhor inteligibilidade do leitor, serão designados como P1, P2... P10.

9 O verbo descartar é usado aqui no sentido de afastar da relação do paciente a pessoa anteriormente incluída no seu AS, independentemente do motivo.

10 Quem se interessar, consulte minha dissertação, p. 59, a fim de visualizar o gráfico da transformação dos papéis *de todos os pacientes*.

11 Esses exemplos são de pacientes diferentes, mas os seus papéis apresentam características semelhantes, isto é, gostam de consertar coisas (como rádio, computador, carro, sem ter realizado uma formação específica), para amigos.

12 Exemplos de traços: a) orgânicos: sexo, cor, raça, idade; b) psicológicos: temperamento, caráter, personalidade, inteligência; c) sociais: pai, casado, jornalista, rico; d) culturais: nacionalidade, naturalidade, regionalidade.

13 Para surpresa e conhecimento dos psicodramatistas que sabem da importância da teoria sociométrica criada por Moreno, quero contar (àqueles que desconhecem esta notícia) que, em 1995, Mark Leary e cols. criaram a "Teoria do sociômetro", um monitor interno de aceitação ou rejeição social, ou seja, a auto-estima monitora a probabilidade de exclusão social. Quando uma pessoa apresenta uma elevada auto-estima, o sociômetro indica que ela tem uma baixa probabilidade de ser rejeitada. Ao contrário, se a auto-estima for baixa, o sociômetro revelará que a chance de ser rejeitada é iminente (Gazzaniga e Heatherton, 2004, p. 417).

14 Para facilitar ao leitor, repito aqui as graduações: Papel BD – Bem Desenvolvido – entre 7,5 e 10
Papel D – Desenvolvido – entre 5 e 7,5
Papel PD – Pouco Desenvolvido – entre 2,5 e 5
Papel MD – Mal Desenvolvido – entre zero e 2,5
Papel em Transição T – 2,5; 5; 7,5 – este papel é designado como aquele que realiza a passagem ou faz a fronteira entre os demais graus de desenvolvimento de um determinado papel.

15 Estrela sociométrica é um termo sociométrico empregado por Moreno nos trabalhos grupais. Segundo um critério previamente estabelecido, um determinado participante do grupo é mais escolhido pelos colegas do que os outros, tornando-se a "estrela", ou como diz Moreno, "indivíduo que recebe número esperado de escolhas, ou mais, com base no mesmo critério" (1994, II, p. 214).

16 "O *status* sociométrico de determinado indivíduo **é** definido pelo índice quantitativo de escolhas, rejeições e indiferenças recebidas em grupo estudado" (Moreno, 1994, III, p. 195). "Quanto maior for o *status* sociométrico de certo indivíduo, mais freqüentemente este irá interagir com os demais membros do grupo" (*Ibidem*, p. 194).

17 Moreno dizia que todo papel tem um contrapapel (denominado papel complementar), por exemplo: mãe–filho, professor–aluno etc. Dalmiro Bustos (2001) criou o papel complementar interno patológico para designar a doença que acontece nos vínculos que se apresentam transferenciais, rígidos e estereotipados.

18 Os pacientes escolheram e denominaram espontaneamente seus papéis, sem a interferência da diretora. O papel de "desejosa de lazer" foi definido pela paciente como representante de todas as atividades prazerosas que gosta de praticar e para as quais, há muito tempo, não se dedica mais, como por exemplo: artesanato, leitura, teatro, cinema, passeios em geral. O papel de "boleira" é aquele representado pela pessoa que faz bolos caseiros.

19 Protagonista (em grego = homem em frenesi, louco) é a designação dada ao paciente (escolhido pelo grupo em um momento da sessão) que irá trabalhar, dramaticamente, um determinado tema de conflito do seu mundo privado.

20 Solilóquio é uma das inúmeras técnicas utilizadas no psicodrama. Trata-se de pedir à paciente que fale em voz alta aquilo que está sentindo ou pensando no momento.

Capítulo **6**

Considerações gerais sobre ciência

Interrogações científicas

> Em nosso tempo esperamos que a ciência produza milagres científicos
> com os quais possamos alcançar para a humanidade a paz, a harmonia,
> a ordem, a justiça e o sentido da vida; esperamos que a ciência possa resolver o
> problema da superpopulação mundial, da falta de alimento, achar métodos para
> prolongar a vida e curar as misteriosas enfermidades do corpo e da mente, novas
> máquinas para poupar o trabalho, fazer mais fácil e confortável
> a vida cotidiana e conquistar o espaço cósmico.[1]

Essa fala de Moreno, publicada em 1968, é inegavelmente ambiciosa, contudo ainda deve representar, aproximadamente quarenta anos depois, o forte desejo de muitos de nós.

Para Minayo a ciência é a: "[...] forma hegemônica de construção da realidade, considerada por muitos críticos como um novo mito, por sua pretensão de único promotor e critério de verdade [...]" (2001, p. 10).

Realmente, até hoje ela não apresentou soluções para vários problemas maiores da humanidade, como o preconceito às doenças mentais (citado no item 3 deste capítulo), a pobreza, a miséria, a fome e a violência.

No entanto, ela tem se esforçado para melhorar a vida do ser humano e, nos últimos tempos, as pesquisas têm apresentado resultados significativos em diversas áreas.

Outro aspecto que parece insolúvel para a ciência é a questão da subjetividade inserida na alma humana. Nenhum ser humano é igual a outro. Somos seres peculiares com um universo interior imensurável borbulhando idéias, pensamentos e sentimentos antinômicos. Às vezes somos possuídos pelo estado de doença, ora estamos saudáveis. Somos seres sensíveis com um espaço interior submerso e submergível, único dentro de nosso âmago, que, às vezes, conhecemos tão bem ou desconhecemos completamente. E, para viver o âmbito da inter-relação humana, precisamos das outras pessoas, mas muitas vezes negamos essa dependência do outro.

Portanto, como abordar a imensidão da alma? Como acordá-la ao método científico? Será mesmo dela a missão de pensar o homem como doente mental e as implicações que este processo causa? Será incumbência científica incentivar corações de pesquisadores a estudar o homem tanto na sua interioridade e exterioridade assim como na intersubjetividade que ocorre entre ele e suas relações?

Longe de mim fazer parte do grupo dos que abominam a ciência como um todo, mas longe de mim também propor ou manifestar uma atitude cientificista, na qual acredita-se que ela abarcaria e resolveria todos os conflitos da natureza humana. Mas será ela a encarregada de auxiliar a transformação de mentalidade?

Sei que devemos praticar ciência e não romance psicológico, como diz Garrido Martín (1984), mas é possível o homem encontrar um método que objetive a subjetividade existente em cada um de nós?

Segundo Sims a ciência reverencia essencialmente a objetividade e contesta a subjetividade. Nada que seja externo à mente é aceito e mensurável.

> Trata-se de um erro, porque necessariamente avaliações objetivas são subjetivamente carregadas de valor naquilo que o observador escolhe medir; e é possível tornar este aspecto subjetivo mais preciso e confiável. Há sempre julgamentos de valores associados a avaliações subjetivas e objetivas (2001, p. 27).

O objeto das ciências humanas é o homem com emoções, fantasias, sentimentos, imaginação, e essas características não encontram espaço de valorização no mundo do biológico.

Mesmo avançando do positivismo e da postura cartesiana para a visão fenomenológica e compreendendo os fenômenos humanos por meio dos sentidos e significações do fenômeno, não se pode afirmar que esta seja a maneira mais assertiva de mudar as mentalidades médicas, a ciência e o modo de estudar, observar, modificar, "medir" e auxiliar o ser transtornado e sofrido que se apresenta à nossa frente.

Na realidade, a pesquisa em psicoterapia e a forma como buscamos compreender o ser humano ainda está em fase de desenvolvimento. O desafio para os novos psicoterapeutas é descobrir instrumentos específicos de avaliação qualitativa que possam propiciar uma visão mais ampla do ser humano, como fenômeno ontológico.

Abraço-me à esperança desejando que, num futuro próximo, uma nova concepção nasça (um novo homem científico?), levando luz a esses caminhos ainda tão descompassados.

Métodos quantitativos e qualitativos de pesquisa

> Não há matéria científica, da física à política, que não necessite do sonho para nascer e florescer. A própria ética tem seu horizonte onírico.[2]

O método quantitativo, cuja área de estudo, fundamentalmente, são as ciências naturais (ou empírico-formais), tem como paradigma o positivismo, movimento filosófico cujo conhecimento é produzido pela razão.

A pesquisa quantitativa, também denominada positivista, mecanicista ou funcionalista, trabalha com quantidade (do latim: *quantitate, quantus* – "quanto?"), com a medida de uma ou outra grandeza (Turato, 2000) e com fatos:

> [...] tudo aquilo que pode se tornar objetivo e rigorosamente estudado enquanto objeto da Ciência [...] todo conhecimento precisa ser provado através do sentido de certeza e de observação sistemática que asseguram a objetividade (Martins *et al.*, 2003, p. 21).

Ela busca explicar as causas das coisas e o porquê dos fatos, resumido no modelo médico de concepção explicativo-causal.

O método qualitativo, pertinente às ciências humanas, tem como concepção paradigmática a fenomenologia, conhecimento filosófico que postula a existência de fenômenos (sejam eles reais ou imaginários) que devem ser observados segundo sua essência ou significação.

A pesquisa qualitativa se ocupa da qualidade (do latim *qualitate, qualis* – "qual?") e da compreensão dos sentidos e significados dos fenômenos:

> [...] aquilo que mostra em si mesmo, o manifesto. [...] Esses fenômenos, cada um deles, só podem se mostrar enquanto *situados*. Ou seja, só se mostram em situação onde alguém (um ser específico) está sentindo ciúme, depressão, etc., e o acesso a eles se dá pelo sentir e indiretamente por meio da descrição do sentir ciúme, depressão etc. (Martins *et al.*, 2003, p. 22).

"O pesquisador se interessa, portanto, por aquele sujeito que está apresentando algo, vivenciando o fenômeno, que está, por exemplo, deprimido, ansioso, sente raiva, medo. E a maneira de iniciar a sua pesquisa é interrogando o fenômeno" (Martins e Bicudo, 2003).

A orientação epistemológica aqui é perguntar não somente pelo "qual", mas também pelo "o que", "como" e "para quê".

O quadro abaixo tenta destacar as diferenças para facilitar a compreensão.

QUADRO 32

Método quantitativo e qualitativo de pesquisa Principais diferenças		
NÍVEIS CONCEITUAIS	MÉTODO QUANTITATIVO	MÉTODO QUALITATIVO
1. Paradigma	Positivismo	Fenomenologia
2. Área de estudo	Ciências da natureza	Ciências do homem
3. Objeto de estudo	Fatos naturais	Fenômenos humanos
4. Fundamento básico	Objetividade, sentido de certeza	Subjetividade, princípio da incerteza
5. Abordagens específicas	Experimentos e *surveys*[3]	Pesquisador = observador participante Pesquisado = ator social
6. Orientação epistemológica	Por quê	Qual, o que, como e para quê?

7. Atitude científica	Busca da explicação das coisas	Busca da compreensão e descrição do homem e suas relações sociais
8. Objetivos de pesquisa	Descrição e comparações matemáticas (estatísticas) e causais entre fatos	Apreensão e compreensão dos sentidos e significados dos fenômenos (individuais e grupais)
9. Operacionalização	Controle das variáveis	Intencionalidade, intuição, intersubjetividade.
10. Força do método	No rigor da reprodução dos resultados	No rigor da validade dos dados e achados
11. Instrumentos de pesquisa	Observação dirigida, escalas de avaliação, questionários fechados, classificações nosográficas, exames laboratoriais, dados randomizados, psicodiagnósticos, censos e demais registros	Observação livre, entrevistas estruturadas, não estruturadas (abertas), semi-estruturadas (semidirigidas), gravadas, protocolos de observação, discussões de grupo, histórias de vida (anamnese), coleta intencional de prontuários, testes psicológicos (eventuais), gravações, filmagens, fotos, "diário de campo"
12. Amostra	Randômica: representativa estatisticamente de uma população (número grande)	Dimensional: totalidade do problema investigado (número pequeno)
13. Análise dos dados	Técnicas estatísticas	Análises de conteúdo (categorias)
14. Resultados	Tabelas, gráficos, quadros (linguagem matemática)	Descrição das observações de campo
15. Discussão e conclusões	Confirmação ou refutação das hipóteses	Interpretação (como aclaramento ou compreensão) dos sentidos e significados do fenômeno
16. Questões éticas	Consentimento informado	Consentimento informado, avaliação de riscos e benefícios e *debriefing* [4] (se houver interesse)

17. Principais disciplinas	Medicina, física, química, biologia, botânica, geologia	Psicologia, antropologia, história, sociologia
18. Referências (na filosofia , psicologia e ciência)	Galileu, Descartes, Comte, Pavlov, Dürkheim	Jacob Levy Moreno, Freud, May, Malinowski, Mead, Jung, Lévi-Strauss

ADAPTADO DE TURATO (2003)

O método fenomenológico-existencial, no qual se insere o psicodrama, olha para o ser e para o fenômeno como partes unificadas, captando as vivências e as experiências subjetivas (Castello de Almeida, 1988).

Na operacionalização da fenomenologia deve-se levar em consideração três conceitos básicos: a intencionalidade (o indivíduo é sempre consciente de alguma coisa), a intuição (como fenômeno interpsíquico e não como iluminação milagrosa ou similares alegóricos) e a intersubjetividade (a situação dinâmica da consciência e da interioridade das pessoas que se relacionam) (Castello de Almeida, 1988).

Segundo Turato (2003), as pesquisas qualitativas ganharam inicialmente *status* científico, com os antropólogos e, depois, com os sociólogos e educadores, seguidos dos psicanalistas e psicólogos. Elas tiveram sua evolução e, hoje, na área institucional da saúde, muitos trabalhos já apresentam uma história concreta de resultados práticos, em maior número na área da enfermagem e, em menor proporção, no meio médico. O autor observa ainda que, neste campo da utilização do método qualitativo, há uma lacuna na maneira de se compreender os sentidos e os significados do homem como ser portador de angústias e ansiedades.

Trabalhar com a subjetividade do indivíduo e, conseqüentemente, com a intersubjetividade que se estabelece na relação entre terapeuta e paciente, pressupõe uma série de variáveis mobilizadoras entre observador (terapeuta) e observado (paciente). A compreensão e a interpretação dos sentidos e significações desses fenômenos são particularmente complexos e parecem ir além dos construtos psicológicos até agora desenvolvidos. Inclusive, é de extrema relevância e não pode ser ignorado o que diz Lévi-Strauss: "[...] numa ciência, onde o observador é da mesma natureza que o objeto, o observador, ele mesmo, é uma parte de sua observação" (1975, p. 215).

Isso pode sugerir duas situações aos psicoterapeutas:

1 uma postura cética em relação ao delineamento epistemológico dos acontecimentos ocorridos nas sessões psicoterápicas;

2 um viés distorcido de julgamento dos resultados, com o qual se deve tomar muito cuidado. Embora possamos ver progressos na evolução do processo psicoterápico dos indivíduos, isso não valida, para a ciência, os bons (ou maus) resultados encontrados.

Ciência e sensibilidade

O Dia Mundial da Saúde 2001 teve por tema "Cuidar, sim. Excluir, não". A sua mensagem era a de que não se justifica excluir de nossas comunidades as pessoas que têm doenças mentais ou transtornos cerebrais – há lugar para todos. No entanto, muitos de nós ainda nos afastamos assustados de tais pessoas ou fingimos ignorá-las – como se não nos atrevêssemos a compreender e aceitar. [...] a ciência e a sensibilidade estão se combinando para derrubar **barreiras reais**[5] [...] em saúde mental. Isso porque existe uma nova compreensão que oferece uma esperança real aos mentalmente enfermos: a compreensão de como fatores genéticos, biológicos, sociais e ambientais se ajuntam para causar doenças da mente e do cérebro; a compreensão de como são realmente inseparáveis a saúde mental e a física, e de como é complexa e profunda a influência de uma sobre a outra. [...] Para mim, falar sobre saúde sem falar em saúde mental é como afinar um instrumento e deixar algumas notas dissonantes. [...] Em diferentes contextos, fazemos esta simples afirmação: dispomos dos meios e do conhecimento científico para ajudar os portadores de transtornos mentais e cerebrais. [...] e todos nós somos responsáveis por essa situação. Como a principal instituição mundial de saúde pública, a oms tem uma e apenas uma opção: assegurar que a nossa geração seja a última a permitir que a vergonha e o estigma tomem a frente da ciência e da razão.[6]

Provavelmente esta mensagem da oms despertará em muitas pessoas, como aconteceu comigo, uma série de reflexões graves e fundamentais, porém não é meu objetivo discutir os vários aspectos nela envolvidos. Pretendo apenas tecer dois breves comentários sobre o preconceito social (com os portadores de transtorno mental) e a postura atual do médico psiquiatra, temas diretamente ligados à proposição sensibilidade/ciência.

As idéias preconcebidas em relação ao doente mental permeiam as pessoas há muito tempo. O preconceito pode iniciar com os próprios pacientes, quando apresentam dificuldade em aceitar sua doença, seja pela falta de consciência ou mesmo pela ignorância. No caso de familiares, amigos e demais membros da sociedade, o preconceito pode estar ligado ao medo da doença e do doente e à incapacidade de lidar com ambos, o que também evidencia ignorância de informações a respeito do assunto.

Jacob Levy Moreno foi um dos primeiros a não conceber a visão do ser humano por intermédio de um diagnóstico fechado. Para ele, o homem em conflito apresenta uma complexidade em constante mudança:

> Nosso fim deve ser o de reintegrar na cultura o nosso doente e suas normas de comportamento aberrante, como se tudo fosse compreensível e natural; de dar-lhe a possibilidade de se revelar em todos os campos da atividade criadora (1974, p. 352).

Sabe-se que, nos dias atuais, as internações psiquiátricas são menos freqüentes. Geralmente, os cuidados necessários ao paciente estão ocorrendo em suas próprias casas, o que poderia denotar uma diminuição do preconceito. No entanto, isto não basta para que eles diminuam ou desapareçam. Enquanto as informações forem escassas e distorcidas, os transtornos mentais serão causa de medo e distanciamento.

Algumas universidades e centros especializados estão desenvolvendo um programa de base psicoeducacional caracterizado por encontros informativos sobre as mais diversas doenças mentais. Além de tomarem conhecimento a respeito delas, as pessoas presentes podem apresentar suas dúvidas, medos e inseguranças e contar com os esclarecimentos fornecidos pela equipe responsável. Este é um dos inúmeros recursos que auxiliam na diminuição das crendices e preconceitos, bem como na reintegração do paciente à sociedade. Mesmo assim, infelizmente, ainda há muito que fazer para extinguir o estigma que se impõe às doenças e aos doentes mentais.

O Gruda[7] possui um programa de intervenções psicoeducacionais para grupos abertos (pacientes, familiares e demais interessados) desde 2002. Os encontros são realizados por uma equipe multidisciplinar, da qual faço parte, e os temas abordados são distribuídos no decorrer do ano, em reuniões previamente anunciadas, com dia e hora estabelecidos. Esta experiência tem surtido tantos benefícios, que os centros de assistência pública ao doente mental deveriam ser mobilizados para a implantação de metodologia semelhante.

No que diz respeito ao médico psiquiatra é do conhecimento de todos que, além da família, ele é a pessoa mais próxima das aflições dos doentes mentais. Como a lida com este tipo de paciente implica uma diligência particular, sua formação deveria apresentar características próprias que o auxiliassem a desenvolver seu papel de psiquiatra de forma mais humana. Em geral, isso não acontece, e ele vai formando seu papel, seguindo modelos nem sempre dignos de exemplo.

Formam-se, assim, alguns profissionais com uma postura mais ortodoxa, que identificam a doença mental como um rótulo, um diagnóstico e seguem rigidamente os parâmetros nomenclatórios convencionados pelos manuais. Valorizam excessivamente a conduta medicamentosa e tratam o paciente de maneira estereotipada, sem relevar o subjetivo ali evidenciado. Apesar de conhecerem teoricamente o valor terapêutico da relação médico–paciente, da aliança que deve ser desenvolvida entre eles para o bom andamento do tratamento, em geral não sustentam, na prática, a essência de seu significado, quiçá por uma condição pessoal, de personalidade, de carência de uma *práxis* filosófica. Mesmo que a minha opinião seja desmedida para alguns que me lêem, insisto que esses profissionais parecem ter abandonado sua sensibilidade em algum canto do universo e resistem em trabalhar sua conduta. Consciente ou inconscientemente, a consideram normal e adequada e não se dão conta de sua atitude dogmática e inflexível e do enorme preconceito que apresentam, isto é, o preconceito de não olharem integralmente para o paciente. Inclusive, são esses que não aceitam (ou negam), os fatores psíquicos, sociais e ambientais na influência das doenças mentais, admitindo somente os biológicos e genéticos.

Como diz a própria autora do texto introdutório, não se pode separar a saúde mental de um indivíduo de sua saúde física, e as intricadas intimidades existentes entre elas. O próprio DSM-IV-TR, quando define transtorno mental, menciona:

> [...] a expressão "transtorno mental" infelizmente sugere uma distinção entre transtornos "mentais" e transtornos "físicos", um anacronismo reducionista do dualismo mente/corpo. Uma bibliografia rigorosa comprova a existência de muito de "físico" nos transtornos "mentais" e muito de "mental" nos transtornos "físicos" (2002, p. 27).

A discussão mente–cérebro, mente–corpo, biomédico–psicossocial continua ocorrendo no campo da saúde mental, denotando um preconceito por parte de psiquiatras de visão menos ampla. Esta dicotomia prejudica e compromete o crescimento da ciência e conduz a atitudes arcaicas e despreparadas. Há de entender que se tem de olhar o homem e suas doenças de todos os lados possíveis. É inadmissível posturas reducionistas. O biológico e o psicossocial devem caminhar de mãos dadas para que a psiquiatria possa oferecer aos seus pacientes a conduta mais apropriada. A OMS mostra, pelo quadro abaixo, como interagem os diversos fatores no desenvolvimento dos transtornos mentais.

Por outro lado, parece haver aqueles, pertencentes a um grupo mais humanista, que questionam a concepção rígida da doença e dos manuais, valorizam o influxo do mental sobre o físico (e vice-versa) e compreendem de forma mais ampla todos os aspectos daquele ser humano que sofre, seja pela doença ou pelo preconceito. O risco aqui é também tender para uma atitude extremista e mostrar seu preconceito,

FIGURA 20

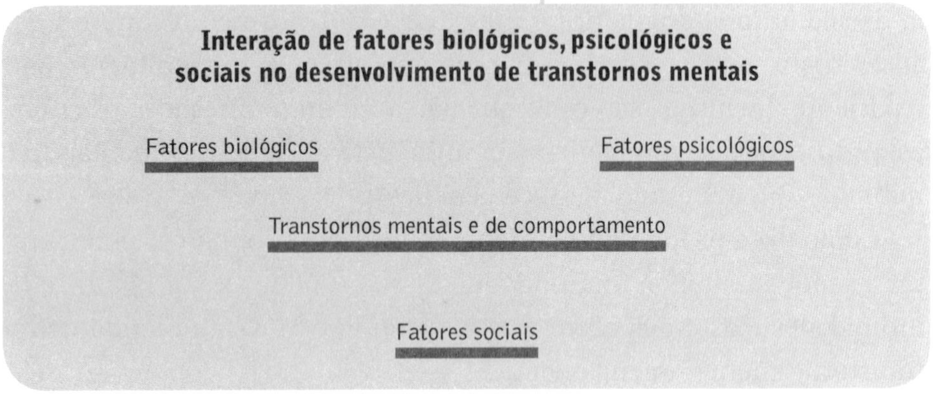

Interação de fatores biológicos, psicológicos e sociais no desenvolvimento de transtornos mentais

Fatores biológicos

Fatores psicológicos

Transtornos mentais e de comportamento

Fatores sociais

FONTE: OMS (2001)

nem sempre com o paciente e sua doença, mas com a forma de tratá-la, considerando desnecessário o uso de tratamento medicamentoso e dando valor apenas à psicanálise ou demais psicoterapias.

Uma das frases do relatório da oms diz que "a ciência e a sensibilidade estão se combinando para derrubar barreiras reais". Não tenho dúvida de que esforços mundiais estão sendo empregados no sentido de melhorar a condição humana dos doentes mentais, porém a ciência ainda não conseguiu o máximo de excelência na forma de tratá-los e de auxiliá-los a defender seus direitos de cidadãos pertencentes a uma sociedade estigmatizante. Além disso, penso que o conjunto ciência e sensibilidade ainda está distante de uma conexão verdadeira e fecunda. O amplo crescimento da ciência, nos mais diversos campos, foi conquistado, basicamente, pela virtude dos cientistas, porém o que uma parte deles está fazendo com suas emoções, com sua sensibilidade?

Estamos iniciando este novo século numa sociedade tendendo à globalização, e impregnada de fenômenos que desumanizam, coisificam o ser humano. O pensamento hegemônico, quase que único, faz com que se privilegie o individualismo, a descrença em valores éticos, o dogmatismo, o fanatismo, o consumismo, a ausência de solidariedade, a valorização do "ter" em relação ao "ser", a competitividade destrutiva. A oposição a esta "cultura do narcisismo", instrumentalizada pela "mídia" todo-poderosa, é praticamente nula (Cassorla, 2003, p. 19).

A impressão é que esse fenômeno também atingiu uma parcela da classe médica que preocupa-se em satisfazer seus próprios interesses egóicos. Este espaço parece ser tão dominante, que, para o doente, só resta o contato com a postura fria e inexorável do médico.

São inúmeras as histórias de diversos médicos que procuram psicoterapia por conta de uma grande dificuldade em lidar com colegas com aquela característica, assim como de pacientes de outras profissões que apresentam queixas de maus-tratos advindos deles.

Furlanetto comenta sobre isso na resenha do livro *A face humana da medicina*:

> Atualmente, estamos observando uma crescente insatisfação com os atendimentos e um progressivo aumento dos processos contra médicos. De acordo com as entidades de classe, essas querelas ocorrem devido a problemas de relacionamento entre médicos e pacientes (2004, p. 139).

A insatisfação e os problemas de relacionamento entre médico e paciente me faz inferir que uma parte dos psiquiatras parece apresentar uma dificuldade em mostrar uma atitude sensível em relação aos pacientes. Quando esta atitude existe, a tendência do médico sensível é trocar de papel com seu paciente, cuja inversão proporcionará a ele (médico) uma percepção diferenciada do outro e um cuidado diferenciado, mais humanitário. Temos deveres em relação aos nossos pacientes; eles esperam encontrar em nós uma postura civilizada, sensível, delicada, e esta sensibilidade não pode ser abandonada ou pouco fomentada.

Um dos aspectos que parece legitimar essa atitude é aquele diretamente ligado ao movimento científico das academias médicas. Qualquer especialidade médica tem, justamente, como princípio fundamental, fornecer ao doente a assistência que ele merece e, obviamente, por meio de seus especialistas ou de uma equipe multidisciplinar. Entretanto, está havendo uma tendência dessas academias (e a psiquiatria é um típico exemplo) de dirigir seu interesse quase que exclusivamente para as pesquisas científicas. O paciente é visto como objeto de pesquisa em prol da evolução da ciência e passa a colaborar com o médico, participando dela. Evidentemente, há o lado positivo desta questão, além de todos os cuidados éticos que são tomados para esse fim, porém, se ele (paciente), não se encaixar numa delas, corre o risco de não ser assistido na sua necessidade.

Nos dias atuais, o médico é cobrado (pelas instituições acadêmicas) não pela qualidade assistencial ao doente, mas pelo número de pesquisas realizadas e, mais ainda, pela quantidade de publicações que fez durante o ano, em revistas especializadas, mostrando seus estudos científicos. O frenético movimento de "publicar" parece ter endurecido o médico psiquiatra, pois sua preocupação maior é participar de uma desenfreada disputa, cuja corrida é ganha por aquele que mais se mostrou cientista, nos moldes acima relatados. E assim, se a função do médico se restringir quase que apenas para a produção científica, haverá muito pouco tempo para a assistência verdadeira ao paciente, para o acompanhamento médico enquanto se fizer necessário (e não pelo tempo determinado da pesquisa).

Vejo que grande parcela dos médicos cientistas adentraram um universo de maratonas e deixaram de lado essas questões tão importantes.

Atallah (2004) faz considerações a respeito, dizendo:

[...] estamos na era da lógica (fisiopatologia) e das evidências, interligadas por uma magnífica ferramenta chamada ensaio clínico randomizado. [...] Medicina baseada em evidências é para quem já sabe medicina! [...] busca-se então a melhor evidência para tomada de decisão que possibilitará maiores chances de efetividade, eficiência e segurança. Para tal é preciso ter uma visão muito ampla e multidisciplinar da prática médica. Para obtenção de efetividade são necessários prática, boa relação médico–paciente, visão antropológica do comportamento humano, psicologia, humanismo, conhecimentos de economia médica etc. Ou seja, requer que se vá além do diagnóstico correto.[8]

Portanto, baseada na fala do autor, considero indispensável ampliar conscienciosamente os horizontes da assistência ao paciente, cuidando de fornecer a ele, elementos que o auxiliem a poder ajudar o médico-cientista.

Tanto a pesquisa como a assistência são essenciais, mas não se deve valorizar o lado da primeira em detrimento da segunda. As duas devem caminhar juntas, contudo, que as pesquisas não obscureçam nossa alma, não afastem de nós o calor da relação médico–paciente, a atitude humana e acolhedora para aquele que sofre e necessita de um atendimento assistencial genuíno.

E mesmo que exorbitante, o risco, daqui para frente, de os novos médicos saírem dos bancos acadêmicos com o preconceito de que o atendimento ao paciente não será válido se não estiver conectado à uma pesquisa, ou seja, o atendimento apenas será legitimado e enaltecido, por eles mesmos e pelos colegas, se for dirigido para a mais recente categoria de pacientes, o denominado "paciente–pesquisa".

A porta dessa discussão permanecerá, neste momento, entreaberta, com o propósito de que novos elementos e pessoas adentrem esse espaço polêmico e instigante, e tragam o nascimento iluminado da manhã.

Notas

1 J. L. Moreno, "Universal peace in our time", *Group Psychotherapy*, p.173-174.

2 W. Castello de Almeida, O lugar do psicodrama. In: S. R. A. Petrilli (coord.), *Rosa-dos-ventos da teoria do psicodrama*, p. 58.

3 *Social-survey* (para os americanos) e enquete psicossocial (para os franceses) é um procedimento metodológico existente desde 1940, representado por uma pesquisa estruturada "que busca informações traduzíveis em números, portanto metódicas, de temas específicos da realidade, tais como a vida psicológica de um grupo social, seus comportamentos, seus gostos, suas opiniões, suas necessidades, suas expectativas, seus motivos de agir e reagir, suas maneiras de viver, de trabalhar, de ter lazer etc." (Turato, 2003, p. 383).

4 *Debriefing*: o pesquisador apresenta ao participante da pesquisa, no final do experimento, todas as informações sobre o estudo, com o intuito de evitar constrangimentos ou indisposições.

5 O destaque é meu.

6 *Relatório sobre a saúde no mundo* – Organização Mundial de Saúde – 2001 – Mensagem da Diretora-Geral – Gro Harlem Brundtland – Genebra – outubro de 2001.

7 (Grupo de Estudos de Doenças Afetivas) do Instituto de Psiquiatria do Hospital das Clínicas da Faculdade de Medicina de São Paulo.

8 Álvaro Nagib Atallah, *Revista Diagnóstico Tratamento*, p. 173-174.

Capítulo **7**

A pesquisa científica em psicoterapia psicodramática

> Toda idéia em nós é humana, subjetiva, limitada e,
> portanto, não poderia corresponder absolutamente
> à inesgotável complexidade do real.[1]

Neste capítulo não pretendo me ater a detalhes do tipo como se faz uma dissertação ou uma tese[2], pois fugiria demasiadamente do meu propósito. Existem manuais e livros que explicam todos os passos de um plano de pesquisa. Quero apenas comentar que, em síntese, toda pesquisa científica pressupõe um projeto que se constituirá pela formulação de um problema ou conjunto de perguntas, que deverá ser executado com o maior rigor metodológico. Os dados colhidos produzirão respostas que serão discutidas à luz de um sistema teórico.

Como um estímulo ao iniciante em pesquisa, transcrevo abaixo as principais fases do movimento de um trabalho científico.

QUADRO 33 | PRINCIPAIS FASES DO MOVIMENTO DE UM TRABALHO CIENTÍFICO

FONTE: TURATO (2003)

A minha pesquisa tentou, por meio da aliança rigorosa formada pelo método qualitativo e quantitativo, apresentar algumas formas de aplicação que contemplassem as exigências científicas. Fiz questão de trabalhar com os dois métodos por considerar importante e complementar sua vinculação. Segundo Castello de Almeida (1988), as duas categorias (compreensão e explicação) podem se complementar. Como ela foi desenvolvida no campo da saúde mental, e raramente se vê trabalhos nessa área ligados à psicoterapia psicodramática, achei importante transcrever alguns tópicos que considero mais interessantes para o leitor curioso ou que se dedica à pesquisa, salientando que muitas informações foram retiradas. Inicialmente, apresento uma revisão das publicações em psicodrama, enfatizando a dificuldade em realizá-la por conta de escasso material.

Revisão de publicações em psicodrama

Desde 1930, o psicodrama vem sendo bastante aplicado no tratamento de vários tipos de pacientes (como também em escolas e demais instituições não-médicas). Uma grande quantidade internacional de trabalhos foi publicada em revistas especializadas, no período de 1930 a 1980, relatando as experiências e seus resultados benéficos. Uma pequena amostra é exposta abaixo.

Spence (1947), da University of the State of New York, enfatizou a importância do psicodrama como uma significativa ferramenta no aprendizado e no desenvolvimento da linguagem de estudantes.

No mesmo ano, Symonds (1947) utilizou o psicodrama como *roleplaying* na seleção de líderes no programa de avaliação do Teachers College (Columbia University) e salientou o excelente valor diagnóstico do método.

Shor (1948), da Yale University, utilizou o psicodrama de 1945 a 1946 para tratar pacientes de uma seção neuro-psiquiátrica de um hospital militar (Kennedy General Hospital, Memphis) e comenta os resultados positivos obtidos.

Monod (1948), da Child Guidance Clinic Claude Bernard, Paris, descreve o tratamento aplicado, de novembro de 1946 a julho de 1947, a

41 crianças que apresentavam diversas dificuldades, tais como: a) problemas de comportamento, instabilidade e baixo desempenho escolar (com Q. I. normal); b) inibição e timidez anormais; c) distúrbios emocionais; d) instabilidade motora e tartamudez. Monod considera que em todos os casos obteve sucesso, respectivamente: a) 63% de sucesso; b) 100% de sucesso; c) 80% de sucesso; e d) 50% de sucesso.

Weiner (1965, 1966) publicou dois trabalhos sobre alcoolismo, nos quais constatou o valor inestimável do método psicodramático auxiliando os pacientes a compreenderem-se melhor, a tomarem consciência de seus problemas e valores, a desenvolverem a confiança em si mesmos e nos outros e a aumentarem a auto-estima, a coragem, a responsabilidade e a espontaneidade.

Outro estudioso das questões ligadas ao alcoolismo foi Bonabesse (1970), do Hôpital Psychiatrique de Saint-Alban, Lozère, França, que apresentou tese de doutorado sobre a utilização do psicodrama no tratamento de alcoólicos. Nesse trabalho ele comenta da importância dos resultados alcançados, enfatizando, particularmente, o exercício, a aprendizagem e o treinamento de papéis, assim como o aumento da auto-estima, o desenvolvimento de potencialidades e da espontaneidade.

Davies (1976) ressalta o quanto se impressionou com o método psicodramático, considerando-o extremamente eficaz e poderoso, tanto para o uso terapêutico como para outros trabalhos ligados à saúde mental.

Muitos outros artigos foram publicados ressaltando vários temas; dentre eles selecionamos os seguintes: psicodrama no lar e na família (Lippitt, 1947); com pacientes hospitalizados (Enneis, 1950; Geller, 1950; Slawson, 1965; Buchanan, 1982); presidiários (Lassner, 1950); pacientes obesos (Grant, 1951); nos estados de ansiedade (Rackow, 1951); nos desvios sexuais (Bromberg e Franklin, 1952); com pais de crianças esquizofrênicas hospitalizadas (Shugart e Loomis, 1954); com homossexuais (Eliasberg, 1954); na educação de alunos e professores (Grambs, 1948; Carroll e Howieson, 1979; Leyser, 1979); no tratamento de alcoólatras (Wood *et al.*, 1966; Elkis, 1982).

Alguns trabalhos mais recentes (de aproximadamente 15 anos) sobre PP, ligados a outros distúrbios, foram encontrados: tratamento para esquizofrênicos crônicos (Honig, 1991); garotas traumatizadas (Carbonell e Parteleno-Barehmi, 1999); pacientes com síndrome do pânico (Gheller, 1992; Carezzato, 1999; Torres *et al.*, 2001); transtorno obsessivo-compulsivo (Torres *et al.*, 2001); dependência de álcool (Avrahami, 2003) e anorexia nervosa (Ozdel *et al.*, 2003).

Como se pode ver por essa amostra, uma certa quantidade de trabalhos internacionais destacando a importância e o alcance do psicodrama individual e grupal foi publicada e continua sendo até o momento.

Entretanto, um fato que chama a atenção é a escassez de trabalhos relacionados à depressão. Em extensa revisão da literatura foram encontrados apenas seis artigos relatando experiências sobre PP e depressão: um sobre o uso do psicodrama na depressão pós-parto (Ackerman, 1962); outro sobre psicodrama no tratamento de idosos deprimidos (Burwell, 1977) e idosos deprimidos internados em clínica de repouso (Carman, 1984); dois sobre a utilidade do psicodrama de grupo no tratamento do paciente deprimido (Diniz, 1986; Rezaeian, 1997) e um sobre uma paciente deprimida tratada individualmente (Antonio, 2002).

Moreno escreveu muitos textos sobre a formulação de sua teoria e relatos de casos clínicos que ele chamou de protocolos. Nestes, ele conta suas experiências com o método psicodramático na aplicação de casos de paranóia, tartamudez, mutismo, problemas musculares, neuroses, psicoses etc. Raras vezes fez referência à doença depressiva ou aos sintomas depressivos de seus pacientes. No protocolo de uma sessão de grupo com alcoolistas, um dos participantes (Karl) comenta sobre sua depressão (Moreno, 1974, p. 173-175). Numa das vezes cita, *en passant*, um trabalho sobre a organização do AS dos soldados e comenta que eles se apegam muito aos colegas, podendo vir a apresentar algumas reações depressivas no caso de uma perda súbita (Moreno, 1994, II, p. 174). Em outro momento, fala de um caso de "melancolia complexa" de um paciente psicótico tratado em grupo, cujas características diagnósticas e sintomatológicas não são esclarecidas (Moreno, 1994, II, p. 220).

Uma outra experiência, relatada sinteticamente, é sobre uma paciente deprimida que, em 1948, foi admitida no seu hospital (Instituto Beacon), após uma tentativa de suicídio, com a qual trabalhou utilizando o recurso de uma técnica psicodramática denominada loja mágica (Moreno, 1975).

Objetivos

Avaliar o impacto da psicoterapia psicodramática focal individual e de grupo em uma amostra de pacientes com transtorno depressivo maior nos seguintes estudos:

A) Análise qualitativa (sociométrica) – já mostradas no capítulo 5 (IS);

B) Análise quantitativa (estatística);

B.1 – Estado depressivo

Avaliação e comparação dos resultados do estado depressivo dos pacientes dos dois grupos (psicoterápico e controle), por intermédio da escala de Hamilton (HAM-D17), no início e final do tratamento.

B.2 – Funcionamento social

Avaliação e comparação dos resultados do funcionamento social dos pacientes dos dois grupos, mediante a escala de auto-avaliação de adequação Social (EAS), no início e término do tratamento.

Hipóteses

Foram levantadas as seguintes hipóteses:

A) A associação de psicoterapia psicodramática e medicamentos antidepressivos, em relação à melhora da sintomatologia depressiva e funcionamento social dos pacientes, apresenta impacto mais favorável do que o uso exclusivo de medicação antidepressiva;

B) A psicoterapia psicodramática é uma das modalidades psicoterápicas capazes de efetuar mudanças psicológicas efetivas e modificações nas relações interpessoais de pacientes deprimidos, favorecendo a melhora da sintomatologia depressiva, do funcionamento social e da qualidade de vida.

Casuística

Este estudo foi desenvolvido com pacientes deprimidos encaminhados pelo Ambulatório Geral e pelo Grupo de Estudos de Doenças Afetivas (Gruda) do Instituto de Psiquiatria do Hospital das Clínicas da Faculdade de Medicina da Universidade de São Paulo (IPQ-HC-FMUSP) em ambiente natural (abordagem naturalística).

A pesquisa foi aprovada pela Comissão de Ética para Análise de Projetos de Pesquisa da Diretoria Clínica do HC-FMUSP. Todos os participantes receberam as informações sobre os procedimentos do estudo e a garantia de anonimato e confidencialidade de seus relatos. Os dois grupos assinaram termo de consentimento.

O estudo foi realizado com vinte pacientes deprimidos assim distribuídos:

A) dez pacientes participaram de PP individual e de grupo e fizeram uso de medicação antidepressiva (AD). Este grupo foi designado grupo psicoterápico (GP).

B) dez pacientes foram tratados apenas com AD. Este grupo foi denominado grupo controle (GC).

CRITÉRIOS DE SELEÇÃO

Tanto para o GP como para o GC foram usados os seguintes critérios:

Critérios de inclusão:

- Pacientes adultos na faixa de 18 a 60 anos, ambos os sexos.
- Pacientes com diagnóstico de transtorno depressivo maior (TDM), segundo o padrão do DSM-IV:
  a. episódio único (296.2);

b. episódio recorrente (296.3) (com ou sem recuperação completa entre episódios e/ou com padrão sazonal);

c. estado leve (296.x1) ou moderado (296.x2).

- Uso de medicamentos antidepressivos (qualquer tratamento farmacológico antidepressivo).
- HAM – D17 ≥ 7 – 20 (escala linha de corte para depressão leve e moderada).

Critérios de exclusão:
- Transtorno depressivo maior de gravidade severa (sem ou com sintomas psicóticos).
- Pacientes com diagnóstico (segundo critérios do DSM-IV) de:
    a. Transtorno istímico (300.4).
    b. Transtorno depressivo sem outra especificação (311).
    c. Transtorno bipolar I (296.xx).
    d. Transtorno bipolar II (296.89).
    e. Transtorno ciclotímico (301.13).
    f. Transtorno bipolar sem outra especificação (296.80).
- Transtorno de personalidade.
- Esquizofrenia e outros transtornos psicóticos.
- Transtornos mentais orgânicos.
- Retardo mental que impossibilite o mínimo de compreensão para o desenvolvimento do trabalho.
- Dependência de substâncias psicoativas.
- Paciente que não aceite tratamento psicoterápico (no caso de pacientes a serem encaminhados para o GP).

Instrumentos de avaliação

ENTREVISTA
- Uma entrevista (anamnese psiquiátrica) para todos os pacientes encaminhados à triagem.

ESCALAS DE AVALIAÇÃO

- Escala de avaliação para depressão de Hamilton (HAM-D) – 17 itens.
- Escala de auto-avaliação de adequação social – EAS (Weissman e Bothwell) – 54 itens.

SOCIOGRAMA DO ÁTOMO SOCIAL

Montagem do átomo social dos pacientes do GP em dois momentos do processo psicoterápico (início e final), visando desenvolver um estudo sociométrico do relacionamento sociofamiliar e profissional de acordo com dois critérios.

DIAGRAMA DE PAPÉIS

Montagem do diagrama de papéis também realizado em dois momentos do GP (início e final), com o objetivo de promover o estudo funcional do desempenho de papéis.

TRATAMENTO FARMACOLÓGICO

Os pacientes de ambos os grupos estiveram sob tratamento farmacológico com psiquiatras do ambulatório do Gruda. No GP, quando os pacientes traziam questionamentos a respeito da medicação, eram orientados a buscar esclarecimentos específicos com seu psiquiatra. As dificuldades ligadas à relação e às fantasias com a medicação foram abordadas no grupo.

As medicações, dose e tempo de uso foram anotados no início e final da pesquisa, conforme o modelo da tabela (anexo A), e apresentados em resultados.

INVENTÁRIO SOCIONÔMICO

Foi realizada uma análise geral de dois pacientes (tomados como exemplo), no decorrer do processo psicoterápico. Veja o capítulo 5.

Metodologia

RECRUTAMENTO DE PACIENTES

Foram realizadas, no total, 62 anamneses psiquiátricas clássicas.

No primeiro contato com cada um dos pacientes, coletou-se a história clínica, avaliou-se o diagnóstico psiquiátrico de TDM leve ou moderado (segundo os critérios diagnósticos do DSM-IV) e o uso de medicamentos AD. Posteriormente eles foram encaminhados a um outro profissional, um avaliador independente e previamente treinado, para serem avaliados pela escala de avaliação para depressão de Hamilton. Em seguida, os pacientes com escores da HAM-D17 entre 7 e 20 responderam ao questionário da escala de auto-avaliação de adequação social – EAS (54 itens) e foram encaminhados, de forma seqüencial, para dois grupos:

- grupo psicoterápico (GP): 10 pacientes (5 mulheres e 5 homens), cujo tratamento foi composto de PP e medicação AD (qualquer tratamento farmacológico). O processo psicoterápico constou de quatro sessões individuais de 60 minutos e 24 sessões de grupo de 1h45, todas em caráter semanal;
- grupo controle (GC): 10 pacientes (6 mulheres e 4 homens) com tratamento exclusivamente medicamentoso (qualquer medicação AD). Dentre os pacientes, 42 não apresentaram a HAM-D17 com pontuações entre 7 e 20, tendo sido dispensados do estudo.

Todas as sessões de PP (individuais e grupais) contaram com a participação de uma psicoterapeuta auxiliar – ego-auxiliar – (EA).

ESCALAS DE AVALIAÇÃO

Escala de avaliação para depressão de Hamilton (HAM-D) – 17 itens

A escala de avaliação de depressão de Hamilton é considerada a escala padrão-ouro mais utilizada mundialmente para avaliar a gravidade dos sintomas depressivos (Calil e Pires, 2000). Os sintomas são percentualmente distribuídos em várias categorias da seguinte forma: humor (8%); sintomas vegetativos (28%); sintomas motores (12%); sociais (8%); cognitivos (28%), ansiedade (16%) e irritabilidade (0%) (Calil e

Pires, 2000). Ela foi utilizada porque quantifica os sintomas depressivos e avalia possíveis mudanças no decorrer ou no final de intervenções terapêuticas (psicoterapia e/ou medicamentos AD). Foi utilizada a versão de 17 itens por seu uso ser mais comum (veja anexo D).

Ela foi aplicada, em primeiro plano, a todos os pacientes triados, com o objetivo de avaliar a gravidade dos sintomas do transtorno depressivo maior de cada um deles (HAM-D17 ≥ 7 – 20), para o seu adequado encaminhamento. Posteriormente ela foi novamente aplicada da seguinte forma:

- GP: outras três avaliações, após as sessões individuais, na 12ª sessão de grupo e após o seu término (veja anexo E, Fluxograma das intervenções).
- GC: outra avaliação após o término do GP (anexo H, Fluxograma das intervenções).

Escala de auto-avaliação de adequação social – EAS (Weissman e Bothwell, 1976) – 54 itens:

A EAS foi inicialmente elaborada para se estudar as mudanças de pacientes deprimidos que tivessem passado por psicoterapia. Ela é a escala de ajuste social mais desenvolvida e confiável; suas questões apresentam certa aproximação com a abordagem psicodramática do homem e suas relações interpessoais. Avalia, nas duas últimas semanas, o impacto dos sinais e sintomas na qualidade de vida dos pacientes e seu funcionamento social (Gorenstein *et al.*, 1999).

Dentre várias características observadas na aplicação desta escala, convém salientar algumas: a melhora dos sintomas depressivos nem sempre é simultânea à adequação social; a remissão dos sintomas vem primeiro do que a melhora na atividade profissional; o prejuízo na vida doméstica é grande; a situação econômica é bastante prejudicada; o nível de incapacitação social é grande e a área mais afetada é a do lazer (mesmo quando há remissão dos sintomas, a incapacitação nessa área continua).

A avaliação da EAS nos dois grupos evidenciou diferença estatística significante nos resultados do GP, comparando início e final de tratamento. Houve uma melhora expressiva no funcionamento social e na qualidade de vida dos pacientes.

A EAS compreende 54 questões distribuídas em sete itens específicos (veja anexo E): cada questão é avaliada segundo um escore que vai de 1 a 5, e o resultado total é obtido pela soma dos escores de todos os itens, dividida pelo número de respostas fornecidas (o escore 8 não é computável porque se refere a perguntas que não são aplicadas na situação do momento). Quanto maior o escore, mais alta é a incapacitação, sendo que os maiores escores são encontrados entre os pacientes deprimidos. Nos indivíduos normais o escore global é de 1,56 ± 0,36 (Gorenstein *et al.*, 1999).

Como se trata de uma escala auto-aplicável ela não possuiu caráter excludente. Após a avaliação da HAM-D17, o avaliador independente entregou a cada paciente (com escore da HAM-D17 nos limites do estipulado) uma cópia da EAS. As respostas foram posteriormente recolhidas e encaminhadas à pesquisadora para a leitura dos resultados. A EAS foi novamente aplicada, da mesma maneira que a HAM-D17, como se segue:

- GP: outras três avaliações após as sessões individuais, na 12ª sessão de grupo e após o seu término (veja anexo H);
- GC: outra avaliação após o término do GP (veja anexo H).

PSICOTERAPIA PSICODRAMÁTICA INDIVIDUAL

Cada paciente do GP foi atendido uma vez por semana durante quatro semanas, totalizando quatro sessões de 60 minutos, cada uma visando o tratamento psicoterápico psicodramático focal da depressão. Todas as sessões contaram com a ajuda de uma profissional psicodramatista, uma EA. As sessões foram particularmente diretivas e enfocaram os seguintes trabalhos dramáticos:

1ª sessão: montagem do átomo social (AS), tomando por base as escolhas positivas, negativas e neutras das pessoas de sua relação, em todos os campos (familiar, social, profissional, religioso etc.). Por intermédio de algumas técnicas psicodramáticas os pacientes puderam vivenciar os papéis dos indivíduos envolvidos na relação (representados no AS), o que possibilitou ter uma noção do tipo de relacionamento estabelecido entre eles;

2ª sessão: foi proposto que os pacientes pudessem mostrar a qualidade dos seus vínculos em relação a cada uma das pessoas do AS (novamente reproduzido) e transformassem esse sentimento em um valor numérico, transportando-os para um quadro denominado qualidade emocional dos vínculos. O intuito era poder mensurar as emoções envolvidas nesses vínculos;

3ª sessão: montagem do conjunto de papéis sociais operativos e afetivos que desempenhavam na atualidade, como pessoa privada, considerando as seguintes referências: papel mal desenvolvido (MD), pouco desenvolvido (PD), desenvolvido (D), bem desenvolvido (BD) e em transição (T). Essa configuração foi transposta para um diagrama – diagrama de papéis –, cujo objetivo foi a percepção dos papéis que os pacientes se autorizavam e conseguiam exercer naquele momento, comparando-os com o grau de desenvolvimento e transformação dos mesmos;

4ª sessão: montagem de sua auto-imagem baseada nos papéis anteriormente mencionados e diagramados, estabelecendo um valor numérico para cada um deles. O resultado foi levado para um quadro específico – quadro da auto-imagem –, com a finalidade de promover uma comparação no final do tratamento e verificar se houve, ou não, por influência do processo psicoterápico, alguma transformação desses papéis.

NOTA: Todas as montagens foram refeitas no final do tratamento com um sentido de comparação, a fim de estimar se o tratamento proposto ao paciente resultou em mudanças efetivas no relacionamento com ele mesmo e nas relações interpessoais.

PSICOTERAPIA PSICODRAMÁTICA DE GRUPO

Após o atendimento individual os dez pacientes deram continuidade ao tratamento por intermédio da PP em grupo, sem mais o caráter essencialmente diretivo, o qual possibilitou o enfoque espontâneo de temas gerais da vida dos pacientes, direta ou indiretamente relacionados com o quadro depressivo. Cada sessão teve a duração de 1h45 e o tempo total do grupo foi de seis meses (24 sessões). Nesse trabalho continuou-se a contar com a ajuda da EA.

As primeiras sessões foram voltadas para o entrosamento e o crescimento da coesão grupal, por intermédio de jogos psicodramáticos.

Na segunda sessão, dois pacientes (uma mulher e um homem) comunicaram sua desistência: ela desculpou-se alegando doença da mãe e ele referiu não ter se adaptado ao método. Na minha análise, ambos os pacientes eram pessoas com quadro depressivo mais grave, que necessitavam de psicoterapia individual por apresentarem demanda maior em relação às suas problemáticas.

O grupo foi comunicado das desistências, as quais levantaram algumas fantasias de novas perdas que foram trabalhadas de maneira a diminuir a ansiedade emergida e dar continuidade à interação entre eles. Os oito elementos criaram um vínculo bastante forte, e até a 5ª sessão, permaneceram nesse número.

Outros dois pacientes (uma mulher e um homem) foram selecionados pelo mesmo padrão seqüencial e passaram pelas quatro sessões individuais. Na 6ª sessão eles entraram no grupo e houve uma boa vinculação entre todos os membros, o que possibilitou uma abertura ao trabalho de temas específicos, indo ao encontro do protagonista emergente do dia, dando continuidade ao processo grupal.

Nas penúltimas sessões de grupo (semanas 23, 24, 25 e 26) foi feita, dentro do próprio grupo, para cada paciente, uma nova montagem dramática dos sociogramas e diagramas, utilizando as mesmas instruções propostas nas sessões individuais, para avaliação comparativa da evolução do processo.

Análise de dados

Foram realizados dois tipos de análise:

A) ANÁLISE SOCIOMÉTRICA

O estudo sociométrico[3] de cada um dos pacientes abordou dois aspectos principais que já foram apresentados no capítulo 5 (IS):
- o indivíduo e suas relações sociais;
- o indivíduo e seus papéis sociais.

B) ANÁLISE ESTATÍSTICA

É importante frisar que qualquer aluno de pós-graduação da área da saúde terá, obrigatoriamente, de aprender a conhecer e desvendar os mistérios da estatística; por isso torna-se desnecessário apresentar a descrição dos dados expostos e os testes aplicados para a obtenção dos resultados. Caso esta seção seja de muito interesse para o leitor, sugiro que consulte minha dissertação no site da FMUSP.

Dentre todos os dados estatísticos pretendo mostrar:

- tabela das características sociodemográficas dos pacientes nos dois grupos (GP e GC), que foram comparados em relação a sexo, raça, estado civil, escolaridade, ocupação atual e idade média;
- uso de medicamentos;
- dois gráficos sobre o estado depressivo e funcionamento social dos pacientes, com os resultados das escalas de HAM-D17 e EAS (comparando os dois grupos, no início e final do estudo), cujas categorias de resposta ao tratamento são:
- HAM-D17: remissão, resposta, resposta parcial, não-resposta e piora.
- EAS: aumento, normalização ou redução.

Resultados

CARACTERÍSTICAS SOCIODEMOGRÁFICAS

A amostra total foi de vinte pacientes, dos quais:

• Dez do GP: 50% do sexo feminino e 50% do sexo masculino na faixa etária de 41 a 57 anos (idade média: 47,60 anos). Seis casados (dois homens e quatro mulheres), dois homens solteiros, um homem separado e uma mulher viúva. Apenas uma paciente era da raça negra. Todos os demais eram brancos. A escolaridade variou entre primeiro grau e nível universitário.

• Dez do GC: 60% do sexo feminino e 40% na faixa etária de 23 a 57 anos (idade média: 39,80 anos). Sete casados (quatro mulheres e três homens) e três solteiros (duas mulheres e um homem). Todos os pacientes eram brancos e a escolaridade incluiu apenas o primeiro e o segundo grau.

Não foram encontradas diferenças significativas entre os dois grupos quanto ao sexo, à raça, ao estado civil, à escolaridade e à ocupação atual. No que tange à idade, poderia se dizer que houve uma tendência à diferença que, todavia, não pode ser considerada significativa.

A tabela a seguir resume os dados sociodemográficos.

TABELA 2

Dados sociodemográficos				
Variável	Categoria	Grupo		Total	p
		controle	psicoterápico		
Sexo (%)	Feminino	6	5	11	1,0
		60%	50%	55%	
	Masculino	4	5	9	
		40%	50%	45%	
Raça (%)	Branca	10	9	19	1,0
		100%	90%	95%	
	Negra	–	1	1	
		–	10%	5%	

Estado civil (%)	Casado	7	6	13	0,5170
		70%	60%	65%	
	Solteiro	3	2	5	
		30%	20%	25%	
	Separado	–	1	1	
		–	10%	5%	
	Viúvo	–	1	1	
		–	10%	5%	
Escolaridade (%)	1° grau	5	4	9	0,3317
		50%	40%	45%	
	2° grau	5	3	8	
		50%	30%	40%	
	3° grau	0	3	3	
		0%	30%	15%	
Ocupação atual (%)	Autônomo	4	4	8	0,6320
		40%	40%	40%	
	Aposentado	3	1	4	
		30%	10%	20%	
	Desempregado	1	1	2	
		10%	10%	10%	
	Trabalho em empresa	2	1	3	
		20%	10%	15%	

Ocupação atual (%)	Do lar	–	1	1	0,6320
		–	10%	5%	
	Trabalho público (em atividade)	–	1	1	
		–	10%	5%	
	Trabalho público (em licença)	–	1	1	
		–	10%	5%	
Idade (média e DP)		39,80	47,60	43,70	0,0520
		9,92	6,47	9,08	

USO DE MEDICAMENTOS

Embora não tenha feito parte dos objetivos avaliar as características do uso de medicamentos nos pacientes dos dois grupos, os quadros abaixo apresentam o uso de medicamentos antes do início do tratamento propriamente dito (considerada semana [-1] para o GP e semana [0] para o GC) e após o final da pesquisa (semana 32).

QUADRO 34

Uso de medicamentos - GP						
	INÍCIO DO TRATAMENTO			FINAL DO TRATAMENTO		
Pacientes	Medicamento(s)	Dosagem	Tempo de uso	Medicamento(s)	Dosagem	Tempo de uso
P1	Sertralina Clonazepan	100 mg 2 mg	8 meses 15 meses	Sertralina Bromazepan	50 mg 3 mg	7 meses 7 meses
P2	Sertralina	250 mg	12 meses	Sertralina	50 mg	1 mês
P3	Paroxetina Clonazepan Carbamazepina	40 mg 1 mg 800 mg	2 meses 2 meses 2 meses	Nortriptilina Diazepan	75 mg 10 mg	3 meses 3 meses
P4	Fluoxetina	60 mg	3 meses	Tranilcipramina Bromazepan	10 mg 3 mg s/n	3 meses 3 meses
P5	Sertralina	50 mg	1 mês	Sem medicação	–	1 mês

P6	Venlafaxina Carbonato de lítio	375 mg 900 mg	3 meses 3 meses	Lamotrigina Tranilcipramina Nortriptilina	100 mg 90 mg 150 mg	7 meses 7 meses 7 meses
P7	Imipramina Topiramato	225 mg 150 mg	12 meses 8 meses	Imipramina Topiramato	125 mg 50 mg	4 meses 2 meses
P8	Amitriptilina Diazepan	275 mg 10 mg	12 meses 12 meses	Amitriptilina	225 mg	8 meses
P9	Amitriptilina Maprotilina	150 mg 25 mg	16 meses 1 mês	Amitriptilina Sertralina	75 mg 50 mg	2 meses
P10	Paroxetina	20 mg	24 meses	Paroxetina	10 mg	2 meses

Como se pôde verificar no quadro do GP, 60% dos pacientes (P1, P2, P7, P8, P9 e P10) diminuíram as doses da medicação AD (sendo que P9 diminuiu a dose de um AD e trocou o outro), 30% trocaram toda a medicação AD (P3, P4 e P6) e 10% suspenderam o único medicamento que tomavam (P5). Nenhum paciente aumentou ou manteve as doses.

QUADRO 35

Uso de medicamentos – GC						
	INÍCIO DO TRATAMENTO			FINAL DO TRATAMENTO		
Pacientes	Medicamento(s)	Dosagem	Tempo de uso	Medicamento(s)	Dosagem	Tempo de uso
C1	Sertralina Carbonato de lítio	300 mg 600 mg	12 meses 3 meses	Sertralina Carbonato de lítio Metilfenidato	300 mg 750 mg 10 mg	20 meses 3 meses 3 meses
C2	Escitalopram Lorazepan Zolpidem	40 mg 1 mg 10 mg	Início Início Início	Escitalopram Lorazepan Zolpidem	40 mg 1 mg 10 mg	8 meses 8 meses 8 meses
C3	Clomipramina Carbamazepina Clonazepan	250 mg 400 mg 2 mg	12 meses 12 meses 12 meses	Nortriptilina Carbonato de lítio Clonazepan	150 mg 900 mg 3 mg	3 meses 3 meses 3 meses
C4	Sertralina Carbonato de lítio Zolpidem	300 mg 900 mg 10 mg	12 meses 2 meses 2 meses	Paroxetina Carbonato de lítio Ácido valpróico	60 mg 300 mg 500 mg	4 meses 4 meses 4 meses

C5	Paroxetina	40 mg	3 meses	Paroxetina	50 mg	5 meses
C6	Paroxetina	60 mg	3 meses	Sertralina	175 mg	2 meses
C7	Paroxetina	50 mg	3 meses	Sertralina	100 mg	1 mês
C8	Sertralina	250 mg	3 meses	Imipramina Escitalopram Topiramato Carbamazepina Clonazepan	75 mg 30 mg 50 mg 400 mg 2 mg	3 meses 3 meses 3 meses 3 meses 3 meses
C9	Imipramina	100 mg	12 meses	Fluoxetina Ácido valpróico	60 mg 750 mg	8 meses 8 meses
C10	Sertralina	250 mg	2 meses	Sertralina Bupropiona	250 mg 150 mg	10 meses 1 mês

No GC, 60% trocaram a medicação AD (C3, C4, C6, C7, C8 e C9), 30% mantiveram a mesma dose (C1, C2 e C10) e 10% aumentaram a dose de AD (C5). Nenhum deles diminuiu ou suspendeu as doses.

QUADRO 36

Comparação da medicação nos dois grupos					
Grupo	Diminuição	Troca	Suspensão	Manutenção	Aumento
GP	60%	30%	10%	–	–
GC	–	60%	–	30%	10%

O quadro 36 evidencia as diferenças ocorridas nos dois grupos. A diminuição da medicação no GP em 60% e a troca da medicação nos dois grupos (30 e 60%), num período de 28 semanas, chama a atenção e deixa questões a serem investigadas. Em relação à diminuição das doses medicamentosas no GP poderia se sugerir que a psicoterapia foi o fator responsável por essa ocorrência.

AVALIAÇÃO E COMPARAÇÃO DOS RESULTADOS DO ESTADO DEPRESSIVO E DO FUNCIONAMENTO SOCIAL

A figura a seguir apresenta a comparação do GP e do GC em relação às distribuições de respostas da HAM-D17 e EAS nos dois grupos.

Os resultados estatísticos encontrados na avaliação da HAM-D17 nos dois grupos, no início e final do tratamento, mostraram uma diferença significativa entre eles, indicando que houve uma melhora global nos sintomas depressivos dos pacientes do GP: 20% apresentaram remissão completa, 20% resposta, 50% resposta parcial e 10% não responderam ao tratamento. No GC nenhum paciente alcançou remissão completa, 10% obtiveram resposta, 10% resposta parcial, 50% ficaram inalterados e 30% pioraram, refletindo um aumento na média final dos escores da HAM-D17[4].

(a) HAM-D17

(b) EAS

FIGURA 21

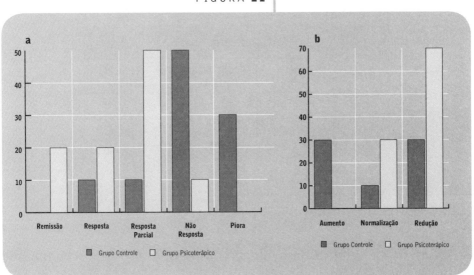

GRÁFICOS DE BARRAS DA RESPOSTA AO TRATAMENTO PARA AS ESCALAS DE (A) HAM-D17 E (B) EAS E COMPARAÇÃO DOS GRUPOS EM RELAÇÃO ÀS DISTRIBUIÇÕES DAS RESPOSTAS.

QUADRO 37

	Resultados da HAM-D17				
Grupo	Remissão N (%)	Resposta N (%)	Resposta Parcial N(%)	Piora N (%)	Inalterados N (%)
GP	2 (20%)	2 (20%)	5 (50%)	0 (0%)	1 (10%)
GC	0 (0%)	1 (10%)	1 (10%)	3 (30%)	5 (50%)

Na EAS foram apresentadas três categorias de resultado: aumento, normalização e redução. No GP não houve nenhum aumento nos escores da EAS, 30% dos pacientes normalizaram e 70% reduziram suas pontuações, refletindo uma melhora no funcionamento social. O GC teve 60% de aumento nos seus escores (o que caracteriza piora do quadro), 10% de normalização e 30% de redução, caracterizando uma melhora.

O valor global normal da EAS é: 1,56± 0,36.

QUADRO 38

	Resultados da EAS		
Grupo	Aumento N(%)	Normalização N(%)	Redução N(%)
GP	0 (0%)	3 (30%)	7 (70%)
GC	6 (60%)	1 (10%)	3 (30%)

Fluxograma das intervenções

A representação gráfica da evolução das sessões e dos procedimentos efetuados encontram-se no anexo H.

Espera-se que os psicodramatistas possam utilizar-se de todas as metodologias psicodramáticas empregadas nesta pesquisa e também possam desenvolver e aperfeiçoar novos métodos qualitativos de pesquisa em psicoterapia psicodramática.

Limitações do estudo

Em geral, no decorrer de uma pesquisa, é natural que o pesquisador observe algumas dificuldades, problemas, dados negativos ou pontos limitantes, que deverão ser corrigidos num próximo estudo.

Transcrevo o exemplo da minha dissertação:

SELEÇÃO E AMOSTRA

A primeira limitação do trabalho teve início, a meu ver, com a captação dos pacientes para a pesquisa. Foram entrevistados 62 pacientes para que, desses, fossem selecionados 20 (mais precisamente, 22, em razão de duas desistências). Tomando-se por base que cerca de 60% dos pacientes com transtornos do humor apresentam comorbidades psiquiátricas (Dubovsky e Dubovsky, 2004), a grande maioria deles teve de ser dispensada em razão de não cumprir com os critérios de inclusão.

Outro aspecto importante a ser examinado é o que diz respeito ao tamanho da amostra, que pode ser considerada pouco representativa (dez pacientes para o GP e dez para o GC), porém é essencial apresentar algumas considerações que falam a favor da participação de poucas pessoas em grupo psicoterápico.

Todo grupo se inicia, como diz Castello de Almeida (1989), de forma caótica, confusa, indiferenciada e, após experiências, caminha para uma estruturação, onde a organização e a linguagem comum são encontradas. Além disso, costumam existir em todos os grupos duas forças que se contradizem permanentemente: uma tendente à sua coesão, e a outra, à sua desintegração. A coesão do grupo possui relação direta com os sentimentos de "pertinência" (vestir a camiseta) e de "pertencimento" (o meu grupo).

A pessoa que inicia um processo psicoterápico grupal apresenta-se, muitas vezes, bastante ansiosa quanto aos acontecimentos grupais. Conhece seus companheiros e observa com qual deles se sente mais à vontade. É o momento em que irá captar ou perceber o outro e, após tal exame, apresentar uma atração, rejeição ou indiferença a ele. Às vezes, de imediato, não se interessa por um determinado indivíduo; faz por ele uma escolha negativa; mais para frente, muda de opinião e ele se torna uma escolha positiva. Em outras ocasiões, aquele por quem tanto se interessava e tinha feito uma escolha positiva, transforma-se em escolha indiferente. E assim sucessivamente, demonstrando que esse movimento é dinâmico e pode mudar algumas vezes. É o princípio da sociometria que vai ocorrendo entre os participantes e tendendo a se fortalecer, com o passar do tempo.

Moreno, ao discutir um estudo que fez sobre as atrações e repulsas entre grupos de alemães e judeus, criou o termo ponto de saturação para designar o ponto máximo de acolhimento ou absorção que um determinado grupo (majoritário) apresenta em relação a outro (minoritário). Diz ele:

> Certa população pode ficar saturada de um grupo minoritário em determinada época. Se ocorrer entrada de número excessivo de membros deste último grupo na comunidade, vindos de fora, de modo a ultrapassar este ponto, o frágil equilíbrio começa a fragmentar-se. [...] Até o ponto de saturação, sentimentos de simpatia podem prevalecer. Assim que tal ponto é ultrapassado, surgem estados de ansiedade, medo, ciúme, raiva etc. [...] constituindo, gradualmente, constelação favorável ao aparecimento de correntes agressivas (1994, p. 126).

Acredito que esse conceito possa ser estendido para o grupo psicoterápico, porém de uma maneira diferente. Aqui o ponto de saturação do grupo está basicamente relacionado com o número de participantes que iniciam o trabalho. A influência numérica tem uma força muito grande, tanto para os pacientes, como para o psicoterapeuta. Qualquer grupo psicoterápico necessita de espaço externo[5] para expor o seu conteúdo interno aos colegas e ao psicoterapeuta. Embora possam ocorrer algumas sessões verbais, as dramatizações são o objetivo principal do trabalho psicodramático e elas demandam tempo. Os vínculos "paciente–terapeuta" e "colegas de grupo" podem ficar bastante prejudicados em razão da impossibilidade de os participantes suportarem um número excessivo de pessoas no mesmo grupo[6]. A sociometria grupal, as dramatizações e sua elaboração são mais bem vivenciadas e assimiladas quando o número de pacientes não impossibilita a participação de todos no processo.

Em outras palavras, para se trabalhar com grupos psicoterápicos é fundamental que o número de participantes não ultrapasse aquele que pode dar subsistência ao grupo, favorecendo o pulsar dinâmico do processo psicoterápico semanal.

GRUPO DE CONTROLE PLACEBO

Uma outra limitação do trabalho foi o emprego de um grupo controle que apenas fez uso de medicação. Embora não se possa afirmar que os resultados se mostrariam mais precisos, talvez tivesse sido mais apropriado utilizar-se de um grupo placebo.

O grupo de controle placebo com credibilidade (cpc1), segundo Knijnik *et al.* (2004, p. 8) "é um conjunto de procedimentos padronizados desenvolvidos por Heimberg *et al.* (1990)". Os pacientes do grupo controle, em uso de medicação, são selecionados para comparação com o grupo de tratamento ativo (independentemente do método psicoterápico empregado). Em geral, podem ser utilizados métodos não estruturados de apoio ou aulas educacionais e evita-se qualquer intervenção à semelhança do grupo ativo.

EPISÓDIO DEPRESSIVO

Um dos fatores que talvez possa ser considerado limitante na pesquisa foi o fato de não se ter levado em conta, em nenhum dos grupos, a particularidade do episódio depressivo (se primeira crise, recaída ou recorrência). Ainda que não se tenha valorizado esse dado, permanece a dúvida se esse fator realmente teria uma influência maior nos resultados.

ESCALA DE AUTO-AVALIAÇÃO DE ADEQUAÇÃO SOCIAL (eas)

Apesar dessa escala ter sido utilizada por valorizar a qualidade de vida do paciente, abordando vários aspectos das relações interpessoais e demonstrando certos parâmetros com a visão de homem psicodramático, ela apresenta algumas desvantagens citadas por Calil e Pires (2000). A primeira delas é quanto à confiabilidade das respostas, pois o indivíduo tem de apresentar um certo grau de escolaridade, ser cooperador e não pode apresentar quadro psicopatológico grave (não foi o caso desta pesquisa). O segundo aspecto está relacionado com a dificuldade que certos pacientes apresentam em avaliar a gravidade de seus próprios sintomas.

Neste estudo não foi relatada, pelo avaliador independente (que apenas tinha a função de entregar a escala aos pacientes), qualquer situação incomum que corroborasse as desvantagens citadas.

USO DE MEDICAÇÃO

Não foi o objetivo desta pesquisa realizar, em ambos os grupos, um acompanhamento e um controle mais rígido no uso das medicações, mas, sim, que todos os pacientes fizessem uso de algum medicamento AD, independentemente da dose e do tipo de medicação. Essa característica do estudo pode supor que os resultados apresentaram um viés distorcido, isto é, quem estivesse fazendo uso de maior número de associações ou utilizando maiores doses responderia mais favoravelmente ao tratamento de *per si* ou absorveria melhor o tratamento psicoterápico ou, ainda, que este poderia ser dispensável. No entanto, a medida descritiva mostrou que não houve uma diferença significante entre as medicações, nos dois grupos, sugerindo que esse fator não foi conclusivamente expressivo.

Notas

1 A. Comte-Sponville, *Apresentação da filosofia*, p. 56.

2 Para quem não tem familiaridade com as diferenças desses conceitos, o termo *dissertação* é empregado para o documento resultante de um trabalho de pós-graduação *stricto sensu*, nível mestrado e *tese* para o caso de doutorado.

3 As perguntas feitas aos pacientes aconteceram no contexto dramático, quando desempenhavam seu próprio papel ou na tomada de papel de uma das pessoas envolvidas no átomo social.

4 Outros dados (duas tabelas e um gráfico) podem ser visualizados diretamente na dissertação no site já mencionado.

5 Espaço externo aqui é entendido não como espaço físico, mas como um campo relaxado e espontâneo que favoreça a exposição do mundo vivencial real e imaginário do paciente.

6 O tamanho do grupo, na psicoterapia de grupo, segundo Moreno (1994, III, p. 203) depende da expansividade emocional positiva ou negativa de seus membros.

Capítulo **8**

Convite a um ensaio

Os dois textos que se seguem foram apresentados em congresso e não publicados. Achei interessante incluí-los e ousei intitular este capítulo, tomando como inspiração, a famosa poesia "Convite a um encontro"[1], escrita por Moreno de 1914 a 1915 e tão conhecida dos psicodramatistas. No entanto, o estímulo adveio mesmo de um dos capítulos do livro "Psicoterapia de grupo e psicodrama", cujo título é o mesmo do poema. Nesta parte é apresentado um colóquio terapêutico havido entre Moreno e mais de cem psiquiatras (no dia 31 de maio de 1932, Filadélfia, Estados Unidos), sobre o seu trabalho revolucionário na prisão de Sing-Sing.

A palavra ensaio exprime aqui dois sentidos: o primeiro leva em conta que as reflexões apresentadas são apenas um ensaio, um esboço de discussão e, o segundo, refere-se ao convite dirigido a todos que me lêem, para que formulem seus ensaios, suas apreciações e, quem sabe, num dado momento, possamos trocar.

O resgate da espontaneidade na terceira idade é possível?[2]

Provavelmente muitos hão de ser como eu: quando sou convidada para uma palestra, conferência, aula, ou a participar de um congresso, em "Temas em Debate", vejo-me lendo livros de filosofia, poesia, psicodrama, romances, revistas especializadas etc., sempre pensando sobre o tema para o qual fui convidada a falar. Tal como Rilke ensina ao jovem poeta, isto é, olhar para dentro de si e para a sua necessidade profunda de escrever, "estendo minhas raízes pelos recantos mais profundos de minha alma e busco extrair de mim as riquezas"[3], possíveis riquezas do meu mundo, quiçá, criativo.

E aí, nas minhas andanças literárias, acabo sempre por encontrar alguma coisa nova, ou já lida, com a qual me identifico e que faz ressonância com o assunto a ser desenvolvido. Desta vez utilizo-me de um pequeno poema de Zerka Moreno (1995) que diz:

O que é o amor?
O que ele quer?
De onde ele vem?
Para onde ele vai?
E o mais importante:
Por que ele volta?

E como num processo alquímico, transformo-o no seguinte:

O que é a espontaneidade?
O que ela quer?
De onde ela vem?
Para onde ela vai?
E o mais importante:
Será que ela volta?

E acrescento:

Ela é uma energia?
Tem a ver com liberdade?
É irmã da criatividade?
Ela é conservada?
E o mais importante:
Pode ser resgatada?

Ela produz algo?
É um sentimento?
Precisa de aquecimento?
É uma função esquecida?
E o mais importante:
Tem tempo de vida?

Poderia ficar aqui acrescentando mais versos ao poema, mas as perguntas acima merecem resposta ou, pelo menos, uma discussão.

O tema ora proposto me conduz à imagem de um labirinto, com algumas entradas, muitas saídas e um desenho central difícil de se conseguir desenroscar. Ele possui pelo menos três partes: a espontaneidade propriamente dita, a espontaneidade na terceira idade e a existência, ou não, do resgate da espontaneidade nos idosos.

Moreno desenvolveu várias formulações sobre espontaneidade, tentando ser mais abrangente possível, porém é bom notar que nem tudo o que foi dito por ele, sobre espontaneidade, é nítido e inteligível. Qualquer um de nós deve observar algumas lacunas e contradições nas suas colocações. Vejamos alguns pontos de sua teoria.

A espontaneidade (Ee) é:

1 derivada do latim *sponte*, significa de livre-vontade, livre-arbítrio, vontade própria; do interior para o exterior;
2 a força primária (juntamente com a criatividade) no comportamento humano;
3 a primeira característica do ato criativo;
4 acionada no tempo presente, no "aqui-agora";
5 um ato de prontidão, um ajustamento, uma preparação do sujeito para uma ação livre;
6 um ato de liberdade;
7 a resposta adequada a uma nova situação ou a nova resposta a uma situação antiga;
8 operacionalizada pelo processo de aquecimento;
9 produtora de catarse;
10 área independente entre a hereditariedade (genes) e o meio ambiente (forças sociais – tele);
11 catalisadora, isto é, procriadora;
12 presente no indivíduo de diversas maneiras: quando pensa, quando sente, quando descansa, quando executa tarefa;
13 função esquecida a partir do momento em que a criança cresce;

14 estrategicamente unida à criatividade, porém de categoria diferente;

15 mais antiga (em termos universais e evolucionários) que a sexualidade, a memória e a inteligência, porém menos desenvolvida;

16 desencorajada e reprimida pelas culturas;

17 reconhecida em dois níveis: Ee instintiva e Ee criativa;

18 um valor humano, tanto biológico como social;

19 representada por um quociente, uma escala axiológica que vai de zero ao máximo;

20 um conceito polar quando confrontada com a conserva cultural; uma é parasita da outra;

21 o primeiro passo na formação de uma conserva cultural;

22 constituída por quatro elementos: qualidade dramática, criatividade, originalidade e adequação da resposta;

23 geradora de contra-espontaneidade;

24 passível de teste – o chamado teste de espontaneidade;

25 suscetível de medida – tempo espontâneo (relógio de espontaneidade) – para medir, em uma peça de teatro, sua velocidade, uma cena, uma pausa, um processo de aquecimento etc.;

26 passível de adestramento.

A espontaneidade (Ee) não é:

1 energia psicológica como a libido de Freud;

2 armazenada (conservada) em reservatório;

3 quantificável;

4 um ato de vontade;

5 um ato impulsivo – este faz parte da patologia da Ee;

6 um processo idêntico e nem similar ao da criatividade;

7 um sentimento ou uma emoção em si mesmo;

8 operante no vácuo; move-se ora para o lado da criatividade, ora para o campo das conservas.

Todos esses conceitos, apesar de nos instigarem a uma discussão maior, exigem um afunilamento de nossas idéias. Como disse Moreno, a

Ee não existe dentro de nós para que a liberemos no momento em que um estímulo aconteça. A imagem moreniana da lâmpada é o exemplo que confirma essa tese. Numa sala escura todos os objetos estão lá dispostos, mas eu não os vejo. No entanto, se acendo a luz, todos eles passam a ficar luminosos e posso vê-los claramente. O ato de acender a luz é, no meu entender, o aquecimento de que Moreno fala; a luz é a espontaneidade que ilumina tudo. Se apago a luz, a luminosidade desaparece, porém os objetos continuarão no mesmo lugar. Portanto, metaforicamente, a espontaneidade se foi.

Partindo desse princípio, eu poderia dizer que posso acender a luz quantas vezes quiser, resgatando, assim, a luminosidade do ambiente.

Resgatar, segundo o dicionário Houaiss da língua portuguesa, significa voltar a ter; recuperar; reanimar; recobrar; retomar; remir (adquirir de novo). E com base nessa explicação, poderia afirmar que metade da pergunta do debate já estaria respondida, isto é, a espontaneidade pode ser resgatada pelo sujeito. Bastaria apenas dizer se acho possível esse resgate na terceira idade. Mas é um pouco mais complexo do que isso.

Em primeiro lugar, a Ee é, para mim, uma força[4] existente *"em nós"*; isto não quer dizer *"dentro de nós"*, armazenada, mas nós *"estamos com ela"*, em potencial, porque todos os nossos atos necessitam dela para acontecer. Portanto, convivemos[5] com a espontaneidade; vivemos com a espontaneidade; co-existimos com a Ee. Mas onde ela está? Talvez no âmago de nossa alma ou a recebamos geneticamente? Ela faz parte da nossa biologia? Sabemos que ela existe para ser ativada no momento propício. Se seguirmos esse raciocínio, pensaremos que a espontaneidade não pode ser resgatada porque ela não é algo que se foi e voltará a agir na medida da nossa solicitação.

Em segundo lugar, cada pessoa aciona a Ee para responder a um dado estímulo de forma particular e conforme uma graduação, como fala Moreno. E uma mesma pessoa pode também dar respostas diferentes a estímulos diferentes.

Logo, para surgir no indivíduo como resposta nova e adequada, a Ee depende de inúmeros fatores como: tipo de estímulo recebido, necessidade de fornecer uma resposta ao outro, aptidão para respostas[6], personalidade, estado de humor ou ansiedade, autocrítica (ligada à auto-estima), quadros psicopatológicos, meio ambiente, contingências do próprio momento, influências socioculturais e políticas, experiências próprias de vida, antítese real–imaginário e/ou razão–emoção, "treinamento" da Ee, dentre outros.

Todos nós sabemos que Moreno pouco ou nada se reportou à terceira idade, inclusive no que diz respeito à Ee.

Quando escrevi o livro *Gerontodrama*, o meu raciocínio foi baseado na imagem moreniana da lâmpada que me fez concluir ser possível a recuperação (ou resgate) da espontaneidade no idoso "(que por fatores adversos a ele, foi perdendo ou deixando escapar paulatinamente de sua vida), liberando o seu potencial criador" (Costa, 1998, p. 158).

Embora há algum tempo eu venha comentando que a velhice dos últimos anos não é mais a mesma dos pais sexagenários e muito menos dos avós setentões de tempos atrás, é bastante comum encontrar-se, nos dias atuais, idosos que enrijeceram de postura, valores, comportamentos, idéias, sentimentos e continuam a apresentar o mesmo modo estereotipado, austero, dogmático e impermeável ao novo (em relação ao outro e às coisas ao redor), repetindo as mesmas atitudes dos seus antepassados. O próprio Moreno nos diz:

> Como a nossa educação está rigidamente delineada, ela tolheu o desenvolvimento de nossas personalidades, de modo a torná-las incompletas, as nossas existências cegas para a vida, os nossos momentos escassos de verdadeira espontaneidade, senão inteiramente vazios dela (1975, p. 184).

Penso que esta premissa moreniana é um tanto quanto exagerada, inclusive pelo seu caráter extensível aos sujeitos de todas as idades; porém muitos de nossos velhos foram educados de forma severa e, durante a sua existência, não foram capazes, não puderam ou não quiseram mudar e continuaram vazios de espontaneidade e empobrecidos à criação. Se as conservas culturais vão se infiltrando na vida dos homens como energia preservável e passível de ser guardada para uso em dado momento, como diz Moreno (1992, I, p. 152), com o passar da idade elas vão se fazendo mais presentes nos idosos, que parecem habituar-se a esse convívio. A Ee torna-se então mais difícil de ser ativada. A rigidez e a ansiedade são mecanismos contrários ao surgimento da Ee e, por conseqüência, da criatividade que, desta maneira, não encontra espaço para nascer.

Por outro lado, existem os idosos que fazem parte daquele grupo que denominei de idosos vivazes (Costa, 1998, p. 61), possuidores de um viço especial, que fomentam a capacidade para o novo, se expõem ao risco, se propõem a sonhar, imaginar, são um verdadeiro *starter* da Ee e apresentam ainda alta capacidade criativa. São os indivíduos resilientes, permeáveis, que se sentem espiritualmente mais jovens do que a idade real que apresentam.

Acredito que para o idoso procurar psicoterapia é necessário que ele se apresente, psicologicamente, como os velhos citados acima. E o que vemos em relação à sua espontaneidade no decorrer das sessões, no seu dia-a-dia, no contato com a família, na sociedade? Torno a dizer: a Ee está lá, permeando ou coexistindo com o seu ser. Reconheço-a nos movimentos do velho enquanto entidade pronta para agir. Ela não é algo perdido, acabado, bloqueado, morto que merecesse ser resgatado. Ela é viva, presente, livre, necessitando apenas de alguma intensão.

Todavia, como este tema é mesmo polêmico, completo este trabalho me reportando a uma fala de Moreno:

> Há outra forma de energia que emerge e que é gasta logo em seguida, que deve aparecer para de novo ser gasta e que deve ser gasta para dar oportunidade para nova emergência, como a vida de alguns animais que nascem e morrem justamente ao fecundarem nova vida (1992, I, p. 152).

Esta também é uma definição de Ee.

Parece que voltamos ao princípio da discussão: se a Ee pode existir como energia, se ela pode e deve ser gasta, pressupomos que neste movimento de vai-e-vem, que não encerra armazenamento, mas, sim, uma existência fugaz, seria possível o resgate. Cada processo de manifestação da Ee subentende um novo surgir, um novo despontar dela na existência humana. Quando o acionamento apresentar problemas, a Ee se bloqueará ou mesmo se contrairá e, então, deve-se recorrer ao auxílio psicoterápico para que a Ee possa ser novamente resgatada.

Em outras palavras, uma história curta:

Homem de 76 anos, deprimido, viúvo há cinco meses (morte trágica da esposa a quem muito amava), fez sessões psicoterápicas comigo por apenas três meses. Ganhou uma passagem para um determinado país (excursão), o qual costumava visitar com a esposa. A princípio não queria ir; tinha certeza de que não teria coragem de enfrentar as pessoas novas, lugares conhecidos. Sentia-se totalmente bloqueado, sem espontaneidade, sem criatividade. Trabalhamos a morte da esposa, suas culpas, seus medos e sua viagem. E ele partiu. Para minha surpresa, aproximadamente após quinze dias, recebi um lindo cartão-postal que dizia: "À Dra. Elisabeth, de quem procuro sempre lembrar as recomendações para que as saudades de outros tempos não atrapalhem a contemplação destas paisagens tão bonitas".

Será que posso dizer que ele conseguiu resgatar sua espontaneidade?

Diálogo entre divã e palco: incursões sobre a terceira palestra de Moreno[7]

Algum dia haverá uma síntese que se tornará
aceitável e que integrará todos os métodos
dentro de um único sistema teórico.[8]

Supondo que nem todos os presentes conheçam o conteúdo teórico da terceira conferência de Moreno e, na expectativa de tentar ser didática, bem como habituada a produzir resenhas, inclino-me neste momento a apresentar um resumo do que ela representa.

A terceira conferência, denominada "O significado do formato terapêutico e o lugar do *acting out* na psicoterapia", é composta de uma introdução, um resumo, uma discussão e respostas a essa discussão. A introdução contém sete itens e onze hipóteses, nos quais Moreno discute não somente a questão do formato terapêutico do *acting-out*, como também, num sentido geral, alguns outros pontos de diferença entre a psicanálise e o psicodrama na visão de Freud e de outros estudiosos. A discussão aborda a opinião de sete colegas de Moreno (Walter Bromberg, W. Lynn Smith, Serge Lebovici, H. L. Ansbacher, John M. Butler, Robert R. Blake e Rudolf Dreykurs) que discutem suas idéias. Nas respostas, Moreno examina questões levantadas pelos terapeutas e apresenta algumas ilações sobre o psicodrama.

O formato terapêutico consiste de duas partes:

- o veículo – caracterizado pelo divã, cadeira, mesa, palco, ar livre etc.;
- as instruções – caracterizadas pelo modo de comportamento quanto ao veículo.

Tomando por base o divã – da psicanálise –, e o palco – do psicodrama –, achei interessante criar um diálogo coloquial, no qual comentariam a respeito de alguns aspectos da função dos seus respectivos formatos, bem como das diferenças entre o *acting-out* psicanalítico e psicodramático. Saliento que esse diálogo entre os dois personagens é uma mera ilustração (sem o propósito de uma investigação a fundo), muito mais para abrir uma discussão sobre o tema.

Parte-se do princípio de que tanto o divã quanto o palco se conhecem, sabem a que e para quem servem e têm consciência de que rivalizam.

PALCO: Então, divã, cá estamos nós. Pediram que converssássemos sobre nossas características, sobre o que somos. Eu, o veículo do psicodrama, e você, o veículo da psicanálise. Eu gostaria mesmo que pudéssemos dramatizar, mas como isso parece impossível, o que acha de dialogarmos?

DIVÃ: É... acho que podemos conversar. Mas talvez seja um pouco difícil. Será que vamos conseguir?

PALCO: Podemos tentar. Acredito que seria interessante começar justamente pela dificuldade. Por que você acha difícil a nossa conversa?

DIVÃ: Tenho medo que você me ataque. Minha expectativa é que possamos discutir alguma coisa fértil, sem agressões para que possamos aprender juntos, numa atitude mais amadurecida, sem transferências, sem *acting-out*.

PALCO: Puxa, divã, eu também quero a mesma coisa: um diálogo espontâneo, criativo e télico. Se você trocar de papel comigo perceberá que fiquei mal com sua colocação. Não tenho motivos para ser agressivo. Por que me acha ameaçador?

DIVÃ: Não você propriamente, mas seu criador, Moreno. Receio que tenha recebido grande influência dele e continue a me criticar. Quando meu criador, Freud apareceu, Moreno atacou-o de forma veemente. Existe até uma frase famosa entre os psicodramatistas, que é constantemente relembrada e repetida com certo orgulho: "começo onde o senhor termina. O senhor analisa os sonhos das pessoas. Eu lhes dou coragem para sonhar de novo". Acho isso extremamente agressivo e arrogante.

PALCO: A meu ver, a frase é mais completa e a situação é particular, e tomada como isolada, concordo em que há arrogância, mas levando-se em conta a época (1912) e o contexto, tem de se relevar essa resposta. Nessa ocasião, Moreno era um estudante de medicina e um jovem entusiasta com idéias próprias. Ele contava pouco mais de 20 anos, e Freud 56. Este estava em um momento bastante produtivo de sua carreira e Moreno começava a se mostrar no meio universitário como estudante aplicado e inteligente. Chamava a atenção dos demais por suas idéias religiosas de Deus e do Cosmos, sua roupagem extravagante (costumava usar sempre um manto verde escuro até os calcanhares) e sua barba loira-avermelhada que nunca havia aparado. O episódio entre eles aconteceu assim: Moreno havia acabado de assistir uma conferência de Freud que o chamou (quando ele estava saindo da sala) e lhe perguntou o que fazia. Moreno ficou com a impressão de que Freud o teria chamado com o intuito de transformá-lo em mais um de seus discípulos. Como o jovem estudante já freqüentava a clínica de Wagner von Jauregg (que odiava Freud) e era pupilo de Otto Pötzl, chefe dessa clínica, não quis se comprometer. No vigor de sua juventude sentia-se encorajado a criar um espaço próprio para a teoria que estava desenvolvendo. Sentia-se, tanto quanto Freud, em termos criativos, um pai mandão e insubordinado e, por isso, não vacilou em dar a Freud uma resposta atrevida. Disse: "Bem, Dr. Freud, eu começo onde o senhor termina. O senhor conhece as pessoas no ambiente artificial do seu consultório. Eu as conheço nas ruas e em suas casas, no seu ambiente natural. O senhor analisa seus sonhos. Eu lhes dou coragem para sonhar de novo. O senhor os analisa e os faz em pedaços. Eu os faço atuar seus papéis conflitantes e os ajudo a reunir seus pedaços de novo" (Cushnir, 1997, p. 75-76).

DIVÃ: Bem, olhando por esse ângulo, confesso que meu medo se extingue. Mas ainda fico com a impressão de que seu criador foi mesmo um homem altivo, pouco humilde. E por que ele teceu tantas críticas à teoria psicanalítica e particularmente a mim?

PALCO: A personalidade de Moreno é bastante discutida e criticada entre os psicodramatistas. Ele mesmo, algumas vezes, se denominou megalomaníaco. Mas foi um homem revolucionário, que adorava crianças – mais do que adultos – e que dedicou sua vida à criação e a ajudar os outros. Ele achava que carregava uma desvantagem em relação a Freud, Jung e Adler. Além de não se sentir identificado com nenhum dos profissionais, havia "[...] um grande risco a assumir, uma situação 'ou-ou': ou seria inteiramente esquecido – e durante muito tempo a coisa pareceu que ia ser desse jeito – ou então eu iria à frente com todas as minhas inovações materiais, neologismos, e criaria uma nova escola de pensamento" (Moreno, 1983, p. 148). A preocupação de Moreno, já naquela ocasião, era criar uma teoria que se dedicasse a tratar o grupo e não o indivíduo isolado. Sua concepção de homem era do ser-em-relação. Ele chegou mesmo a acentuar que o psicodrama não representava um tratamento ou um método científico superior aos demais, mas se tratava de uma "invenção" cultural superior em termos de benefício a um maior número de pessoas (Moreno, 1983, p. 146). Agora, quanto a você, Moreno sempre disse que Freud criou um veículo terapêutico de dimensão muito pequena, restrita, isolada. A impressão é de que não existe interação entre o paciente deitado em você e o psicanalista sentado na sua poltrona, atrás de você. O paciente mais parece fazer um monólogo, muito embora saiba que está sendo ouvido pelo terapeuta, e a relação estabelecida entre vocês é de superior e subordinado. Até mesmo Serge Lebovici considera que "o divã psicanalítico não é uma necessidade" (Moreno, 1983, p. 128). Inclusive, Moreno comenta que você foi criado não por livre escolha, mas porque Freud não suportava encarar seus pacientes. Ele sentia pavor pelo *acting-out*, achava difícil controlá-lo, durante ou após as sessões, e não se sentia bem no papel de hipnotizador. Por isso ele abandonou a técnica hipnótica e criou o método da associação livre, e você também, divã. Mas ao menos ele foi sincero em declarar que o formato da situação terapêutica era mais compatível com sua personalidade. Não precisaria encarar o paciente e suportar a possibilidade de um *acting-out* e da transferência, como ocorreu, certa vez, com uma paciente que após a sessão de hipnose envolveu os braços no seu pescoço. "Provavelmente ele achava que, mantendo o paciente à parte de algum envolvimento, distante de quaisquer distúrbios interpessoais complicados, como ocorre quando nos reclinamos no sofá, tornaria mais objetivo e científico o processo de análise" (Moreno, 1983, p. 108). Quanto a mim, o palco, represento o protótipo de grupo, de convivência, de troca, de compartilhar. O meu espaço é flexível e multidimensional. Moreno tem uma frase que explica bem a minha importância: "O espaço vivencial da realidade da vida é amiúde demasiado exíguo e restritivo, de modo que o indivíduo pode facilmente perder o seu equilíbrio. No palco, ele poderá reencontrá-lo, devido à metodologia da Liberdade – liberdade em relação às tensões insuportáveis e liberdade de experiência e expressão" (Moreno, 1975, p. 17).

DIVÃ: É interessante também que você observe uma outra maneira de pensar quanto a essa questão que me diz respeito. A postura cômoda do paciente sobre mim e o psicanalista às suas costas, fora do alcance de sua vista, sugere um diálogo, como diz Freud, "entre duas pessoas igualmente donas de si, uma das quais evita todo esforço muscular e toda impressão sensorial que poderia distraí-la e perturbar a concentração de sua atenção sobre sua própria atividade anímica" (Freud, 1973f, I, p. 1004). E Serge Lebovici, embora tenha feito aquela colocação, salienta que o meu formato possibilita que os pacientes se mantenham em posição infantil, favorecendo a regressão e promovendo a transferência de seus impulsos e defesas ao analista. Isso é fundamental para a Psicanálise, pois a transferência é a essência de seu trabalho. Em relação ao *acting-out*, ele é compreendido como as ações de caráter quase sempre impulsivo, que fogem ao comportamento habitual e que podem atingir formas auto ou hetero-agressivas. Para o psicanalista ele é a expressão daquilo que é recalcado e, durante ou fora das sessões, deve ser reconhecido em relação estreita com a transferência. Pensar que Freud trocou a hipnose pela associação de idéias simplesmente porque tinha pavor do *acting-out* dos pacientes, evidencia uma visão reducionista. O seu afastamento da hipnose se deve muito mais ao fato de que apresentava dúvidas quanto à força e persistência da sugestão em referência à cura. Disse ele uma vez: "Em todos os casos graves vi desvanecer-se rapidamente a sugestão proposta e reaparecer a enfermidade ou um substituto equivalente. Além disso, esta técnica (hipnose) tem o inconveniente de ocultar o funcionamento das forças psíquicas, não nos deixando reconhecer, por exemplo, a resistência, com a qual os enfermos se agarram à sua enfermidade e se rebelam contra a cura, fator que é precisamente o único que pode nos facilitar na compreensão de sua conduta na vida" (Freud, 1973b, I, p. 1009).

PALCO: Na realidade, a crítica maior que Moreno faz ao *acting-out* psicanalítico é porque Freud não percebeu o valor do seu efeito na sessão terapêutica. "Por que não deixar que o paciente passe ao ato seus pensamentos e impulsos ocultos, como alternativa para uma 'análise' de sua resistência?" (Moreno, 1975, p. 33). Se o paciente pudesse exprimir tais pensamentos, fantasias e impulsos, com a tolerância do terapeuta, isso seria benéfico tanto a um, quanto ao outro (desde que a passagem ao ato se realize em um contexto seguro e com profissional experiente) e eles não se transformariam em resistência contra a cura. "No pensamento psicodramático, o atuar desde dentro, ou passar ao ato, é uma fase necessária no avanço da terapia; proporciona ao terapeuta uma oportunidade para avaliar o comportamento do paciente e, além disso, confere também ao paciente a possibilidade de avaliá-lo por si mesmo (introvisão da ação)" (Moreno, 1975, p. 34). Pensando nisso Moreno resolveu distinguir o *acting-out* irracional e incalculável, que ocorre na própria vida do indivíduo e lhe é prejudicial (assim como aos demais ao seu redor), do *acting-out* terapêutico e controlado, que acontece no contexto terapêutico, tem uma finalidade construtiva e favorece o tratamento do paciente. A sua posição horizontal, divã, possibilita ao paciente a associação, segundo Moreno, "[...] com sono, sonho e sexo, com subordinação, com fuga da realidade, e com relação sexual. [...] a estruturação física e psicológica da psicanálise é tal que o paciente é convidado a produzir uma transferência e a apaixonar-se pelo terapeuta" (Moreno, 1983, p. 108). Se a situação ocorrida entre Breuer, sua paciente Ana O., a Sra. Breuer e Freud tivesse sido trabalhada por intermédio do psicodrama, utilizando a mim como veículo e também os egos-auxiliares, provavelmente os problemas que aconteceram entre eles teriam sido resolvidos. Os *acting-out* irracionais teriam se transformado, no espaço cênico de uma sessão psicodramática, em *acting-out* terapêuticos e as quatro pessoas teriam se beneficiado com a experiência.

A importância da visão diferenciada de Moreno sobre o *acting-out* é muito bem recebida por colegas. Lynn Smith, por exemplo, menciona o seguinte: "Moreno deu início a uma revolução tecnológica na psicoterapia. Ao isolar, esclarecer e utilizar o problema mais renitente, ou seja, o problema do *acting-out*, contribuiu talvez com a modificação mais original e profunda na teoria e na técnica da psicoterapia desde seus primórdios" (Moreno, 1983, p. 124).

DIVÃ: Freud não chegou a conhecer o psicodrama de forma profunda, apesar de ter lido o "Das Stegreiftheater" que Moreno fez chegar às suas mãos por intermédio de Theodore Reik, que costumava freqüentar o teatro da espontaneidade. Envolvido com os seus estudos, pacientes e a apresentação da psicanálise ao mundo, Freud provavelmente ignorou o livro e o crescimento de Moreno, o qual deve ter ficado com muita raiva.

Freud valorizava o teatro como forma de arte e instrumento catártico, entretanto, o drama criado por um autor e encenado pelos atores era para ser apenas assistido. O indivíduo deveria isentar-se da ação, para que não sofresse com a experiência. Ele poderia e deveria identificar-se com o protagonista, que é quem atua e sofre na cena. Como a encenação é apenas uma ficção, ela não ameaça sua segurança pessoal. Sobre isso chegou a dizer: "O espectador do drama é um indivíduo sedento de experiência; [...] deseja sentir, atuar, modelar o mundo à luz de seus desejos; em suma ser um protagonista. [...] Enquanto a grande cena da vida seja representada no cenário, o indivíduo pode permitir-se ao luxo de ser um herói e protagonista, pode abandonar-se sem vergonha a seus impulsos reprimidos, como a demanda de liberdade em questões religiosas, políticas, sociais ou sexuais, e também pode deixar-se levar por seus arrebatamentos" (Freud, 1973g, II, p. 1272-1273).

PALCO: Sim, somos diferentes. Justamente aquilo que Moreno considera como importante no *acting-out* terapêutico, Freud acha ruim para o paciente. Mas Moreno, é claro, valoriza seu método e tenta mostrar que o psicodrama é mais realista, natural, espontâneo, objetivo do que as demais psicoterapias e enfatiza essas diferenças, dizendo o seguinte: "Primeiro apareceu o monólogo, o paciente no divã. [...] Depois veio o diálogo, terapeuta e paciente sentados frente a frente em cadeiras, conversando. [...] O terceiro estágio foi o drama, o psicodrama, no qual cadeiras, divã, e outros elementos auxiliares constituem-se em equipamentos de um espaço social natural. O desenvolvimento monólogo–diálogo–drama tem uma contrapartida interessante em termos do desenvolvimento do teatro grego. Creio ser mais do que analogia o fato de o teatro grego ter começado com o coro, de onde provavelmente o ator Thespis escolheu um representante que colocou à frente do grupo, para ali atuar em seu benefício. Este foi o primeiro protagonista, o primeiro ator, o representante do monólogo. Diz-se que Ésquilo acrescentou um segundo ator ao primeiro; teve início o diálogo, com os dois atores. O terceiro ator, aposto por Sófocles, deu vida ao drama" (Moreno, 1983, p. 146).

DIVÃ: Tanto Freud como Moreno exaltaram suas teorias como sendo as melhores, mas existe uma fala freudiana que, no fundo, engrandece ou valoriza a importância de qualquer teoria e técnica. Diz ele: "A psicoterapia nos oferece procedimentos e caminhos muito diferentes. Qualquer um deles que nos conduza ao fim proposto, à cura do enfermo, será bom. [...] Segundo uma expressão muito antiga, o que cura as enfermidades não é a medicina, mas o médico, ou seja, a personalidade do médico, enquanto o mesmo exerce, por meio dela, um influxo psíquico" (Freud, 1973b, I, p. 1008).

PALCO: Sim, com certeza um dos valores da psicoterapia, para que ela produza impactos positivos no paciente, é a personalidade do psicoterapeuta, independente de sua formação acadêmica. E, obviamente, o vínculo que se forma entre eles, paciente e psicoterapeuta

Bem, com certeza teríamos muita coisa ainda a discutir, porém você deve saber que nosso tempo de vinte minutos está no fim. Quem sabe em um outro momento conversaremos mais? Nosso diálogo foi rápido, porém tentamos apresentar um pouco daquilo que sabíamos e sentíamos de nossos criadores. Não podemos deixar de aplaudir as produções de ambos, cada um com sua personalidade particular e seu jeito de trabalhar. Acho que a Psicanálise continuará exercendo seu papel no mundo como sempre o fez, e o Psicodrama, como diz Moreno, deve se desenvolver mais no século atual. Saio daqui com a interrogação: "Será que algum dia a idéia moreniana de um sistema teórico unificando todas as psicoterapias se realizará?" Bem, divã, foi bom conversar com você, sem transferências e sem *acting-out*, como desejava. Até outro dia.

DIVÃ: Tchau, palco. Você me deixou à vontade e foi bom "partilhar" com você. Não é assim que vocês, psicodramatistas, falam?

Notas

1 Esta poesia é encontrada nas primeiras páginas do livro *Psicodrama* (1975) de Jacob L. Moreno, tendo sido traduzida como "Divisa". Para os interessados em conhecê-la, transcrevo-a na seção de anexos. Ainda convém lembrar, como curiosidade, que a segunda parte da poesia foi declamada por Maria Bethânia em um dos seus antigos discos.

2 Trabalho apresentado na Mesa Redonda do XIV Congresso de Psicodrama realizado no período de 9 a 12 de junho de 2004 em Belo Horizonte – MG.

3 Pessoalizo frase de Rilke ao jovem poeta (*Cartas a um jovem poeta,* de Rainer Maria Rilke).

4 Ou uma característica? Ou uma função? Ou uma aptidão? Ou uma faculdade? Ou um talento? Ou um dom? Ou mesmo uma energia? Ou mesmo um ato de vontade? Ou tudo isso? Ou nada disso?

5 Conviver: do latim *convivere;* viver em proximidade; ter convivência; coexistir.

6 Quando Moreno fala sobre adestramento da Ee menciona que "Um estudante pode realizar o aquecimento preparatório para alguns estados, por exemplo, a cólera e a dominação, mas ser insuficientemente apto para chegar a outros estados, como a simpatia" (Moreno, 1975, p. 190).

7 Trabalho apresentado na Mesa Redonda "Módulo Raízes", do XIII Congresso de Psicodrama realizado no período de 29 de Maio a 1º de Junho de 2002, no Sofitel Costa do Sauípe – Bahia.

8 J. L. Moreno, *Psicodrama*, p. 148.

Conclusões

> Todos os criadores estão a sós
> até que o seu amor pela criação
> forme um mundo ao seu redor.[1]

As conclusões serão apresentadas em três tópicos, porque, ainda que o título do livro chame a atenção para o universo da depressão, eu me dirigi a outros campos, direta ou indiretamente relacionados com o tema.

A frase moreniana me inspira e me cria expectativas; que o universo da depressão se amplie e que um mundo de conhecimentos surja ao seu redor.

O alcance da psicoterapia psicodramática no tratamento do TDM

Os resultados obtidos no estudo, como pude apresentar em capítulos anteriores, validaram o método, ou seja, a psicoterapia psicodramática focal, associada à medicação antidepressiva, é efetiva no tratamento do transtorno depressivo maior. Isto é consistente com uma linha de evidências que apóiam a utilidade das abordagens psicoterápicas breves e focais no tratamento do TDM.

As conclusões do estudo foram estabelecidas mediante os resultados obtidos nas análises quantitativa e qualitativa:

Análise quantitativa

Concluiu-se, com base na comprovação dos dados estatísticos, que os pacientes do grupo psicoterápico apresentaram:

A • DIMINUIÇÃO DOS ESCORES NA PONTUAÇÃO DA ESCALA DE HAM-D17: Diminuição dos sintomas depressivos em 90% dos pacientes, representada pela remissão parcial ou total de sintomas e diminuição das recaídas e recorrências.

B • REDUÇÃO DOS ESCORES NA PONTUAÇÃO DA ESCALA DE EAS:
Aumento no funcionamento social de todos os pacientes, levando a um desenvolvimento na capacidade de relacionar-se com o outro.

Análise qualitativa
Os pacientes foram estudados pela análise sociométrica visando as relações sociais e o desempenho de papéis, e foram observadas mudanças qualitativas em ambos os aspectos.

De uma maneira geral, chegou-se às seguintes conclusões:

A • MUDANÇAS PSICOSSOCIAIS ESPECÍFICAS:
I) desenvolvimento da auto-reflexão e do autoconhecimento;
II) valorização da auto-imagem e aumento da auto-estima;
III) ampliação na capacidade de lidar com as dificuldades psicológicas;
IV) conscientização dos conflitos, padrões de reação e dos fatores que influenciam a manifestação ou o desencadeamento dos sintomas depressivos;
V) crescimento na capacidade de resignificar a depressão e na habilidade para lidar com fatores estressores de risco, melhorando a qualidade das relações interpessoais.

B • MUDANÇAS SOCIONÔMICAS:
I) reorganização do átomo social (qualidade dos vínculos);
II) aprimoramento na capacidade de realizar escolhas;
III) desvelamento e conscientização da importância da espontaneidade e da criatividade em todos os atos da relação pessoal e interpessoal;
IV) aumento da expansividade socioemocional, representada por uma ampliação do número de relacionamentos (escolhas) da rede sociométrica;
V) ampliação da autotele e da capacidade télica;
VI) conscientização e diminuição dos sentimentos transferenciais;
VII) crescimento da rede sociométrica;
VIII) aumento do número de papéis;

IX) diminuição do impacto da depressão no desempenho de papéis;

X) desenvolvimento e transformação dos papéis.

As duas figuras a seguir esquematizam essas mudanças.

FIGURA **22** | MUDANÇAS PSICOSSOCIAIS ESPECÍFICAS

Como já disse mais de uma vez em outros momentos, por intermédio deste livro pretendo que, a semente que plantei para mim, seja também lançada no meio psiquiátrico e psicoterapêutico. Espero que a psicoterapia psicodramática, com a originalidade e riqueza de seu método, possa germinar como mais uma vertente psicoterápica para deprimidos, obtendo seu espaço no campo de abordagens psicoterápicas já efetivadas.

FIGURA 23 | MUDANÇAS SOCIONÔMICAS

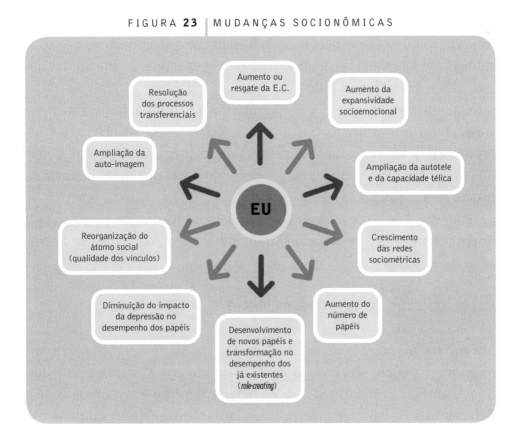

Mensagem ao leitor

Espero que você, depois de ter lido tudo (ou quase tudo) a respeito da depressão, tenha se familiarizado com este universo, ainda misterioso em alguns aspectos, mas permeável em outros.

As minhas conclusões para você são no sentido de transmitir-lhe idéias de incentivo para que, caso seja um deprimido e ainda não se trate, este livro tenha lhe proporcionado coragem e desejo de procurar tratamento adequado. Caso não seja deprimido, mas se interesse pelo tema, que você possa auxiliar as pessoas ao seu redor, abatidas com a doença, com algumas das informações aqui recebidas.

Tanto o tratamento psiquiátrico como o psicoterápico são fundamentais para o alívio dos sintomas e a volta ao funcionamento psicossocial, porém somente você é responsável pelos seus atos. Por isso, é de suma importância que possa deixar de lado seus preconceitos, medos e contradições, e vá em busca de novos encontros que possam lhe ajudar nas dificuldades ora apresentadas.

Quando a depressão é leve, algumas ações como administrar o estresse, fazer relaxamento, buscar apoio social, religião ou lazer (e muitas outras), podem auxiliar na melhora do seu bem-estar, porém, quando o quadro é moderado ou grave, em geral torna-se impossível sair do estado sem o auxílio apropriado.

Portanto, não se desespere! Há tratamento! Procure um psiquiatra ou um psicoterapeuta que possa lhe acompanhar neste momento tão difícil!

Breve reflexão sobre o fazer ciência

Em muitos momentos do meu processo criativo (e operacional) senti fortemente aquele sentimento de solidão dito por Moreno, mas como o meu amor por uma nova criação (leia-se desafio) é sempre grande e determinado, continuei a avançar. Adentrei um universo que não me era mais conhecido; chegava a ser, algumas vezes, até adverso. Porém, fui atrás de plantar a semente.

O primeiro passo foi construir um projeto que convencesse ao meu orientador e à comissão de pós-graduação de que ele seria exeqüível. Precisava de argumentos fortes que sustentassem a importância da pesquisa e, embora confiasse que o psicodrama me daria este embasamento, isso não garantia sua aprovação. Tinha certo receio de que não fosse aprovado, pois naquela mesma ocasião havia lido dois ensaios de Rubem Alves, ao mesmo tempo, irônicos e profundamente sérios e controversos, nos quais ele discute o que é científico. Num deles, comenta que o projeto de um amigo filósofo havia sido recusado numa universidade, por tratar-se de uma pesquisa qualitativa. Será que o mesmo não poderia acontecer com o meu?

Após um tempo curto veio a resposta da comissão, que faço questão de transcrever:

Dada a importância do tema "depressão", justifica-se a pesquisa. Por outro lado, são bastante raras as pesquisas acadêmicas envolvendo procedimentos psicoterápicos, dadas as dificuldades metodológicas existentes. A autora tem já uma longa trajetória dentro do movimento psicodramático brasileiro e tem plenas condições de realizar um trabalho de qualidade, que realmente se constitua em nova e eficiente arma terapêutica contra a depressão. Por estes motivos, nosso parecer é favorável à realização do projeto.

Fiquei muito feliz com o consentimento e o reconhecimento à minha experiência, porém esse parecer não aumentou a minha responsabilidade e nem me deixou mais interessada nos pacientes. Dali para frente esperava que o meu trabalho e todos os procedimentos metodológicos empregados, me levassem a resultados favoráveis, que pudessem evidenciar a efetividade do método psicodramático.

Todavia, paralelamente, como já mencionei, outras reflexões foram surgindo com base na minha prática como pós-graduanda. E, nesse sentido, não poderia deixar de relatar a você, leitor, a experiência que tive numa noite de insônia, em que deixei extravasar, espontaneamente, este breve e reflexivo desabafo.

O outono goteja de frio a madrugada. Naquela hora da noite, uma pergunta pulsa em minhas células cerebrais e, junto com ela, brotam espontaneamente palavras que teimam em respondê-la. Sei que a questão o que é fazer ciência é complexa e, ao mesmo tempo, plena de nuanças sutis, mas me deixo levar pela emoção e escrevo:

Indubitavelmente fazer ciência é expandir seu olhar para o estudo sistematizado de algo, é criar, conhecer (do latim *scire*) por meio de normas e critérios metodológicos rigorosos, mas esta trajetória não deve ser tão solitária, penosa e obscura que conduza ao sofrimento e à angústia. Não deve ser tortura e nem tampouco obrigação – aquela que leva, unicamente, à conquista de um título.

Fazer ciência é não empregar o paciente apenas como objeto de pesquisa, mas poder fornecer a ele todo o atendimento assistencial e humano que lhe é de direito, como cidadão.

Fazer ciência é não confundir qualidade científica com quantidade (de publicações), não isentas de conflitos de interesse.

Fazer ciência é valorizar e respeitar o universo de experiências do pesquisador: daquele de mais idade cujo trabalho, provavelmente, terá a intensidade da prática que corrobora as teorias, bem como do mais novo que, embora menos experiente, traz consigo a curiosidade e o ânimo para a descoberta.

Fazer ciência é ter nobreza e elegância no trato com aqueles que estão direta ou indiretamente envolvidos com o processo de pesquisa.

Fazer ciência é partilhar virtudes e humildade ante o novo que se estabelece; é dividir, é ensinar, é aprender, é colaborar, é esclarecer, tirar dúvidas, é não ocultar.

E, finalmente, fazer ciência é permear o método científico, a experiência *in situ* e a existência do "aqui-agora" com, pelo menos, um mínimo de poesia – e um máximo de paixão – para que o trabalho a caminho seja desenvolvido com amor e dele possam nascer os frutos da autêntica e desejada criação.

Notas

1 J. L. Moreno, *As palavras do pai*, p. 114.

Anexos

ANEXO A

Modelo da tabela do tratamento farmacológico dos pacientes

GRUPO PSICOTERÁPICO (GP)

Início (Semana 1)
TRATAMENTO FARMACOLÓGICO

Medicamento(s)	Dosagem	Tempo de uso

Final (Semana 32)
TRATAMENTO FARMACOLÓGICO

Medicamento(s)	Dosagem	Tempo de uso

GRUPO CONTROLE (GC)
Início (Semana 0)

Início (Semana 1)
TRATAMENTO FARMACOLÓGICO

Medicamento(s)	Dosagem	Tempo de uso

Final (Semana 32)
TRATAMENTO FARMACOLÓGICO

Medicamento(s)	Dosagem	Tempo de uso

ANEXO B

1º Questionário do inventário socionômico
(Incomplete Sentence Form, Klein e Kiell, 1953)

Favor completar as seguintes frases:
1. Terapia é...
2. Os outros membros do meu grupo...
3. A terapeuta e a ego-auxiliar...
4. Quando eu falo no grupo, eu...
5. Quando estou em silêncio no grupo, eu...
6. Os momentos mais significativos da terapia parecem ser para mim...
7. Nesses momentos significativos, eu...
8. Sinto que na terapia o mais importante para mim é...
9. Longe e fora da terapia, eu...
10. Antes de vir para a terapia...
11. Depois de deixar a sessão de terapia, eu...
12. Dói ou machuca no grupo quando...

ANEXO C

2º Questionário do inventário socionômico

Favor responder as questões abaixo sobre as sessões individuais e de grupo das quais participou até agora. Elas foram divididas em "antes do tratamento" e "durante o tratamento".

Antes do tratamento (antes do início da psicoterapia psicodramática):
1. Como você se sentia antes do tratamento?
2. Quais os sintomas que apresentava?
3. Você acha que sua depressão estava ligada a algum problema pessoal? Qual?
4. Você já havia participado de algum tratamento psicoterápico? Qual e quando?
5. Qual a lembrança que você tem desse tratamento anterior?
6. Você tinha algum conhecimento do psicodrama? Qual era a sua impressão?

Durante o tratamento (durante as sessões individuais e de grupo):
1. Você teve alguma preferência em relação ao tratamento individual ou grupal?
2. O que achou das dramatizações que aconteceram nas sessões individuais e de grupo?
3. Como foi o seu relacionamento com os companheiros do grupo?

4. E com a psicoterapeuta e a ego-auxiliar?

5. Em algum momento do tratamento você sentiu que ele lhe foi útil? De que maneira?

6. Você mudou a sua forma de ver o mundo com a terapia? Como?

7. Seus sintomas depressivos se modificaram com a terapia?

8. Você sentiu alguma mudança nas suas relações pessoais?

9. Você se sente mais espontâneo?

10. Você acha que descobriu alguma coisa nova sobre você da qual não tinha conhecimento? Conte o que foi (se ficar à vontade para contar).

11. Isso o ajudou em alguma coisa?

12. Você gostaria de continuar fazendo terapia? Por quê?

13. Se quiser escrever livremente alguma coisa, faça-o aqui.

ANEXO D

Escala de Hamilton para avaliação de depressão (HAM-D) 17 itens
Hamilton Rating Scale for Depression (Hamilton, 1960)

Instruções: Em cada item escolha o resultado que melhor caracterize o paciente na última semana e anote o número no local apropriado.

1. HUMOR DEPRIMIDO (tristeza, desesperança, desamparo, menos valia)
0. Ausente.
1. Sentimentos relatados apenas ao ser inquirido.
2. Sentimentos relatados espontaneamente, com palavras.
3. Comunica os sentimentos não com palavras, ou seja, na expressão facial, postura, voz e tendência ao choro.
4. Sentimentos deduzidos de comunicação verbal e não-verbal do paciente.

2. SENTIMENTOS DE CULPA
0. Ausentes.
1. Auto-recriminação: sente que decepcionou outras pessoas.
2. Idéias de culpa ou ruminações sobre erros ou ações do passado.
3. Acha que a doença atual é um castigo; delírio de culpa.
4. Ouve vozes de acusação ou denúncia e/ou tem alucinações visuais ameaçadoras.

3. SUICÍDIO
0. Ausente.
1. Acha que a vida não vale a pena.

2. Desejaria estar morto ou pensa na possibilidade de sua própria morte.
3. Idéias ou gestos suicidas.
4. Tentativa de suicídio (qualquer tentativa séria, marcar 4).

4. INSÔNIA INICIAL
0. Sem dificuldade para conciliar o sono.
1. Queixa-se de dificuldade ocasional para conciliar o sono (mais de meia hora).
2. Queixa-se de dificuldade para conciliar o sono todas as noites.

5. INSÔNIA INTERMEDIÁRIA
0. Sem dificuldade
1. Queixa-se de inquietude e perturbação durante a noite.
2. Acorda à noite – qualquer saída da cama marcar 2 (exceto para necessidades fisiológicas).

6. INSÔNIA TERMINAL (madrugada)
0. Sem dificuldade.
1. Acorda de madrugada, mas volta a dormir.
2. Incapaz de voltar a conciliar o sono ao acordar de madrugada ou sair da cama.

7. TRABALHO E ATIVIDADES
0. Sem dificuldades.
1. Pensamentos e sentimentos de incapacidade, fadiga ou fraqueza relacionados a atividades, trabalho ou passatempos.
2. Perda de interesse em atividades, passatempos ou trabalho, seja direta ou indiretamente relatada pelo paciente, por falta de iniciativa, indecisão e vacilação (sente que precisa se forçar para trabalhar ou desenvolver atividades).
3. Redução do tempo gasto em atividades ou queda de produtividade (marcar 3 se não ocupar pelo menos três horas por dia em atividades, trabalho ou passatempos, exceto as de rotina).
4. Parou de trabalhar devido à doença atual (marcar 4 se não desenvolve atividades além das de rotina ou deixa de realizá-las se não tiver ajuda).

8. RETARDO (lentificação do pensamento e discurso, dificuldade de concentração, diminuição da atividade motora)
0. Pensamento e discurso normais.
1. Discreta lentificação durante a entrevista.
2. Óbvia lentificação durante a entrevista.
3. Entrevista difícil.
4. Estupor.

9. AGITAÇÃO

0. Nenhuma.
1. Inquietude.
2. Brinca com as mãos ou cabelos etc.
3. Movimenta-se, não consegue sentar-se quieto durante a entrevista.
4. Retorce as mãos, rói unhas, puxa os cabelos, morde os lábios.

10. ANSIEDADE PSÍQUICA

0. Sem problemas.
1. Tensão e irritabilidade subjetivas.
2. Preocupação excessiva com trivialidades.
3. Atitude apreensiva aparente na fisionomia ou no discurso.
4. Medos expressos espontaneamente.

11. ANSIEDADE SOMÁTICA

(Concomitantes fisiológicos da ansiedade:
gastrintestinais – boca seca, flatulência, indigestão, diarréia, cólicas, eructações;
cardiovasculares – palpitações, cefaléias;
respiratórias – hiperventilação, suspiros;
sudorese – ter que urinar com freqüência.)
0. Ausente
1. Leve: sintomas menores relatados quando inquirido.
2. Moderado: sintomas não incapacitantes descritos espontaneamente.
3. Grave: maior número e freqüência que 2; acompanhado de estresse subjetivo e prejuízo do funcionamento normal.
4. Incapacitante: numerosos sintomas, persistentes ou incapacitantes na maior parte do tempo; ataques de pânico.

12. SINTOMAS SOMÁTICOS GASTRINTESTINAIS

0. Nenhum.
1. Perda de apetite, mas alimenta-se voluntariamente. Sensações de peso no abdômen.
2. Dificuldade para comer sem encorajamento ou insistência. Solicita ou requer laxantes ou medicação para sintomas gastrintestinais.

13. SINTOMAS SOMÁTICOS EM GERAL

0. Nenhum.
1. Peso ou lassidão nos membros, costas ou cabeça. Dores nas costas, cabeça ou musculares. Perda de energia e fatigabilidade.
2. Marcar 2 para qualquer sintoma bem definido.

14. SINTOMAS GENITAIS (perda da libido, distúrbios menstruais)

0. Ausentes, ou informação insuficiente.
1. Leves: redução da libido ou desempenho sexual insatisfatório; tensão pré-menstrual leve.
2. Graves: desinteresse ou impotência; tensão pré-menstrual grave.

15. HIPOCONDRIA

0. Ausentes.
1. Auto-observação (corporal) aumentada.
2. Preocupação excessiva com a saúde.
3. Queixas freqüentes, pedidos de ajuda etc.
4. Idéias delirantes hipocondríacas.

16. PERDA DE PESO (avaliar A ou B)

A. De acordo com o paciente.
0. Nenhuma.
1. Provável emagrecimento associado à doença atual.
2. Perda de peso indubitável (de acordo com o paciente).
B. Com base em medidas semanais.
0. Menos de 0,5 kg de perda na semana.
1. Mais de 0,5 kg de perda na semana.
2. Mais de 1,0 kg de perda na semana.

17. CRÍTICA

0. Reconhece estar deprimido e doente ou não estar deprimido esta semana.
1. Reconhece estar doente, mas atribui isso à má alimentação, ao clima, ao excesso de trabalho, ao vírus, à necessidade de descanso etc.
2. Nega estar doente.

RESULTADO TOTAL DA HAM-D DE 17 ITENS:
(Faixa de variação: 0-50)

ANEXO E

Escala de auto-avaliação de adequação social – EAS
Social Adjustment Scale – Self Report (Weissman e Bothwell, 1976)

Gostaríamos de saber como você se sentiu no seu trabalho, lazer e vida familiar nas duas últimas semanas.

Não existem respostas certas ou erradas neste questionário.

Escolha as respostas que melhor descrevam como você esteve nessas semanas.

TRABALHO FORA DE CASA

Assinale a resposta que melhor se adapte à sua condição.

Você:

1 ( ) é um trabalhador assalariado e/ou autônomo.

2 ( ) trabalha em casa sem remuneração (prendas domésticas).

3 ( ) é estudante.

4 ( ) é aposentado.

5 ( ) está desempregado.

Você geralmente trabalha mais de 15 horas por semana com remuneração?

1 ( ) sim   2 ( ) não

Você trabalhou nestas duas últimas semanas com remuneração?

1 ( ) sim   2 ( ) não

Assinale a resposta que melhor descreve sua situação nas duas últimas semanas.

1. Quantos dias de trabalho remunerado você perdeu?

1 ( ) Não perdi nenhum dia.

2 ( ) Perdi um dia.

3 ( ) Perdi cerca de metade do tempo de trabalho.

4 ( ) Perdi mais da metade do tempo de trabalho, mas trabalhei pelo menos um dia.

5 ( ) Não trabalhei nenhum dia.

8 ( ) Estive em férias nesse período.

Se você não trabalhou com remuneração em nenhum dia dessas semanas, pule para a questão 7.

2. Você foi capaz de realizar seu trabalho?

1 ( ) Fiz meu trabalho muito bem.

2 ( ) Fiz meu trabalho bem, porém tive algumas pequenas dificuldades.

3 ( ) Necessitei de auxílio no trabalho e cerca de metade do tempo não o fiz adequadamente.

4 ( ) Fiz meu trabalho de maneira inadequada na maior parte do tempo.

5 ( ) Fiz meu trabalho de maneira inadequada durante o tempo todo.

3. Você se sentiu envergonhado de seu desempenho no trabalho?

1 ( ) Em nenhum momento me senti envergonhado.

2 ( ) Uma ou duas vezes me senti um pouco envergonhado.
3 ( ) Cerca de metade do tempo me senti envergonhado.
4 ( ) Senti-me envergonhado a maior parte do tempo.
5 ( ) Senti-me envergonhado o tempo todo.

4. Você teve algum tipo de discussão com as pessoas com quem você trabalha?
1 ( ) Não tive nenhuma discussão e me relacionei muito bem.
2 ( ) No geral me relacionei bem, mas tive pequenas discussões.
3 ( ) Tive mais de uma discussão.
4 ( ) Tive várias discussões.
5 ( ) Tive discussões constantemente.

5. Você se sentiu chateado, preocupado ou desconfortável enquanto realizava seu trabalho?
1 ( ) Em nenhum momento me senti assim.
2 ( ) Senti-me assim uma ou duas vezes.
3 ( ) Senti-me assim cerca de metade do tempo.
4 ( ) Senti-me assim a maior parte do tempo.
5 ( ) Senti-me assim o tempo todo.

6. Você achou seu trabalho interessante?
1 ( ) Meu trabalho foi interessante praticamente o tempo todo.
2 ( ) Uma ou duas vezes meu trabalho não foi interessante.
3 ( ) Cerca de metade do tempo meu trabalho não foi interessante.
4 ( ) Meu trabalho não foi interessante a maior parte do tempo.
5 ( ) Meu trabalho não foi interessante o tempo todo.

TRABALHO EM CASA
As donas de casa devem responder às questões de 7 a 12 – os demais sigam para a questão 13.

7. Quantos dias você realizou tarefas domésticas?
1 ( ) Diariamente.
2 ( ) Realizei tarefas domésticas quase todos os dias.
3 ( ) Realizei tarefas domésticas cerca de metade do tempo.
4 ( ) No geral, não realizei tarefas domésticas.
5 ( ) Fui totalmente incapaz de realizar tarefas domésticas.
8 ( ) Estive ausente de casa nas duas últimas semanas.

8. Você foi capaz de realizar suas tarefas domésticas, tais como cozinhar, limpar, fazer compras, consertos caseiros etc.?

1 ( ) Realizei as tarefas muito bem.
2 ( ) Realizei as tarefas bem, porém tive pequenas dificuldades.
3 ( ) Necessitei de auxílio nas tarefas e cerca de metade do tempo não as fiz adequadamente.
4 ( ) Fiz minhas tarefas de maneira inadequada na maior parte do tempo.
5 ( ) Fiz minhas tarefas de maneira inadequada o tempo todo.

9. Você se sentiu envergonhado de seu desempenho nas tarefas domésticas?

1 ( ) Em nenhum momento me senti envergonhado.
2 ( ) Uma ou duas vezes me senti um pouco envergonhado.
3 ( ) Cerca de metade do tempo me senti envergonhado.
4 ( ) Senti-me envergonhado a maior parte do tempo.
5 ( ) Senti-me envergonhado o tempo todo.

10. Você teve algum tipo de discussão com vendedores, comerciantes ou vizinhos?

1 ( ) Não tive nenhuma discussão e relacionei-me muito bem.
2 ( ) No geral me relacionei bem, mas tive pequenas discussões.
3 ( ) Tive mais de uma discussão.
4 ( ) Tive várias discussões.
5 ( ) Tive discussões constantemente.

11. Você se sentiu incomodado com o seu trabalho doméstico?

1 ( ) Em nenhum momento me senti incomodado.
2 ( ) Senti-me incomodado uma ou duas vezes.
3 ( ) Senti-me incomodado cerca de metade do tempo.
4 ( ) Senti-me incomodado a maior parte do tempo.
5 ( ) Senti-me incomodado o tempo todo.

12. Você achou seu trabalho doméstico interessante?

1 ( ) Meu trabalho foi interessante na maior parte do tempo.
2 ( ) Uma ou duas vezes meu trabalho não foi interessante.
3 ( ) Cerca de metade do tempo meu trabalho não foi interessante.
4 ( ) Meu trabalho não foi interessante a maior parte do tempo.
5 ( ) Meu trabalho não foi interessante o tempo todo.

ESTUDANTE

Responda às questões de 13 a 18 se você freqüenta escola por meio período ou mais. Caso contrário, pule para a questão 19.

Quanto tempo você permanece na escola?

1 ( ) Período integral.

2 ( ) Mais que meio período.

3 ( ) Meio período.

Assinale a resposta que melhor descreve sua situação nas últimas duas semanas.

13. Quantos dias de aula você perdeu?

1 ( ) Não perdi nenhum dia.

2 ( ) Perdi poucos dias de aula.

3 ( ) Perdi cerca de metade do tempo de aula.

4 ( ) Perdi mais da metade do tempo de aula.

5 ( ) Não fui à escola nenhum dia.

8 ( ) Estive de férias nesse período.

14. Você foi capaz de realizar suas tarefas escolares?

1 ( ) Fiz minhas tarefas muito bem.

2 ( ) Fiz minhas tarefas, porém tive pequenas dificuldades.

3 ( ) Necessitei de ajuda nas minhas tarefas e cerca de metade do tempo não as fiz adequadamente.

4 ( ) Fiz minhas tarefas de maneira inadequada a maior parte do tempo.

5 ( ) Fiz minhas tarefas de maneira inadequada o tempo todo.

15. Você se sentiu envergonhado de seu desempenho escolar?

1 ( ) Em nenhum momento me senti envergonhado.

2 ( ) Uma ou duas vezes me senti envergonhado.

3 ( ) Cerca de metade do tempo me senti envergonhado.

4 ( ) Senti-me envergonhado a maior parte do tempo.

5 ( ) Senti-me envergonhado o tempo todo.

16. Você teve algum tipo de discussão com pessoas ligadas à escola?

1 ( ) Não tive nenhuma discussão e me relacionei muito bem.

2 ( ) No geral me relacionei bem, mas tive pequenas discussões.

3 ( ) Tive mais de uma discussão.

4 ( ) Tive várias discussões.

5 ( ) Tive discussões constantemente.

8 ( ) Não se aplica, não freqüentei a escola nesse período.

17. Você teve algum aborrecimento na escola?

1 ( ) Em nenhum momento me senti aborrecido.
2 ( ) Senti-me aborrecido uma ou duas vezes.
3 ( ) Senti-me aborrecido cerca de metade do tempo.
4 ( ) Senti-me aborrecido a maior parte do tempo.
5 ( ) Senti-me aborrecido o tempo todo.
8 ( ) Não se aplica, não freqüentei a escola nesse período.

18. Você achou suas tarefas escolares interessantes?

1 ( ) Minhas tarefas escolares foram interessantes o tempo todo.
2 ( ) Uma ou duas vezes minhas tarefas escolares não foram interessantes.
3 ( ) Cerca de metade do tempo minhas tarefas escolares não foram interessantes.
4 ( ) No geral, minhas tarefas escolares não foram interessantes a maior parte do tempo.
5 ( ) Minhas tarefas escolares não foram interessantes o tempo todo.

LAZER

Todos devem responder às questões de 19 a 27

Assinale a resposta que melhor descreve sua situação nas últimas duas semanas.

19. Quantos amigos você viu ou com quantos conversou ao telefone?

1 ( ) Nove ou mais amigos.
2 ( ) Cinco a oito amigos.
3 ( ) Dois a quatro amigos.
4 ( ) Um amigo.
5 ( ) Nenhum amigo.

20. Você foi capaz de conversar sobre seus sentimentos e problemas com pelo menos um amigo?

1 ( ) Posso sempre falar sobre meus sentimentos.
2 ( ) No geral, posso falar sobre meus sentimentos.
3 ( ) Consegui falar sobre meus sentimentos cerca de metade do tempo.
4 ( ) Com freqüência não consegui falar sobre meus sentimentos.
5 ( ) Em nenhum momento consegui falar sobre meus sentimentos.
8 ( ) Não se aplica, não tenho amigos.

21. Quantas vezes você saiu socialmente com outras pessoas? Por exemplo, foi ao cinema, restaurantes, igreja, convidou amigos para sua casa?

1 ( ) Mais de três vezes.
2 ( ) Três vezes.

3 ( ) Duas vezes.
4 ( ) Uma vez.
5 ( ) Nenhuma vez.

22. Quanto tempo você dedicou a suas atividades de lazer? Por exemplo, praticar esportes, ouvir música etc.
1 ( ) Dediquei a maior parte do tempo livre ao lazer praticamente todos os dias.
2 ( ) Dediquei parte do tempo livre ao lazer em alguns dias.
3 ( ) Dediquei pouco tempo livre ao lazer.
4 ( ) No geral, não dediquei nenhum tempo ao lazer, mas assisti à televisão.
5 ( ) Não dediquei nenhum tempo ao lazer, nem assisti à televisão.

23.Você teve algum tipo de discussão com seus amigos?
1 ( ) Não tive nenhuma discussão e me relacionei muito bem.
2 ( ) No geral, me relacionei bem, mas tive pequenas discussões.
3 ( ) Tive mais de uma discussão.
4 ( ) Tive várias discussões.
5 ( ) Tive discussões constantes.
8 ( ) Não se aplica, não tenho amigos.

24. Se seus sentimentos foram feridos ou se você foi ofendido por algum amigo, o que aconteceu?
1 ( ) Isso não me afetou ou não aconteceu.
2 ( ) Superei em poucas horas.
3 ( ) Superei em poucos dias.
4 ( ) Superei em uma semana.
5 ( ) Vai levar meses até que eu me recupere.
8 ( ) Não se aplica, não tenho amigos.

25. Você se sentiu tímido ou desconfortável quando perto de outras pessoas?
1 ( ) Senti-me confortável o tempo todo.
2 ( ) Algumas vezes me senti desconfortável, mas relaxei depois de pouco tempo.
3 ( ) Senti-me desconfortável cerca de metade do tempo.
4 ( ) No geral, senti-me desconfortável.
5 ( ) Senti-me desconfortável o tempo todo.
8 ( ) Não se aplica, não estive com outras pessoas.

26. Você se sentiu solitário e desejando ter mais amigos?
1 ( ) Não me senti solitário.
2 ( ) Senti-me solitário algumas vezes.

3 ( ) Senti-me solitário cerca de metade do tempo.

4 ( ) No geral, senti-me solitário.

5 ( ) O tempo todo, senti-me solitário e desejando ter mais amigos.

27. Você se sentiu aborrecido em seu tempo livre?

1 ( ) Nunca me senti aborrecido.

2 ( ) No geral, não me senti aborrecido.

3 ( ) Senti-me aborrecido cerca de metade do tempo.

4 ( ) No geral, senti-me aborrecido.

5 ( ) Senti-me aborrecido o tempo todo.

Você é solteiro, separado ou divorciado e não mora com um parceiro sexual?

1 ( ) SIM, responda às questões **28** e **29**.

2 ( ) NÃO, pule para a questão **30**.

28. Quantas vezes você teve um encontro com intenções amorosas?

1 ( ) Mais de três vezes.

2 ( ) Três vezes.

3 ( ) Duas vezes.

4 ( ) Uma vez.

5 ( ) Nenhuma vez.

29. Você se interessou por ter encontros amorosos? Se você não os teve, gostaria de tê-los tido?

1 ( ) Interessei-me por encontros o tempo todo.

2 ( ) A maior parte do tempo me interessei por encontros.

3 ( ) Cerca de metade do tempo me interessei por encontros.

4 ( ) Não me interessei por encontros a maior parte do tempo.

5 ( ) Estive totalmente desinteressado por encontros.

FAMÍLIA

Responda às questões de 30 a 37 sobre seus pais, irmãos, irmãs, cunhados, sogros e crianças que não moram em sua casa. Você esteve em contato com algum deles?

1 ( ) SIM, responda às questões de **30** a **37**

2 ( ) NÃO, pule para a questão **36**

30. Você teve algum tipo de discussão com seus parentes nas duas últimas semanas?

1 ( ) Relacionamo-nos bem o tempo todo.

2 ( ) No geral, nos relacionamos bem, mas tive pequenas discussões.
3 ( ) Tive mais de uma discussão com pelo menos um parente.
4 ( ) Tive várias discussões.
5 ( ) Tive discussões constantemente.

31. Você foi capaz de conversar sobre seus sentimentos e problemas com pelo menos um parente?
1 ( ) Posso sempre falar sobre meus sentimentos com pelo menos um parente.
2 ( ) No geral, posso falar sobre meus sentimentos.
3 ( ) Consegui falar sobre meus sentimentos cerca de metade do tempo.
4 ( ) Com freqüência, não consegui falar sobre meus sentimentos.
5 ( ) Nunca consegui falar sobre meus sentimentos.

32. Você evitou contato com seus familiares?
1 ( ) Procurei meus familiares regularmente.
2 ( ) Procurei algum familiar pelo menos uma vez.
3 ( ) Esperei que meus familiares me procurassem.
4 ( ) Evitei meus familiares, mas eles me procuraram.
5 ( ) Não tenho contato com nenhum familiar.

33. Você dependeu de seus familiares para obter ajuda, conselhos, dinheiro ou afeto?
1 ( ) Em nenhum momento preciso ou dependo deles.
2 ( ) No geral, não dependi deles.
3 ( ) Dependi deles cerca de metade do tempo.
4 ( ) Dependo deles a maior parte do tempo.
5 ( ) Dependo completamente de meus familiares.

34. Você quis contrariar seus familiares a fim de provocá-los?
1 ( ) Não quis contrariá-los.
2 ( ) Uma ou duas vezes quis contrariá-los.
3 ( ) Quis contrariá-los cerca de metade do tempo.
4 ( ) Quis contrariá-los a maior parte do tempo.
5 ( ) Eu os contrariei o tempo todo.

35. Você se preocupou, sem nenhuma razão, com coisas que pudessem acontecer a seus familiares?
1 ( ) Não me preocupei sem razão.
2 ( ) Preocupei-me uma ou duas vezes.
3 ( ) Preocupei-me cerca de metade do tempo.

4 ( ) Preocupei-me a maior parte do tempo.

5 ( ) Preocupei-me o tempo todo.

8 ( ) Não se aplica, não tenho familiares.

Todos respondem às questões 36 e 37, mesmo que não tenham familiares.

36. Você achou que decepcionou ou foi injusto com seus familiares?

1 ( ) Não achei que os decepcionei em nada.

2 ( ) No geral, não achei que os decepcionei.

3 ( ) Cerca de metade do tempo achei que os decepcionei.

4 ( ) A maior parte do tempo achei que os decepcionei.

5 ( ) O tempo todo achei que os decepcionei.

37. Em algum momento você achou que seus familiares o decepcionaram ou foram injustos com você?

1 ( ) Em nenhum momento achei que eles me decepcionaram.

2 ( ) No geral, achei que eles não me decepcionaram.

3 ( ) Cerca de metade do tempo achei que eles me decepcionaram.

4 ( ) A maior parte do tempo achei que eles me decepcionaram.

5 ( ) Tenho muita mágoa, porque eles me decepcionaram.

Você mora com seu cônjuge ou está morando com um parceiro sexual?

1 ( ) SIM, responda às questões de 38 a 46

2 ( ) NÃO, pule para a questão 47

38. Você teve algum tipo de discussão com seu companheiro?

1 ( ) Não tivemos nenhuma discussão e nos relacionamos muito bem.

2 ( ) No geral, relacionamo-nos bem, mas tivemos pequenas discussões.

3 ( ) Tivemos mais de uma discussão.

4 ( ) Tivemos várias discussões.

5 ( ) Tivemos discussões constantemente.

39. Você foi capaz de conversar sobre seus sentimentos e problemas com seu companheiro?

1 ( ) Pude sempre falar sobre meus sentimentos livremente.

2 ( ) No geral, pude falar sobre meus sentimentos.

3 ( ) Consegui falar sobre meus sentimentos cerca de metade do tempo.

4 ( ) Com freqüência, não consegui falar sobre meus sentimentos.

5 ( ) Em nenhum momento consegui falar sobre meus sentimentos.

40. Você exigiu que as coisas em casa fossem feitas do seu jeito?
1 ( ) Eu não insisti para que as coisas fossem feitas do meu jeito.
2 ( ) No geral, eu não insisti para que as coisas fossem feitas do meu jeito.
3 ( ) Cerca da metade do tempo eu insisti para que as coisas fossem feitas do meu jeito.
4 ( ) No geral, eu insisti para que as coisas fossem feitas do meu jeito.
5 ( ) O tempo todo eu insisti para que as coisas fossem feitas do meu jeito.

41. Você sentiu que seu companheiro foi autoritário com você ou ficou "pegando no seu pé"?
1 ( ) Quase nunca.
2 ( ) De vez em quando.
3 ( ) Cerca de metade do tempo.
4 ( ) A maior parte do tempo.
5 ( ) O tempo todo.

42. Você se sentiu dependente de seu companheiro?
1 ( ) Senti-me independente.
2 ( ) No geral, senti-me independente.
3 ( ) Senti-me um tanto dependente.
4 ( ) No geral, senti-me dependente.
5 ( ) Dependi de meu companheiro para tudo.

43. Como você se sentiu em relação ao seu companheiro?
1 ( ) Senti afeto o tempo todo.
2 ( ) No geral, senti afeto.
3 ( ) Cerca de metade do tempo senti afeto e cerca de metade do tempo senti desagrado.
4 ( ) No geral, senti desagrado.
5 ( ) Senti desagrado o tempo todo.

44. Quantas vezes você e seu companheiro tiveram relações sexuais?
1 ( ) Mais de duas vezes por semana.
2 ( ) Uma ou duas vezes por semana.
3 ( ) Uma vez a cada duas semanas.
4 ( ) Menos de uma vez a cada duas semanas, mas pelo menos uma vez no último mês.
5 ( ) Nenhuma vez no último mês ou mais.

45. Você teve algum problema durante relações sexuais, tal como dor?

1 ( ) Nenhum.

2 ( ) Uma ou duas vezes.

3 ( ) Cerca de metade das vezes.

4 ( ) A maior parte das vezes.

5 ( ) Todas as vezes.

8 ( ) Não se aplica, não tive relações sexuais nas duas últimas semanas.

46. Como você se sentiu quanto às relações sexuais nas duas últimas semanas?

1 ( ) Senti prazer todas as vezes.

2 ( ) No geral, senti prazer.

3 ( ) Senti prazer cerca de metade das vezes.

4 ( ) No geral, não senti prazer.

5 ( ) Não senti prazer nenhuma das vezes.

FILHOS

Nas duas últimas semanas, estiveram morando com você filhos solteiros, adotivos ou enteados?

1 ( ) SIM, responda às questões de **47** a **50**

2 ( ) NÃO, pule para a questão **51**

47. Você tem se interessado pelas atividades de seus filhos, escola, lazer?

1 ( ) Interessei-me e estive ativamente envolvido o tempo todo.

2 ( ) No geral, interessei-me e estive envolvido.

3 ( ) Cerca de metade do tempo interessei-me.

4 ( ) No geral, não me interessei.

5 ( ) Estive desinteressado o tempo todo.

48. Você foi capaz de conversar e ouvir seus filhos nas duas últimas semanas? (crianças maiores de 2 anos)

1 ( ) Sempre consegui me comunicar com eles.

2 ( ) No geral, consegui me comunicar com eles.

3 ( ) Cerca de metade das vezes consegui me comunicar com eles.

4 ( ) No geral, não consegui me comunicar com eles.

5 ( ) Não consegui me comunicar com eles.

8 ( ) Não se aplica, não tenho filhos maiores de 2 anos.

49. Como você se relacionou com seus filhos?

1 ( ) Não tive nenhuma discussão e me relacionei muito bem.

2 ( ) No geral, relacionei-me bem, mas tive pequenas discussões.

3 ( ) Tive mais de uma discussão.
4 ( ) Tive várias discussões.
5 ( ) Tive discussões constantemente.

50. Como você se sentiu em relação a seus filhos?
1 ( ) Senti afeto o tempo todo.
2 ( ) No geral, senti afeto.
3 ( ) Cerca de metade do tempo senti afeto.
4 ( ) No geral, não senti afeto.
5 ( ) Em nenhum momento senti afeto.

VIDA FAMILIAR
Você já foi casado, viveu com um parceiro sexual ou teve filhos?
1 ( ) SIM, responda às questões de 51 a 53
2 ( ) NÃO, pule para a questão 54

51. Você se preocupou com seu companheiro ou com algum de seus filhos sem nenhuma razão?
1 ( ) Não me preocupei.
2 ( ) Preocupei-me uma ou duas vezes.
3 ( ) Preocupei-me cerca de metade do tempo.
4 ( ) Preocupei-me a maior parte do tempo.
5 ( ) Preocupei-me o tempo todo.
8 ( ) Não se aplica, não tenho companheiro ou filhos vivos.

52. Em algum momento você achou que decepcionou o seu parceiro ou algum de seus filhos?
1 ( ) Não achei que os decepcionei em nada.
2 ( ) No geral, não senti que os decepcionei.
3 ( ) Cerca de metade do tempo achei que os decepcionei.
4 ( ) A maior parte do tempo achei que os decepcionei.
5 ( ) Eu os decepcionei completamente.

53. Em algum momento você achou que seu companheiro ou algum de seus filhos o decepcionou?
1 ( ) Em nenhum momento achei que eles me decepcionaram.
2 ( ) No geral, achei que eles não me decepcionaram.
3 ( ) Cerca de metade do tempo achei que eles me decepcionaram.
4 ( ) No geral, achei que eles me decepcionaram.
5 ( ) Tenho muita mágoa porque eles me decepcionaram.

SITUAÇÃO FINANCEIRA
Todos respondem à questão 54

54. Você teve dinheiro suficiente para suprir suas necessidades e as de sua família?
1 ( ) Tive dinheiro suficiente para as necessidades básicas.
2 ( ) No geral, tive dinheiro suficiente, porém com pequenas dificuldades.
3 ( ) Cerca de metade do tempo tive dificuldades financeiras, porém não precisei pedir dinheiro emprestado.
4 ( ) No geral, não tive dinheiro suficiente e precisei pedir dinheiro emprestado.
5 ( ) Tive sérias dificuldades financeiras.

A N E X O F

Faça um auto-exame

Este é um dos auto-exames mais usados para determinar se você se encontra dentro do espectro da depressão.

TESTE DE DEPRESSÃO
(Adaptado do Centro de Estudos Epidemiológicos – Center for Epidemiological Studies, CES-D – do National Institute of Mental Health)
A seguir, há uma lista de sentimentos ou comportamentos que você talvez venha apresentando. Com que freqüência cada um ocorreu na semana passada?
Embora este teste, entre outros, seja útil para você fazer um auto-exame preliminar, o médico especializado (psiquiatra) é que está preparado para fazer o diagnóstico de depressão.

NA SEMANA PASSADA				
	Raramente ou numa parte ínfima do tempo (menos de 1 dia)	Pouco ou numa pequena parte do tempo (1-2 dias)	Ocasionalmente ou numa parte considerável do tempo (3-4 dias)	Na maior parte ou quase todo o tempo (5-7 dias)
1. Fiquei incomodado com coisas que não acostumavam me incomodar.				
2. Não tive vontade de comer, estive sem apetite.				

3. Não me senti capaz de afastar a melancolia nem com a ajuda da família ou dos amigos.			
4. Senti-me com menos valor do que as outras pessoas.			
5. Foi difícil manter a atenção no que eu estava fazendo.			
6. Senti-me deprimido.			
7. Tudo o que eu tentava fazer era um esforço.			
8. Senti-me sem esperanças com relação ao futuro.			
9. Pensei que a minha vida foi um fracasso.			
10. Senti medo.			
11. Tive um sono inquieto.			
12. Senti-me insatisfeito.			
13. Falei menos do que o normal.			
14. Senti-me sozinho.			
15. As pessoas me pareceram hostis.			
16. Não apreciei a vida.			
17. Tive acesso de choro.			
18. Senti-me triste.			
19. Senti que os outros não gostam de mim.			
20. Não me senti capaz de continuar			

RESULTADOS: As respostas na primeira coluna valem 0; na segunda coluna, valem 1; na terceira coluna, 2; na quarta coluna, 3. Os resultados podem variar de 0 a 60; quanto mais alta a pontuação, maior o número de sintomas presentes.

0-5: Sem depressão.
6-9: Depressão subliminar.
10-15: Depressão leve (distimia, caso persistente há dois anos; um ano para crianças e adolescentes).
16-24: Depressão moderada.
Acima de 24: Possível depressão grave.

É extremamente recomendável que você consulte um médico ou profissional de saúde mental caso tenha feito mais de quinze pontos.

A N E X O G

Convite a um encontro[1]

Jacob Levy Moreno

Mais importante do que a ciência, é o que ela produz,
Uma resposta provoca uma centena de perguntas.

Mais importante do que a poesia é o que ela produz,
Um poema invoca uma centena de atos heróicos.

Mais importante do que o reconhecimento é o que ele produz,
Produz dor e culpa.

Mais importante do que a procriação é a criança.
Mais importante do que a evolução da criação é a evolução do criador.

Em lugar dos passos imperiais, o imperador.
Em lugar dos passos criativos, o criador.

Um encontro de dois: olhos nos olhos, face a face.
E quando você estiver perto, arrancarei seus olhos
E os colocarei no lugar dos meus;
E arrancarei meus olhos
E os colocarei no lugar dos seus;
Então verei você com seus olhos
E você me verá com meus olhos.

Então, até a coisa mais comum servirá ao silêncio
E nosso encontro permanecerá meta sem cadeias.
Um lugar indeterminado, num tempo indeterminado.
Uma palavra indeterminada para um homem indeterminado.

ANEXO H – FLUXOGRAMA DAS INTERVENÇÕES

Semana	-1	0	1	2	3	4	5	6	7	8	9	10	11	12	13	14	15	16	17	18	19	20	21	22	23	24	25	26	27	28	29	30	31	32
Histórico	P	C	–	–	–	–	–	–	–	–	–	–	–	–	–	–	–	–	–	–	–	–	–	–	–	–	–	–	–	–	–	–	–	–
Tratamento Farmacológico	P	C	–	–	–	–	–	–	–	–	–	–	–	–	–	–	–	–	–	–	–	–	–	–	–	–	–	–	–	–	–	–	–	P C
Escala HAM-D	P	C	–	–	–	–	P	–	–	–	–	–	–	–	–	–	–	–	P	–	–	–	–	–	–	–	–	–	–	–	–	P	C	–
Escala EAS	P	C	–	–	–	–	P	–	–	–	–	–	–	–	–	–	–	–	P	–	–	–	–	–	–	–	–	–	–	–	–	P	C	–
PP Individual	–	–	P	P	P	P	–	–	–	–	–	–	–	–	–	–	–	–	–	–	–	–	–	–	–	–	P	P	–	–	–	–	–	–
PP de Grupo	–	–	–	–	–	–	–	P	P	P	P	P	P	P	P	P	P	P	P	P	P	P	P	P	P	P	P	P	P	P	P	–	–	–
Diagrama de Átomo Social	–	–	P	P	–	–	–	–	–	–	–	–	–	–	–	–	–	–	–	–	–	–	–	–	P	P	–	–	–	–	–	–	–	–
Diagrama de Papéis	–	–	–	–	P	P	–	–	–	–	–	–	–	–	–	–	–	–	–	–	–	–	–	–	–	–	P	P	–	–	–	–	–	–

GRUPO C - CONTROLE   GRUPO P - PSICOTERÁPICO

Notas

1 Entre alguns livros consultados, que fazem menção a esta poesia, há uma pequena diferença na tradução, inclusive no livro *Psicodrama*, do próprio Moreno, ela é denominada de "Divisa". Na realidade, o nome "Convite a um encontro" se refere a um título de uma brochura publicada em três partes, de 1914 a 1915, na qual são encontrados alguns ensaios e poemas. A poesia e essas informações foram baseadas na biografia de Moreno escrita por: Marineau, *Jacob Levy Moreno 1889-1974 – Pai do psicodrama, da sociometria e da psicoterapia de grupo*, p. 59. Traduzido de Jacob Levy Moreno, *Einladung zu einer Begegnung*, Heft 2 ("Convite a um encontro", 2ª parte), Viena/Leipzig: Anzengruber/ Verlag Brüder Suschitzsky, 1915.

Referências bibliográficas

Abdo, C. H. N. "Psicoterapia breve; relato inicial acerca de seis anos de experiência com alunos da Universidade de São Paulo". *Revista de Psiquiatria Clínica 14*. In: Ferreira-Santos, E. *Psicoterapia breve. Abordagem sistematizada de situações de crise*. 3. ed. São Paulo: Ágora, 1997.

Ablon, J. S.; Jones, E. E. "Validity of controlled clinical trials of psychotherapy: findings from the NIMH treatment of depression collaborative research program". *Am. J. Psychiatry*, v. 159, p. 775-783, maio 2002.

Ackerman, M., Ackerman, S. "The use of psychodrama in a post-partum depression". *J. Am. Coll. Neuropsychiatr.*, v. 1, p. 67-70, 1962.

Aguiar, M. O. *Teatro da anarquia. Um resgate do psicodrama*. Campinas: Papirus, 1988.

_____. *Teatro terapêutico. Escritos psicodramáticos*. Campinas: Papirus, 1990.

_____. *Teatro espontâneo e psicodrama*. São Paulo: Ágora, 1998.

Alexander, F. *Psiquiatría dinamica*. Buenos Aires: Paidós. 1971.

Alonso-Fernandez, F. *Fundamentos de la psiquiatría actual. Psiquiatría general*. Tomo I. 2. ed. Madri: Paz Montalvo, 1972.

Almeida Filho, N.; Mari, J. J.; Coutinho, E. S. F.; França, J. F.; Fernandes, J. G.; Andreoli, S. B.; Busnello, E. "Estudo multicêntrico de morbidade psiquiátrica em áreas urbanas brasileiras". *Revista da ABP-APAL*, Brasília, São Paulo, Porto Alegre, v. 14, p. 93-104, 1992.

Almeida, K. M.; Moreno, D. H. Quadro clínico dos subtipos do espectro bipolar. In: Moreno, R. A.; Moreno, D. H. (orgs.) *Transtorno bipolar do humor*. São Paulo: Lemos, 2002.

Alves, L. F. R. "Narcisismo: uma contribuição psicodramática para o tema". *Revista Brasileira de Psicodrama*, v. 9, n. 1, p. 44-46, 2001.

American Psychiatric Association. *Manual diagnóstico e estatístico de transtornos mentais – DSM-IV-TR*. 4. ed. Porto Alegre: Artes Médicas, 1995.

_____. *Manual diagnóstico e estatístico de transtornos mentais – DSM-IV-TR*. 4. ed. Texto revisado. Porto Alegre: Artes Médicas, 2003.

Andrade, A. C. F. "A abordagem psicoeducacional no tratamento do transtorno afetivo bipolar". *Revista Psiquiátrica Clínica*, v. 26, n. 6, p. 303-308,1999.

Andreasen, N. C. *Admirável cérebro novo. Vencendo a doença mental na era do genoma*. Porto Alegre: Artmed, 2005.

Antonio, R. "Ação dramática e intersubjetividade: psicodrama bipessoal com uma paciente deprimida". *Revista Brasileira de Psicodrama*, v. 10, n. 2, p. 23-52, 2002.

Antonio, R.; Moreno, R. A.; Roso, M. C. Transtorno depressivo. In: Abreu, C. N.; Salzano, F. T.; Vasques, F.; Cangelli Filho, R.; Cordás, T. A. *Síndromes psiquiátricas. Diagnóstico e entrevista para profissionais de saúde mental*. Porto Alegre: Artmed, 2006.

Arroll, B.; Khin, N.; Kerse, N. "Screening for depression in primary care with two verbally asked questions: cross sectional study". *B. M. J.*, v. 327, 2003.

Avrahami, E. "Cognitive-behavioral approach in psychodrama: discussion and example from addiction treatment". *The Arts in Psychotherapy*, v. 30, p. 209-216, 2003.

Beck, A. A. T.; Rush, A. J.; Shaw, B. F.; Emery, G. "Cognitive therapy of depression". *The Guilford Press*, Nova York, 1979 apud Ishara, S., p. 71-76, 2000.

Blanchard, C.; Blanchard, R. ; Fellous J. M.; Guimarães, F. S. *et al.* "The brain decade in debate: III. Neurobiology of emotion". *Brazilian Journal of Medical and Biological Research*, v. 34, p. 283-293, 2001.

BLANCO, C.; LIPSITZ, J.; CALIGOR, E. "Treatment of chronic depression with a 12-week program of Interpersonal Psychotherapy". *Am. J. Psychiatry*, v. 153, p. 3-10, mar. 2001.

BLATNER, A. "Psychodramatic methods in psychotherapy". *Psychiatric Times*, maio 1995.

_____. "A tele". In: HOLMES, P.; KARP, M.; WATSON, M. (orgs.) *O psicodrama após Moreno – Inovações na teoria e na prática*. São Paulo: Ágora, 1998.

BLATNER, A.; BLATNER, A. *Uma visão global do psicodrama. Fundamentos históricos, teóricos e práticos*. São Paulo: Ágora, 1996.

_____. "Using creativity to explore in psychotherapy". *Psychiatric Times*, p. 1-8, 2003.

BLAY, S. L. *et al.* "Effectiveness of time-limited psychotherapy for minor psychiatric disorders". *The British Journal of Psychiatry*, v. 180, p. 416-422, 2002.

BONABESSE, M. "L'utilisation du psychodrame dans le traitement des alcooliques". *Bulletin de Psychologie*, v. 285, p. 834-838, 1969-1970.

BOSC, M.; DUBINI, A.; POLIN, V. "Desenvolvimento e validação de uma escala de funcionamento social, a escala de auto-avaliação da adaptação social". *M. Bosc European Neuropsycho-pharmacology* (supl. 7), p. S57-S70, 1997.

BRITO, D. J. *Astros e ostras. Uma visão cultural do saber psicológico*. São Paulo: Ágora, 1998.

BROMBERG, W.; FRANKLIN, G. H. "The treatment of sexual deviates with group psychodrama". *Group Psychotherapy*, v. 4, n. 4, p. 274-289, 1952.

BUBER, M. *Yo y tú*. Buenos Aires: Nueva Visión, 1974.

BUCHAIN, P. C.; VIZZOTTO, A. D. B.; HENNA NETO, J.; ELKIS, H. "Randomized controlled trial of occupational therapy in patients with treatment-resistant schizophrenia". *Revista Brasileira de Psiquiatria*, v. 25, n. 1, p. 26-30, 2003.

BUCHANAN, D. R. "Psychodrama: a humanistic approach to psychiatric treatment for the Elderly". *Hospital & Community Psychiatry*, v. 33, n. 3, p. 220-223, 1982.

BURKE, J. D.; REGIER, D. A. Epidemiologia dos transtornos mentais. In: TALBOTT, J.; HALES, R.; YUDOFSKY, S. e cols. *Tratado de psiquiatria*. Porto Alegre: Artes Médicas, 1992.

BURWELL, D. "Psychodrama and the depressed elderly". *Can Nurse*, v. 73, n. 4, p. 54-55, 1977.

BUSCH, F. N.; MALIN, B. D. "Combining psychopharmacology, psychotherapy and psychoanalysis". *Psychiatric Times*. v. 15, 1998.

BUSTOS, D. M. *O teste sociométrico. Fundamentos, técnicas e aplicações*. São Paulo: Brasiliense, 1979.

_____. *Novos rumos em psicodrama*. São Paulo: Ática, 1992.

_____. Locus, matriz, status nascendi e o conceito de grupamentos. Asas e raízes. In: HOLMES, P.; KARP, M.; WATSON, M. (orgs.) *O psicodrama após Moreno – Inovações na teoria e na prática*. São Paulo: Ágora, p. 89-106, 1998a.

_____. *Novas cenas para o psicodrama – O teste da mirada e outros temas*. São Paulo: Ágora, 1998b.

_____. *Perigo... Amor à vista! Drama e psicodrama de casais*. 2. ed. São Paulo: Aleph, 2001.

_____. "Depresión social". *Momento. Revista del Instituto de Psicodrama*. Buenos Aires: ano 6, v. 2, p. 4-13, abr. 2000.

_____. e cols. *O psicodrama. Aplicações da técnica psicodramática*. 3. ed. São Paulo: Ágora, 2005.

CAMARGO, A. P. P.; MORENO, R. A. "Como aumentar a adesão ao tratamento de pacientes com transtornos afetivos?" In: *Simpósio internacional "Depressão: perspectivas para o próximo milênio" – Caderno de Referências*. Gruda, IPHC FMUSP, p. 3, 1998.

CALIL, H. M.; PIRES, M. L. N. "Aspectos gerais das escalas de avaliação de depressão". *Revista de Psiquiatria Clínica*, v. 25, n. 5, edição especial, 1998.

CALVENTE, C. *O personagem na psicoterapia. Articulações psicodramáticas*. São Paulo: Ágora, 2002.

CAPALBO, C. "Fenomenologia e psiquiatria". *Jornal Brasileiro de Psiquiatria*, v. 31, n. 5, p. 287-290, 1982.

CARACUSHANSKY, S. R. *A terapia mais breve possível: avanços em práticas psicanalíticas*. São Paulo: Summus, 1990 apud FERREIRA-SANTOS, E. *Psicoterapia breve. Abordagem sistematizada de situações de crise*. 3. ed. São Paulo: Ágora, 1977.

CARBONELL, D. M.; PARTELENO-BAREHMI, C. "Psychodrama groups for girls coping with trauma". *Int. J. Group Psychother.*, v. 49, n. 3, 1999.

CARDOSO, C. M. "O deprimir: análise fenomenológica". *Revista Saúde Mental*, v. 2, n. 6, 2000.

CAREZZATO, M. C. "Uma leitura psicodramática da síndrome do pânico". *Revista Brasileira de Psicodrama*, v. 7, n. 2, p. 97-108, 1999.

CARLSON-SABELLI, L.; HALE, A. E.; SABELLI, H. Sociometria e sociodinâmica. In: HOLMES, P.; KARP, M.; WATSON, M. (orgs.) *O psicodrama após Moreno – Inovações na teoria e na prática*. São Paulo: Ágora, 1998.

CARMAN, M. B.; NORDIN, S. R. "Psychodrama: a therapeutic modality for the elderly in nursing homes". *Clin. Geront.*, v. 3, n. 1, p. 15-24, 1984.

CARROLL, J.; HOWIESON, N. "Psychodrama in teacher education". *Group Psychotherapy, Psychodrama and Sociometry*, v. 32, p. 94-99, 1979.

CASACALENDA, N.; PERRY, J. C.; LOOPER, K. "Remission in major depressive disorder: a comparison of pharmacotherapy, psychotherapy, and control conditions". *Am. J. Psychiatry*, v. 159, p. 8-16, ago. 2002.

CASSORLA, R. M. S. "Prefácio". In: TURATO, E. R. *Tratado da metodologia da pesquisa clínico-qualitativa*. 2. ed. Petrópolis: Vozes, 2003.

CASTELLO DE ALMEIDA, W. *Psicoterapia aberta. O método do psicodrama*. São Paulo: Ágora, 1982.

_____. *Formas do encontro. Psicoterapia aberta*. São Paulo: Ágora, 1988.

_____. *O que é psicodrama*. São Paulo: Brasiliense, 1990.

_____. O lugar do psicodrama. In: PETRILLI, S. R. A. (coord.) *Rosa-dos-ventos da teoria do psicodrama*. São Paulo: Ágora, p. 53-60, 1994.

_____. *Grupos – A proposta do psicodrama*. São Paulo: Ágora, 1999.

_____. "A função interpretativa das dramatizações". *Revista Brasileira de Psicodrama*, v. 11, n. 2, p. 37-66, 2003.

CLAYTON, M. "A teoria de papéis e sua aplicação na prática clínica". In: HOLMES, P.; KARP, M.; WATSON, M. (orgs.) *O psicodrama após Moreno – Inovações na teoria e na prática*. São Paulo: Ágora, p. 159-186, 1998.

COMTE-SPONVILLE, A. *Bom dia, angústia!* São Paulo: Martins Fontes, 2000.

_____. *Apresentação da filosofia*. São Paulo: Martins Fontes, 2002.

CORDÁS, T. A. e cols. *Distimia – Do mau humor ao mal do humor. Diagnóstico e tratamento*. Porto Alegre: Artes Médicas, 1997.

_____. *Depressão: da bile negra aos neurotransmissores – Uma introdução histórica*. São Paulo: Lemos Editorial, 2002.

CORDIOLI, A. V.; HELDT, E.; BOCHI, D. B.; MARGIS, R.; SOUSA, M. B.; TONELLO, J. F.; TERUCHKIN, B.; KAPCZINSKI, F. "Cognitive-behavioral group therapy in obsessive-compulsive disorder: a clinical trial". *Revista Brasileira de Psiquiatria*, v. 24, n. 3, p. 113-120, 2002.

CORDIOLI, A. V. e cols. *Psicofármacos. Consulta rápida*. 3. ed. São Paulo: Artmed, 2005.

COSTA, E. M. S. "Algumas considerações teórico-práticas sobre a cena psicodramática. Psicodrama". *Revista da Sociedade de Psicodrama de São Paulo*, ano 4, v. 4, p. 32-43, 1992.

_____. *Gerontodrama – A velhice em cena – Estudos clínicos e psicodramáticos sobre o envelhecimento e a terceira idade*. São Paulo: Ágora, 1998.

_____. Moreno e o beijo na boca: o destino do ser humano. In: COSTA, R. P. *Um homem à frente de seu tempo: o psicodrama de Moreno no século XXI*. São Paulo: Ágora, p. 139-168.

_____. "Depressão em idosos". *Revista Kairós Gerontologia*, PUC-SP, v. 5, n. 2, p. 95-112, 2002.

_____; MORENO, R. A. "A psicoterapia psicodramática e os transtornos de humor". *Boletim de Transtornos Afetivos e Alimentares (BOTA)*, v. 18, p. 6-8, 2002.

COSTA, E. M. S.; ANTONIO, R.; SOARES, M. B. M.; MORENO, R. A. O tratamento do transtorno depressivo maior pela psicoterapia psicodramática: dados preliminares. In: *XIV Congresso Brasileiro de Psicodrama*, Belo Horizonte, 2004. Anais em CD-ROM, Belo Horizonte, MG, Federação Brasileira de Psicodrama, 2004.

CRITELLI, D. M. *Analítica do sentido. Uma aproximação e interpretação do real de orientação fenomenológica*. São Paulo: Educ, 1996.

CUKIER, R. *Palavras de Jacob Levy Moreno: vocabulário de citações do psicodrama, da psicoterapia de grupo, do sociodrama e da sociometria*. São Paulo: Ágora, 2002.

CUSHNIR, L. (org.) *J. L. Moreno. Autobiografia*. São Paulo: Saraiva, 1997.

DAMÁSIO, A. *O mistério da consciência. Do corpo e da emoção ao conhecimento de si*. São Paulo: Companhia das Letras, 2000.

DAVIES, M. H. "The origins and practice of psychodrama". *Brit. J. Psychiat.*, v. 129, p. 201-206, 1976.

DELOUYA, D. *Depressão*. São Paulo: Casa do Psicólogo, Coleção Clínica Psicanalítica, 2000.

DE MARCO, M. A. (org.) *A face humana da medicina. Do modelo biomédico ao modelo biopsicossocial*. São Paulo: Casa do Psicólogo, 2003.

DEL PORTO, J. A. Conceito de depressão e seus limites. In: LAFER, B.; ALMEIDA, O. P.; FRÁGUAS JR., R.; MIGUEL, E. C. *et al. Depressão no ciclo da vida*. Porto Alegre: Artmed, 2000.

_____. Transtorno bipolar do humor. In: MARI, J. J.; RAZZOUK, D.; PERES, M. F. T. *Psiquiatria. Guias de medicina ambulatorial e hospitalar*. São Paulo: Manole, 2002.

DEMÉTRIO, F. N. "Classificações atuais". In: MORENO, R. A.; MORENO, D. H. (orgs.) *Transtorno bipolar do humor*. São Paulo: Lemos, p. 69-93, 2002.

DERDYK, P. R.; OLIVEIRA LIMA, C. V. Abordagem cognitivo-comportamental para deprimidos. In: *Simpósio Internacional "Depressão: Perspectivas para o próximo milênio" – Caderno de Referências*. Gruda, IPHC FMUSP, 1998.

DINIZ, J. T. "Depressão: um distúrbio da agressividade?". *Anais, 5º Congresso Brasileiro de Psicodrama*, v. 1, p. 138-144, 1986.

DUBOVSKY, S. L.; DUBOVSKY, A. N. *Transtornos do humor*. São Paulo: Artmed, 2004.

DUCLÓS, S. M. *Quando o terapeuta é o protagonista. Encontro com Dalmiro M. Bustos*. São Paulo: Ágora, 1992.

ELIASBERG, W. G. "Group treatment of homosexuals on probation". *Group Psychotherapy*, v. 7, n. 3-4, p. 218-226, 1954.

ELKIS, H. *Contribuição para o estudo da deterioração intelectual subclínica em alcóolatras crônicos: investigação através do método psicodramático.* Dissertação (Mestrado) – Faculdade de Medicina, Universidade de São Paulo, São Paulo, São Paulo,1982.

ENÉAS, M. L. E. Terapia dinâmica de tempo limitado. In: YOSHIDA, E. M. P.; ENÉAS, M. L. E. (orgs.) *Psicoterapias psicodinâmicas breves: propostas atuais.* Campinas: Alínea, 2004.

ENGEL, J. V. "Psico-análise, psico-terapia, modernidade e pós-modernidade: uma discussão. Novas considerações sobre o lugar da psicanálise". *Revista Brasileira de Psicanálise*, v. 34, n. 3, p. 451-474, 2000.

ENNEIS, J. M. "A note on the organization of the St. Elizabeth's Hospital Psychodrama Program". *Group Psychotherapy – Journal of Sociopsychopathology and Sociatry*, v. 3, n. 2-3, p. 253-254, 1950.

FAVA, G. A.; RUINI, C. "The sequential approach to relapse prevention in unipolar depression". *World Psychiatry – Official Journal of the World Psychiatric Association*, v. 1, n. 1, p. 10-15, 2002.

FAVA, G. A.; RAFANELLI, C.; GRANDI, S.; CANESTRARI, R.; MORPHY, M. A. "Six-year outcome for cognitive behavioral treatment of residual symptoms in major depression". *Am. J. Psychiatry*, v. 155, n. 10, p. 305-310, out. 1998.

FERREIRA-SANTOS, E. *Psicoterapia breve. Abordagem psicodramática de situações de crise.* São Paulo: Flumen, 1990.

_____. *Psicoterapia breve. Abordagem sistematizada de situações de crise.* 3. ed. São Paulo: Ágora, 1997.

FLECK, M. P. A.; LAFER, B.; SOUGEY, E. B.; DEL PORTO, J. A.; BRASIL, M. A.; JURUENA, F. "Diretrizes da Associação Médica Brasileira para o tratamento da depressão (versão integral)". *Revista Brasileira de Psiquiatria*, v. 25, n. 2, p. 114-122, 2003.

FIORINI, H. J. Teoria e técnicas de psicoterapias. In: FERREIRA-SANTOS, E. *Psicoterapia breve. Abordagem sistematizada de situações de crise.* 3. ed. São Paulo: Ágora, p. 40, 1997.

FONSECA, J. *Psicodrama da loucura. Correlações entre Buber e Moreno.* São Paulo: Ágora, 1980.

_____. *Psicoterapia da relação. Elementos de psicodrama contemporâneo.* São Paulo: Ágora, 2000.

FOX, J. *O essencial de Moreno. Textos sobre psicodrama, terapia de grupo e espontaneidade.* São Paulo: Ágora, 2002.

FRANK, J. "History: The real basic science of psychotherapy?" *The Journal of Nervous and Mental Disease*, v. 188, n. 11, p. 725-727, nov. 2000.

FRANK, J. D. "Group psychotherapy in relation to research". *Group Psychotherapy – Journal of Sociopsychopathology and Sociatry*, v. 3, n. 2-3, p. 197-203, 1950.

FRANZ, J. G. "The place of the psychodrama in research". *Sociometry*, v. 3, p. 49-61, 1940.

_____. "The psychodrama and interviewing". *American Sociological Review*, v. 7, p. 27-35, 1942a.

_____. "Research in psychodrama". *American Sociological Review*, v. 7, 1942b.

FREE, N. K.; GREEN, B. L.; GRACE, M. C.; CHERNUS, L. A.; WHITMAN, R. M. "Empathy and outcome in brief focal dynamic therapy". *Am. J. Psychiatry*, v. 142, n. 8, p. 917-921, ago. 1985.

FREUD, S. "Estudios sobre la histeria". In: *Obras completas.* 3. ed. Madri: Biblioteca Nueva, tomo I, 1973a.

_____. "Sobre psicoterapia". In: *Obras completas.* 3. ed. Madri: Biblioteca Nueva, tomo I, p. 1007-1013, 1973b.

_____. "Psicoterapia (tratamiento por el espiritu)". In: *Obras completas.* 3. ed. Madri: Biblioteca Nueva, tomo I, 1973c.

_____. "Duelo y melancolía". In: *Obras completas.* 3. ed. Madri: Biblioteca Nueva, tomo II, 1973d.

_____. "La angustia". In: *Obras completas.* 3. ed. Madri: Biblioteca Nueva, tomo II, 1973e.

_____. "El método psicanalítico de Freud". In: *Obras completas.* 3. ed. Madri: Biblioteca Nueva, tomo I, 1973f.

_____. "Personajes psicoterápicos en el teatro". In: *Obras completas.* 3. ed. Madri: Biblioteca Nueva, tomo II, 1973g.

FREY, B. N.; MABILDE, L. C.; EIZIRIK, C. L. "A integração da psicofarmacoterapia e psicoterapia de orientação analítica: uma revisão crítica". *Revista Brasileira de Psiquiatria,* v. 26, n. 2, p. 178-223, 2004.

GABBARD, G. O. "The impact of psychotherapy on the brain". *Psychiatric Times,* 1998.

_____. "Uma perspectiva neurobiologicamente orientada em psicoterapia". *Revista Brasileira de Psiquiatria,* v. 2, n. 2, p. 139-147, 2000.

_____. "Empirical evidence and psychotherapy: a growing scientific base". *The Am. J. Psychiatry,* v. 158, p. 1-3, jan. 2001.

_____; KAY, J. "The fate of integrated treatment: whatever happened to the biopsychosocial psychiatrist?" *Am. J. Psychiatry,* v. 158: n. 1-3, p. 1956-1963, 2001.

GABBARD, G. O.; WESTEN, D. "Repensando a ação terapêutica". *Revista de Psiquiatria do Rio Grande do Sul,* v. 25, n. 2, p. 257-273, 2003.

GARRIDO MARTÍN, E.; MORENO, J. L. *Psicologia do encontro.* São Paulo: Duas Cidades, 1984.

GAZZANIGA, M. S.; HEATHERTON, T. F. *Ciência psicológica. Mente, cérebro e comportamento.* Porto Alegre: Artmed, 2005.

GELLER, J. J. "Current status of group psychotherapy practices in the state hospitals for mental disease". *Group Psychotherapy – Journal of Sociopsychopathology and Sociatry,* v. 3, n. 2-3, p. 231-240, 1950.

GERRIG, R. J.; ZIMBARDO, P. G. *A psicologia e a vida.* 16. ed. Porto Alegre: Artmed, 2005.

GHELLER, J. H. "Síndrome do pânico: visão psicodinâmica-relacional-psicodramática". *Revista da Sociedade de Psicodrama de São Paulo* (SOPSP), ano 4, v. 4, p. 44-55, 1992.

GOLDFIELD, M. D.; LEVY, R. "The use of television videotape to enhance the therapeutic value of psychodrama". *Amer. J. Psychiat.,* 125, 5, nov. 1968.

GONÇALVES, C. S.; WOLFF, J. R.; CASTELLO DE ALMEIDA, W. *Lições de psicodrama. Introdução ao pensamento de J. L. Moreno.* São Paulo: Ágora, 1988.

GORENSTEIN, C.; ANDRADE, L. "Inventário de depressão de Beck; propriedades psicométricas da versão em português". *Revista de Psiquiatria Clínica,* v. 25, n. 5, edição especial, 1998.

GORENSTEIN, C.; ANDRADE L. H. S. G.; MORENO, R. A.; BERNIK, M.; NICASTRI, S.; CORDÁS, T.; CAMARGO, A. P. Escala de auto-avaliação de adequação social – Validação da versão em língua portuguesa. In: GORENSTEIN C.; ANDRADE L. H. S. G.; ZUARDI, A. W. *Escalas de avaliação clínica em psiquiatria e psicofarmacologia. Versão atualizada e ampliada da Revista Brasileira de Psiquiatria,* v. 25, n. 5 e 6, 1998; v. 26, n. 1 e 2 , p. 156-165, 1999.

GRAMBS, J. D. "Dinamics of psychodrama in the teaching situation". *Sociatry – Journal of Group and Intergroup Therapy*, v. 1, n. 2, p. 383-389, 1947.

GRANT, M. "The group approach for weight control". *Group Psychotherapy – Journal of Sociopsychopathology and Sociatry*, v. 4, n. 3, p. 156-165, 1951.

GRAY, G. E. *Psiquiatria baseada em evidências*. Porto Alegre: Artmed, 2004.

GREDEN, J. F. "Recurrent depression. Its overwhelming burden". In: GREDEN, J. F. *et. al. Treatment of recurrent depression. American Psychiatric Publishing*, Londres, p. 1-18, 2001.

GUIMARÃES, F. S. "Escalas analógicas visuais na avaliação de estados subjetivos". *Revista de Psiquiatria Clínica*, v. 25, n. 5, p. 217-222, 1998.

HALE, A. E. *Conducting clinical sociometric explorations: a manual for psychodramatists and sociometrists*. Virginia: Royal Publ. Comp., 1981.

HEIMBERG, R. G.; DODGE, C. S.; HOPE, D. A.; KENNEDY, C. R.; ZOLLO, L. J.; BECKER, R. E. "Cognitive-behavioral group treatment for social phobia: comparison with a credible placebo control". *Cognitive Therapy and Research*. In: KNIJNIK, D. Z.; KAPCZINSKI, F.; CHACHAMOVICH, E.; MARGIS, R.; EIZIRIK, C. L. "Psicoterapia psicodinâmica em grupo para fobia social generalizada". *Revista Brasileira de Psiquiatria*, v. 26, n. 2, p. 77-81, 2004.

HIRSCHFELD, R. M. A.; GOODWIN, F. K. "Transtornos do humor". In: TALBOTT, J.; HALES, R.; YUDOFKY, S. *Tratado de psiquiatria*. Porto Alegre: Artes Médicas, 1992.

HOGLEND, P. "Psychotherapy research. New findings and implications for training and practice". *J. Psychother. Pract. Res.*, v. 8, n. 4, p. 257, 1999.

HOLMES, D. S. *Psicologia dos transtornos mentais*. 2. ed. Porto Alegre: Artmed, 2001.

_____; KARP, M.; WATSON, M. (orgs.) *O psicodrama após Moreno – Inovações na teoria e na prática*. São Paulo: Ágora, 1994.

HONIG, A. M. "Psychotherapy with command hallucinations in chronic schizophrenia: the use of action techniques within a surrogate family setting". *Journal of Group Psychotherapy, Psychodrama & Sociometry*, v. 44, n. 1, p. 3-18, 1991.

ISHARA, S. Abordagens psicoterapêuticas na depressão. In: *Anais do III Fórum de Psiquiatria do Interior Paulista – Atualização no tratamento da depressão de difícil manejo. Clínica e pesquisa em saúde mental*. Águas de Lindóia: 2000.

JOCA, S. R. L.; PADOVAN, C. M.; GUIMARÃES, F. S. "Estresse, depressão e hipocampo". *Revista Brasileira de Psiquiatria*, v. 25 (supl. 2), p. 46-51, 2003.

KAPLAN, H. I.; SADOCK, B. J. *Compêndio de psiquiatria – Ciências comportamentais – Psiquiatria clínica*. 6. ed. Porto Alegre: Artes Médicas, 1993.

KATZOW, J. J.; HSU, D. J.; GHAEMI, S. N. "The bipolar spectrum: a clinical perspective". *Bipolar Disorders*, p. 436-442, 2003.

KAUFMAN, A. *Teatro pedagógico. Bastidores da iniciação médica*. São Paulo: Ágora, 1991.

_____. O psicodrama tematizado. In: PETRILLI, S. R. A. (coord.) *Rosa-dos-ventos da teoria do psicodrama*. São Paulo: Ágora, p. 123-128, 1994.

KEILA, S. B. "Aspectos psicológicos do transtorno afetivo bipolar". *Revista Psiquiátrica Clínica*, v. 26, n. 6, p. 123-128, 1999.

KELLERMANN, P. F. A inversão de papéis no psicodrama. In: HOLMES, P.; KARP, M.; WATSON, M. (orgs.) *O psicodrama após Moreno – Inovações na teoria e na prática*. São Paulo: Ágora, p. 321-341,1998.

KELSEY, J. E. "Treatment strategies in achieving remission in major depressive disorders". *Acta Psych. Scand.*, v. 106, p. 18-23, 2002.

KEY, A.; DARE, C. "Psychotherapy". *BMJ* 7177, v. 318, jan. 1999.

KLEIN, A; KIELL, N. "The experiencing of group psychotherapy". *Group Psychotherapy*, v. 4, p. 205-221, 1953.

KNIJNIK, D. Z.; KAPCZINSKI, F.; CHACHAMOVICH, E.; MARGIS, R.; EIZIRIK, C. L. "Psicoterapia psicodinâmica em grupo para fobia social generalizada". *Revista Brasileira de Psiquiatria*, v. 26, n. 2, p. 77-81, 2004.

KNOBEL, A. M. C. "Átomo social: o pulsar das relações". In: COSTA, R. P. *Um homem à frente de seu tempo: o psicodrama de Moreno no século XXI*. São Paulo: Ágora, p. 109-126, 2001.

_____. *Moreno em ato. A construção do psicodrama a partir das práticas*. São Paulo: Ágora, 2004.

KNOBEL, M. *Psicoterapia breve*. São Paulo: EPU, 1986.

KOHUT, H. *Self e narcisismo*. Rio de Janeiro: Zahar, 1978.

LAFER, B. "Abordagem dos transtornos de humor resistentes aos tratamentos convencionais". In: *Anais do III Fórum de Psiquiatria do Interior Paulista – Atualização no tratamento da depressão de difícil manejo. Clínica e pesquisa em saúde mental*. Águas de Lindóia: 2000.

_____; ALMEIDA, O. P.; FRÁGUAS JR., R.; MIGUEL, E. C. *et al. Depressão no ciclo da vida*. Porto Alegre: Artmed, 2000.

LARA, D. *Temperamento forte e bipolaridade. Dominando os altos e baixos do humor*. 4. ed. Porto Alegre: Diogo Lara, 2004.

LASSNER, R. "Psychodrama in prison". *Group Psychotherapy – Journal of Sociopsychopathology and Sociatry*, v. 3, n. 1, p. 77-91, 1950.

LEFÈVRE, F.; LEFÈVRE, A. M. C.; TEIXEIRA, J. J. V. *O discurso do sujeito coletivo – Uma nova abordagem metodológica em pesquisa qualitativa*. Caxias do Sul: Educs, 2000.

LEMGRUBER, V. B. *Psicoterapia breve: a técnica focal*. Porto Alegre: Artes Médicas, 1984.

LEVY-STRAUSS, C. "Aula inaugural". In: ZALUAR, Alba (org.) *Desvendando máscaras sociais*. Rio de Janeiro: Francisco Alves, p. 211-244, 1975.

LEYSER, Y. "The effectiveness of an inservice training program in role playing on elementary classroom teachers". *Group Psychotherapy, Psychodrama and Sociometry*, v. 32, p. 100-111, 1979.

LIMA, I. V. M.; SAMAIA, H. B.; VALLADA FILHO, H. P. "Genética". In: LAFER, B.; ALMEIDA, O. P.; FRÁGUAS JR., R.; MIGUEL, E. C. *et al. Depressão no ciclo da vida*. Porto Alegre: Artmed, p. 56-65, 2000.

LINDEMANN, E. "Symptomatology and management of acute grief". In: SMALL, L. *As psicoterapias breves*. Rio de Janeiro: Imago, 1974.

LIPPITT, R. "Psychodrama in the home". *Sociatry – Journal of Group and Intergroup Therapy*, v. 1, n. 2, p. 148-167, 1947.

LOTUFO NETO, F.; ITO, L. M. "Teorias cognitivo-comportamentais, interpessoal e construtivista". In: LAFER, B.; ALMEIDA, O. P.; FRÁGUAS JR., R.; MIGUEL, E. C. *et al. Depressão no ciclo da vida*, Porto Alegre: Artmed, 2000.

LOTUFO NETO, F.; SAVOIA, M.; SCAZUFCA, M. "Terapias cognitivas". *Revista de Psiquiatria Clínica*, v. 28, n. 6, p. 285, 2001.

LOTUFO NETO, F.; ALMEIDA, A. M. "Revisão sobre o uso da terapia cognitivo-comportamental na prevenção de recaídas e recorrências depressivas". *Revista Brasileira de Psiquiatria*, v. 5, n. 4, p. 285, 2003.

Louzã Neto, M. R.; Motta, T.; Wang, Y. P.; Elkis, H. (orgs.) *Psiquiatria básica*. Porto Alegre: Artes Médicas, 1995.

Lucas, R. "Managing depression – Analytic, antidepressants or both?" *Revista de Psiquiatria do Rio Grande do Sul*, v. 5, n. 2, p. 274-282, 2003.

Mackenzie, K. R.; Grabovac, A. D. "Interpersonal psychotherapy group (IPT-G) for depression". *J. Psychother. Pract. Res.*, v. 10, n. 1, p. 46-51, 2001.

Mahoney, M. J. *Processos humanos de mudança. As bases científicas da psicoterapia*. Porto Alegre: Artmed, 1998.

Malan, D. H. *A study of brief psychotherapy*. Londres: Tavistok, 1963.

Marcolino, J. A. M.; Iacoponi, E. "Escala de aliança psicoterápica da Califórnia na versão do paciente". *Revista Brasileira de Psiquiatria*, v. 23, n. 2, 2001.

_____; "The early impact of therapeutic alliance in brief psychodynamic psychotherapy". *Revista Brasileira de Psiquiatria*, v. 25, n. 2, p. 85-95, 2003.

Marineau, R. J. L. *Moreno et la troisième révolution psychiatrique*. Paris: Métailié, 1989.

_____. *Jacob Levy Moreno 1889-1974 – Pai do psicodrama, da sociometria e da psicoterapia de grupo*. São Paulo: Ágora, 1992.

Martins, J.; Bicudo, M. A. V. *A pesquisa qualitativa em psicologia. Fundamentos e recursos básicos*. 4. ed. São Paulo: Centauro, 2003.

Matos e Souza, F. G. *Tratamento da depressão*. São Paulo: Manole, 2002.

Mello, A. A. F.; Mello, M. F.; Carpenter, L. L.; Price, L. H. "Update on stress and depression: the role of the hypothalamic-pituitary-adrenal (HPA) axis". *Revista Brasileira de Psiquiatria*, v. 25, n. 4, p. 231-238, 2003.

Mello, M. F.; Myczcowisk, L. M.; Menezes, P. R. "A randomized controlled trial comparing moclobemide and moclobemide plus interpersonal psychotherapy in the treatment of dysthymic disorder". *J. Psychother. Pract. Res.*, v. 10, n. 2, p. 117-122, 2001.

Mello, M. F. "Terapia interpessoal: um modelo breve e focal". *Revista Brasileira de Psiquiatria*, v. 26, n. 2, p. 124-130, 2004.

Menezes, P. R.; Nascimento, A. F. "Epidemiologia da depressão nas diversas fases da vida". In: Lafer, B.; Almeida, O. P.; Fráguas Jr., R.; Miguel, E. C. *et al*. *Depressão no ciclo da vida*. Porto Alegre: Artmed, p. 29-36, 2000.

Merengué, D. *Inventário de afetos. Inquietações, teorias, psicodramas*. São Paulo: Ágora, 2001.

Mezan, R. "Psicanálise e neurociências: uma questão mal colocada". In: Bettarello, S. V. (org.) *Perspectivas psicodinâmicas em psiquiatria*. São Paulo: Lemos, p. 163-172, 1998.

Millan, M. P. B. "Considerações sobre a psicoterapia psicanalítica do paciente deprimido". *Revista ABP-APAL*, v. 19, n. 3, p. 112-116, 1997.

Minayo, M. C. S. (org.). *Pesquisa social. Teoria, método e criatividade*. Petrópolis: Vozes, 2001.

Monod, M. "First French experience with psychodrama". *Sociatry – Journal of Group and Intergroup Therapy*, v. 1, n. 4, p. 400-403, 1948.

Moreno, D. H.; Soares, M. B. M. *Diagnósticos e tratamento. Elementos de apoio. Depressão*. São Paulo: Lemos, 2003.

Moreno, J. L. *Psicoterapia de grupo e psicodrama*. São Paulo: Mestre Jou, 1974.

_____. *Psicodrama*. São Paulo: Cultrix, 1975.

_____. *Fundamentos do psicodrama*. 2. ed. São Paulo: Summus, 1983.

_____. *As palavras do pai*. Campinas: Editorial Psy, 1992.

_____. *Quem sobreviverá? Fundamentos da sociometria, psicoterapia de grupo e sociodrama*. Goiânia: Dimensão, 1994, 3 vols.

MORENO, J. J. "Ancient sources and modern applications: the creative arts in psychodrama". *The Arts in Psychother*. v. 26, n. 2, p. 95-101, 1999.

MORENO, R. A. "Mensagem do coordenador". In: *Simpósio internacional "Depressão: perspectivas para o próximo milênio" – Caderno de Referências*. Gruda, IPHC FMUSP, 1998.

MORENO, R. A.; MORENO, D. H. "Transtornos do humor". In: LOUZÃ NETO, M. R.; MOTTA, T.; WANG, Y. P.; ELKIS, H. (orgs.) *Psiquiatria básica*. Porto Alegre: Artes Médicas, p. 136-166, 1995.

_____; MORENO, D. H.; SOARES, M. B. M. "Psicofarmacologia de antidepressivos". *Revista Brasileira de Psiquiatria*, Suplemento Depressão, v. 21, p. 24-40, 1999.

MORENO, R. A.; MORENO, D. H. (coords.) *Da psicose maníaco-depressiva ao espectro bipolar*. São Paulo: Segmento Farma, 2005.

MORENO, R. A.; MORENO, D. H. "Escalas de avaliação para depressão de Hamilton (HAM-D) e Montgomery-Åsberg (MADRS)". In: GORENSTEIN, C.; ANDRADE, L. H. S. G.; ZUARDI, A. W. *Escalas de avaliação clínica em psiquiatria e psicofarmacologia. Versão atualizada e ampliada da Revista Brasileira de Psiquiatria*, v. 25, n. 5 e 6, 1998; v. 26, n. 1 e 2, 1999, São Paulo: Lemos, p. 71-84, 2000.

MORENO, R. A.; CORDÁS, T. A. "Remissão: uma necessidade no tratamento da depressão". *Boletim de Transtornos Afetivos e Alimentares* (Bota), n. 15, p. 1-3, 2001.

MORENO, R. A.; MORENO, D. H. (orgs.) *Transtorno bipolar do humor*. São Paulo: Lemos, 2002.

MORENO, Z. T. *Cantos de amor à vida*. Campinas: Editorial Psy II, 1995.

_____; BLOMKVIST, L. D.; RÜTZEL, T. *A realidade suplementar e a arte de curar*. São Paulo: Ágora, 2001.

NAFFAH NETO, A. *Psicodrama – Descolonizando o imaginário*. São Paulo: Brasiliense, 1979.

_____. "O psicodrama contemporâneo". In: *As psicoterapias hoje – Algumas abordagens*. 2. ed. São Paulo: Summus, 1982.

NERY, M. P. *Vínculo e afetividade. Caminho das relações humanas*. São Paulo: Ágora, 2003.

NETER, J.; WASSERMAN, W.; KUTNER, M. H. *Applied linear statistical models*. Massachusetts: Irwin, 1990.

NETTO, O. F. L. (org.) *Psicoterapia na instituição psiquiátrica – Relatos de vivências da equipe do serviço de psicoterapia do instituto de psiquiatria do Hospital das Clínicas*. São Paulo: Ágora, 1999.

NORTHWAY, M. L. "What is sociometry?" *Group Psychotherapy*, v. 21, n. 2-3, 1968.

NUNBERG, G. American Heritage College Dictionary. In: MELLO, A. A .F.; MELLO, M. F.; CARPENTER, L. L.; PRICE, L. H. "Update on stressand depression: the role of the hypothalamic-pituitary-adrenal (HPA) axis". *Revista Brasileira de Psiquiatria*, v. 25, n. 4, 2003.

ORGANIZAÇÃO MUNDIAL DE SAÚDE. *Classificação de transtornos mentais e de comportamento da CID-10. Descrições clínicas e diretrizes diagnósticas*. Porto Alegre: Artes Médicas, 1993.

ORGANIZAÇÃO MUNDIAL DE SAÚDE. *Relatório sobre a saúde no mundo. 2001. Saúde mental: nova concepção, nova esperança*. Disponível em: http://www.whr@who.int

OYARZÚN, F.; DURÁN, E.; LARACH, V.; SILVA, H.; COVARRUBIAS, E.; ROSSEL, L. *Los puentes entre el duelo y la esperanza*. Santiago Del Chile: LOM, 1999.

Ozdel, O.; Atesci, F.; Oguzhanoglu, N. K. "An anorexia nervosa case and an approach to this case with pharmacotherapy and psychodrama techniques". *Turk Psikiyatri Derg*, v. 14, n. 2, p. 153-159, 2003.

Pampallona, S.; Bollini, P.; Tibaldi, G.; Kupelnick, B.; Munizza, C. "Combined pharmacotherapy and psychological treatment for depression. A systematic review". *Arch. Gen. Psychiatry*, v. 61, jul. 2004

Patelis-Siotis, I. "Cognitive-behavioral therapy: applications for the management of bipolar disorder". *Bipolar Disorders*, v. 3, p. 1-10, 2001.

Pawel, C. H. "O status científico do psicodrama". In: Costa, R. P. *Um homem à frente de seu tempo: o psicodrama de Moreno no século XXI*. São Paulo: Ágora, p. 35-45, 2001.

Paykel, E. "Depressão: uma perspectiva longitudinal". In: Lafer, B.; Almeida, O. P.; Fráguas Jr., R.; Miguel, E. C. *et al. Depressão no ciclo da vida*, Porto Alegre: Artmed, p. 266-271, 2000.

Perazzo, S. *Descansem em paz os nossos mortos dentro de mim (Sobre psicodrama, diante e através da morte)*. São Paulo: Francisco Alves, 1986.

_____. *Ainda e sempre psicodrama*. São Paulo: Ágora, 1994.

_____. *Fragmentos de um olhar psicodramático*. São Paulo: Ágora,1999.

Pereira de Almeida, O.; Dractu, L.; Laranjeira, R. *Manual de psiquiatria*. Rio de Janeiro: Guanabara Koogan, 1996.

Petrilli, S. R. A. (coord.) *Rosa-dos-ventos da teoria do psicodrama*. São Paulo: Ágora, 1994.

Piccoloto, N.; Wainer, R.; Benvegnú, L.; Juruena, M. "Curso e prognóstico da depressão – Revisão comparativa entre os transtornos do humor". *Revista de Psiquiatria Clínica*, v. 27, n. 2, p. 93-103, 2000.

Pichon-Rivière, E. *O processo grupal*. 2. ed. São Paulo: Martins Fontes, 1986.

_____. *Teoria do vínculo*. 3. ed. São Paulo: Martins Fontes, 1988.

Post, R. M. Transduction of psychosocial stress into the neurobiology of recurrent affective disorder. In: Joca, S. R. L.; Padovan, C. M.; Guimarães, F. S. "Estresse, depressão e hipocampo". *Revista Brasileira de Psiquiatria*, v. 25 (supl. 2), 2003.

Powell, M.; Hemsley, D. R. Depression: a breakdown of perceptual defence? In: Sims, A. *Sintomas da mente. Introdução à psicopatologia descritiva*. Porto Alegre: Artmed, p. 257, 2001.

Rachow, L. L. "Modified insulin, psychodrama, and rehabilitation techniques in the treatment of anxiety and tension states". *Group Psychotherapy*, v. 4, n. 3, p. 215-222, 1951.

Ramadan, Z. B. A. "O psicoterapeuta – Formação, atividade, campo, temas". *Teoria e Prática do Psiquiatra*, v. 10, p. 21-29, dez. 1975.

_____. *Psicoterapias*. São Paulo: Ática, 1987.

Regan, P. F. "Brief psychotherapy of depression". *Amer. J. Psychiat.*, v. 122, p. 28-32, 1965.

Reynolds, F. "Managing depression through needlecraft creative activities: a qualitative study". *The Arts in Psychotherapy*, v. 27, n. 2, p. 107-114, 2000.

Rezaeian, M. P.; Sem, A. K.; Sem Mazumdar, D. P. "The usefulness of psychodrama in the treatment of depressed patients". *Indian J. of Clin. Psychology*, v. 24, n. 1, p. 82-88, 1997.

Rocha Barros, E. M.; Dantas Jr., A.; Rocha Barros, E. L. "Depressão: uma perspectiva psicanalítica". In: Lafer, B.; Almeida, O. P.; Fráguas Jr., R.; Miguel, E. C. *et al. Depressão no ciclo da vida*, Porto Alegre: Artmed, p. 92-101, 2000.

Rosner, B. *Fundamentals of Biostatistics*. Massachusetts: PWS Publishers, 1986.

Roso, M. C. "Quais as psicoterapias pesquisadas no tratamento da depressão?" *Boletim de transtornos afetivos e alimentares (BOTA) do Grupo de Estudos de Doenças Afetivas (Gruda) do IPQHC FMUSP*, 16, 2002.

_____. Aspectos psicossociais da terapêutica. In Moreno, R. A.; Moreno, D. H. (orgs.) *Transtorno bipolar do humor*. São Paulo: Lemos, p. 323-37, 2002.

Rothbaum, B. O.; Astin, M. C. "Integration of pharmacotherapy and psychotherapy for bipolar disorder". *J. Clin. Psychiatry.*, 61 (supl. 9), p. 68-75, 2000.

Russo, L. "Breve história dos grupos terapêuticos". In: *Grupos – A proposta do psicodrama*. São Paulo: Ágora, 1999.

Sabelli, H. C.; Carlson-Sabelli, L. "Biological priority and psychological supremacy: a new integrative paradigm derived from process theory". *Am. J. Psychiatry*, v. 146, p. 1541-1551, 1989.

Saraceno, B. "Mental health: scarce resources need new paradigms". *World Psychiatry – Official Journal of the World Psychiatric Association*, v. 3, n. 1, p. 3-5, 2004.

Saramago, J. *O homem duplicado*. São Paulo: Companhia das Letras, 2002.

Schestatsky, S.; Fleck, M. "Psicoterapia das depressões". *Revista Brasileira de Psiquiatria*, Suplemento Depressão, 21, p. 41-47, 1999.

Schoueri, P. C. L. *Psicoterapia dinâmica breve – Critérios de seleção de pacientes em atendimento institucional*. Tese (Doutorado) – Faculdade de Medicina, Universidade de São Paulo, São Paulo, São Paulo, 1998.

_____. "Escalas de avaliação em psicoterapia". *Revista de Psiquiatria Clínica*, edição especial, v. 26, n. 2, p. 53-56, 1999.

Schulberg, H. C.; Raue, P. J.; Rollman, B. L. "The effectiveness of psychotherapy in treating depressive disorders in primary care practice: clinical and cost perspectives". *Gen. Hosp. Psychiatry*, 24, p. 203-212, 2002.

Segal, Z.; Vincent, P.; Levitt, A. "Efficacy of combined, sequential and crossover psychotherapy and pharmacotherapy in improving outcomes in depression". *J. Psychiatry Neurosci*, v. 27, n. 4, p. 281-296, 2002.

Seixas, M. R. D. "Uma abordagem sistêmica do psicodrama". In: Petrilli, S. R. A. (coord.) *Rosa-dos-ventos da teoria do psicodrama*. São Paulo: Ágora, p. 129-139, 1994.

Shor, J. "A modified psychodrama technique for rehabilitation of military psychoneurotics". *Sociatry – Journal of Group and Intergroup Therapy*, v. 1, n. 4, p. 414-420, 1948.

Shugart, G.; Loomis, E. A. "Psychodrama with parents of hospitalized schizophrenic children". *Group Psychotherapy*, v. 7, n. 2, p. 118-125, 1954.

Sifneos, P. E. "Two different kinds of psychotherapy of short duration". *Amer. J. Psychiat.*, v. 123, n. 9, p. 1069-1074, mar. 1967.

_____. "The motivacional process – A selection and prognostic criterion for psychotherapy of short duration". *Psychiat. Q.*, v. 42, p. 271-280, 1968.

Silva, J. L.; Cordás, T. A. "Transtorno bipolar do humor". In: Abreu, C. N.; Salzano, F. T.; Vasques, F.; Cangelli Filho, R.; Cordás, T. A. *Síndromes psiquiátricas. Diagnóstico e entrevista para profissionais de saúde mental*. Porto Alegre: Artmed, p. 47-54, 2006.

Silva Filho, A. C. P. "Psicanálise e/ou psicoterapia". *Revista de Psiquiatria Clínica*, v. 28, n. 2, p. 96-101, 2001.

_____. "Uma visão holística do psicodrama". In: Petrilli, S. R. A. (coord.) *Rosa-dos-ventos da teoria do psicodrama*. São Paulo: Ágora, p. 115-122, 1994.

Silva Lima, N. B. "O processo de cura no psicodrama bipessoal". *Revista Brasileira de Psicodrama*, v. 7, n. 1, p. 11-24, 1999.

Sims, A. *Sintomas da mente. Introdução à psicopatologia descritiva*. 2. ed. Porto Alegre: Artmed, 2001.

Slawson, P. F. "Psychodrama as a treatment for hospitalized patients: a controlled study". *Amer. J. Psychiatry*, v. 122, p. 530-533, 1965.

Small, L. *As psicoterapias breves*. Rio de Janeiro: Imago, 1974.

Souza Vargas, N. "Teorias psicodinâmicas: a visão da psicologia pisicanalítica". In: Lafer, B.; Almeida, O. P.; Fráguas Jr., R.; Miguel, E. C. *et al. Depressão no ciclo da vida*, Porto Alegre: Artmed, p. 102-108, 2000.

Spence, R. B. "Psychodrama and education". *Sociatry – Journal of Group and Intergroup Therapy*, v. 1, n. 1, p. 31-34, 1947.

Strupp, H. H. "Psychoanalysis, 'focal psychotherapy', and the nature of therapeutic influence". *Arch. Gen. Psychiatry*, v. 32, p. 127-135, jan. 1975.

Symonds, P. M. "Role playing as a diagnostic procedure in the selection of leaders". *Sociatry – Journal of Group and Intergroup Therapy*, v. 1, n. 1, p. 43-50, 1947.

Thase, M. E. "Psychotherapy of refractory depressions". *Depression and Anxiety.*, v. 5, p. 190-201, 1997.

_____. "Achieving remission and managing relapse in depression". *J. Clin. Psychiatry.*, v. 64 (supl. 18), p. 3-7, 2003.

_____; Ninan, P. T. "New goals in the treatment of depression: moving toward recovery". *Psychopharmacology Bulletin.*, v. 36 (supl. 2), p. 24-34, 2002.

Thase, M. E.; Lang, S. S. *Sair da depressão. Novos métodos para superar a distimia e a depressão branda crônica*. Rio de Janeiro: Imago, 2005.

Timm, N. H. *Multivariate analysis with applications in educations and psychology*. Monterrey: Brooks/Cole, 1975.

Tórfoli, L. F. F. *Investigação categorial e dimensional sobre sintomas físicos e síndromes somatoformes na população geral*. Tese (Doutorado) – Faculdade de Medicina, Universidade de São Paulo, São Paulo, São Paulo, 2004.

Torres, A. R.; Lima, M. C. P.; Ramos-Cerqueira, A. T. A. "Tratamento do transtorno de pânico com terapia psicodramática de grupo". *Revista Brasileira de Psiquiatria*, v. 23, n. 3, p. 141-148, 2001.

Torres, A. R.; Lima, M. C. P.; Ramos-Cerqueira, A. T. A. "Psicoterapia grupal no transtorno obsessivo-compulsivo". *Jornal Brasileiro de Psiquiatria*, v. 50, n. 9-10, p. 297-304, 2001.

Turato, E. R. "Estratégias de pesquisa qualitativa em saúde mental". *Anais do III Fórum de Psiquiatria do Interior Paulista*, p. 35-54, 2000.

_____. *Tratado da metodologia da pesquisa clínico-qualitativa. Construção teórico-epistemológica, discussão comparada e aplicação nas áreas da saúde e humanas*. 2. ed., Petrópolis: Vozes, 2003.

Ursano, R. J; Silberman, E. K. "Psicoterapias individuais". In: Talbott, J.; Hales, R.; Yudofsky, S. e cols. *Tratado de psiquiatria*. Porto Alegre: Artes Médicas, 1992.

Weiner, H. B. "Treating the alcoholic with psychodrama". *Group Psychotherapy*, v. 18, p. 27-49, 1965.

_____. "An overview on the use of psychodrama and group psychotherapy in the treatment of alcoholism in the United States and Abroad". *Group Psychotherapy*, v. 19, p. 159-165, 1966.

WEISSMAN, M. M.; PRUSOFF, B. A.; DI MASCIO, A.; NEU, C.; GOKLANEY, M.; KLERMAN, G. L. "The efficacy of drugs and psychotherapy in the treatment of acute depressive episodes". In: HOLMES, D. S. *Psicologia dos transtornos mentais*. 2. ed. Porto Alegre: Artmed, 2001.

WEISSMAN, M. M.; BOTHWELL, S. "Assessment of social adjustment by patient self-report". In: GORENSTEIN, C.; ANDRADE, L. H. S. G.; MORENO, R. A.; BERNIK, M.; NICASTRI, S.; CORDÁS, T.; CAMARGO, A. P. *Escala de auto-avaliação de adequação social* – Validação da versão em língua portuguesa, 1999.

WEISSMAN, M. M. "The psychological treatment of depression: research evidence for the efficacy of psychotherapy alone, in comparison and in combination with pharmacotherapy". In: HOLMES, D. S. *Psicologia dos transtornos mentais*, 12 ed. Porto Alegre: Artmed, p. 228, 2001.

_____; MARKOWITZ, J. C. "The future of psychotherapies for mood disorders". *World Psychiatry – Official Journal of the World Psychiatric Association*, v. 2, n. 1, p. 9-13, 2003.

WHITFIELD, G.; WILLIAMS, C. "The evidence base for cognitive-behavioural therapy in depression: delivery in busy clinical settings". *Advances in Psyc. Treat.*, v. 9, p. 21-30, 2003.

WILLIAMS, C.; GARLAND, A. "A cognitive-behavioral therapy assessment model for use in everyday clinical practice". *Advances in Psyc. Treat.*, v. 8, 2003.

WOOD, D.; DEL NUOVO, A.; BUCKY, S. F.; SCHEIN, S.; MICHALIK, M. "Psychodrama with an alcohol abuser population". *Group Psychotherapy, Psychodrama and Sociometry*, v. 32, 1966.

YOSHIDA, E. M. P.; ENÉAS, M. L. E. (orgs.) *Psicoterapias psicodinâmicas breves: propostas atuais*. Campinas: Alínea, 2004.

IMPRESSO NA

sumago gráfica editorial ltda
rua itauna, 789   vila maria
02111-031   são paulo   sp
telefax 11 **6955 5636**
sumago@terra.com.br

GRÁFICA
sumago